公路养护技术与管理探究

王 磊 ◎著

北京工业大学出版社

图书在版编目（CIP）数据

公路养护技术与管理探究 / 王磊著. —北京：北京工业大学出版社，2022.12

ISBN 978-7-5639-8359-9

Ⅰ.①公… Ⅱ.①王… Ⅲ.①公路养护－研究 Ⅳ.①U418

中国版本图书馆CIP数据核字(2022)第083673号

公路养护技术与管理探究

GONGLU YANGHU JISHU YU GUANLI TANJIU

著　　者：王　磊

责任编辑：贺　帆

出版发行：北京工业大学出版社

　　　　　（北京市朝阳区平乐园100号　邮编：100124）

　　　　　010-67391722（传真）　　bgdcbs@sina.com

经销单位：全国各地新华书店

承印单位：北京四海锦诚印刷技术有限公司

开　　本：787毫米×1092毫米　1/16

印　　张：15

字　　数：323千字

版　　次：2024年7月第1版

印　　次：2024年7月第1次印刷

书　　号：ISBN 978-7-5639-8359-9

定　　价：52.00元

前　言

在我国的旅游、运输等行业中，公路发挥着越来越重要的作用，因此，做好公路养护技术管理，提高公路的运输效率，保证公路的安全畅通，具有重要的现实意义。公路在使用过程中，其路基、路面及桥梁设施，交通工程设施和服务设施等会因行车荷载及环境因素的作用而逐渐损坏，造成公路服务水平逐步下降。因此，公路在交付使用后，仍需继续投入大量的资金进行维护，使其保持较高的服务水平。当前，社会公路事业正进入发展的关键时期和重大转型期，既面临加快基础设施建设的重大机遇，又凸显筹融资困难、养护资金短缺、公路等级不高与结构性矛盾突出等问题与挑战，同时还面临体制、机制重大变革带来的各种影响。在新的形势、新的任务、新的情况下，破解养护发展难题，做好公路的全面养护工作，对于增强公路服务功能、延长公路使用寿命、降低养护成本、缓解养护投入压力、确保公路安全畅通等将起到积极的作用。

公路投入使用之后，在行车荷载、自然因素、人为因素等的作用下，公路基础设施各方面的性能会发生改变。为了保持或恢复公路基础设施各方面的使用品质，使公路网安全、畅通和运营经济，必须对其进行养护和管理。

我国具有庞大的公路网，为保证路网具有较高的服务水平，养护和管理任务十分艰巨。随着经济的发展和技术的进步，公路养护与管理的技术水平也在不断提高。新材料、新技术、新工艺、新方法的应用大大提高了公路养护与管理的效率和水平，为我国经济建设和社会发展做出了应有的贡献。公路养护是一项方兴未艾的事业，公路养护技术的研究和使用，不但对维护路况正常使用起到积极的促进作用，而且对降低养护成本、保护资源环境，以及促进公路建、养一体化和谐发展具有重要意义。

随着重载车辆的不断增加，人们对公路养护提出了更高的要求。我们必须加强公路养护技术管理，并在施工养护过程中对各种病害问题进行有效防治，从而在延长公路使用寿命的基础上保证行车安全。

本书首先探讨了公路养护技术的基础知识理论，其次讲述了路基、路面、桥梁、隧道的养护技术以及公路绿化养护技术，最后叙述了公路养护管理的组织机构、公路管理系统以及公路养护安全作业等内容。笔者在撰写过程中，参阅了相关的文献资料，在此谨向这些作者表示衷心的感谢。由于笔者水平有限，书中内容难免存在不足之处，敬请广大读者批评指正，以便进一步修订和完善。

目　录

第一章　公路破损分析及公路养护基本要求

第一节　影响公路技术状况的因素

一、车辆荷载对公路技术状况的影响

公路是国家经济发展和现代化建设的重要基础设施，是为汽车运输服务的线形工程结构物。公路竣工并交付使用后，在反复的行车荷载作用和自然因素的影响下，特别是交通量和荷载的不断增加，以及部分筑路材料的性质衰变，加上在设计、施工中留下的某些缺陷，公路的使用功能会逐渐下降。

（一）车辆荷载分类

作用于公路上的车辆荷载主要有以下几种。

第一，垂直荷载——行驶的车辆通过车轮传递给路面的垂直压力，其大小主要取决于车辆的类型和轴载。

第二，水平荷载——由于车辆的启动、制动、变速、转向以及克服各种行车阻力作用于路面的水平力，其大小除与车辆的行驶状况和轮胎性质有关外，还与路面的类型及路面的干湿状况有关，最大时可达车轮垂直荷载的 70% ~ 80%。

第三，冲击荷载——汽车行驶时自身产生的振动以及路面不平整使车辆产生的颠簸，这些作用都对路面产生动压力，其值与车速、路面平整度和车辆的减振性能有关。车速越高、路面的平整度越差，对路面产生的动压力就越大。车辆垂直动压力与其静压力的比值，称作动荷系数。在较平整的路面上，车速不超过 50 km/h，动荷系数一般不超过 1.3；在车速高、平整度差的路面上，动荷系数可能接近甚至超过 2.0。

第四，真空荷载——车辆行驶时在车轮的后方与路面之间暂时形成真空，于是产生了对路面结构具有破坏作用的真空吸力，对于中、低级砂石路面，这种吸力往往会导致路面集料松动，致使路面结构逐步被破坏。

上述作用在路面上的荷载，其作用力大小与车轮着地长度、车速、交通量大小、路面的平整度和结构类型密切相关。

（二）车辆荷载作用分析

1. 垂直荷载作用分析

在车轮垂直荷载作用下，路基将产生压缩和弯曲。柔性路面因其材料具有黏弹性质，不仅产生弹性变形，还将伴随加载时间产生滞后弹性变形和不可恢复的塑性变形。在多次加载和卸载的过程中，如果压力不超过一定的限度，不可恢复的变形逐渐变小，而弹性变形增加，使路面密实度得到增加而强化。当压力超过一定限度时，就会发生很大的不可恢复的塑性变形。在多次重复荷载作用下，路面可因竖向塑性变形的累积而逐渐产生沉降。对于采用黏土做结合料的碎石、砾石路面，在雨期潮湿状态下，以及沥青路面在夏季高温时表现尤为明显。高等级公路的沥青路面，由于渠化交通的作用，可导致车辙产生。

对于水泥混凝土、沥青混凝土以及半刚性等整体材料的路面，在车轮垂直荷载作用下将产生弯拉变形。当荷载应力超过材料的疲劳强度时，路面将产生疲劳而开裂破坏。荷载重复作用的次数越多，材料的疲劳作用强度则越小。

2. 水平荷载作用分析

行车产生的水平力主要作用在路面的上层，引起路表面变形而影响其平整度。

水平力对路面的影响，首先表现在对路面的磨损上。路面的磨损主要是由车辆在行驶过程中车轮产生滑移造成的。强烈的路面磨损发生在车辆的制动路段上，如公路的下坡段，小半径平曲线和交叉口进口段，通过居民点和交通稠密的路段上。在曲线上，车辆因同向滑移也可使路面产生磨损。在不平整的公路上，由于行驶的车轮轮胎表面通过的距离比车轮中心通过的距离要长，以及振动使车辆向上颠簸时造成车辆的压力减小，都将引起车轮滑移对路面产生磨损。

路面的磨损除了受行车的作用外，大气因素如雨水冲刷和风蚀也是重要的因素，同时在很大程度上还与路面的类型及材料的性质有关。石料愈耐磨，路面磨损愈小。在相同的条件下，碎石、砾石等中低级路面的磨损量最大，水泥混凝土路面较小，沥青路面则最小，而采用石油沥青可比采用煤沥青减小约 2/3 的磨损。

路面磨损不仅使路面材料受到损失并使厚度减薄，而且由于外露石料表面被磨光，使路面的摩擦系数衰减，从而影响行车安全。

在车轮垂直力与水平力等的综合作用下，路面将产生较大的剪应力。当剪应力超过面层与基层层间接触的抗剪强度或面层材料的抗剪强度时，路面面层将沿基层顶面产生滑移，或面层材料本身产生剪切变形，使路面表面形成壅包以至波浪变形。车轮的水平力还可使路面的表面粒料产生拉脱，这种情况多产生于黏结力较弱的碎石、砾石和沥青碎石路面中。

路面在受到水平力的作用后，在动力的重复作用下，逐渐松动而被拉脱，进而逐渐扩大以至形成坑槽。在雨天泥泞时，沾带黏土的车轮行驶在碎石、砾石路面上，也可使其表面粒料产生拉脱。

壅包多产生于沥青面层厚度较薄、层间结合不良的路段，波浪多产生在面层厚度较厚，或厚度虽薄但层间结合良好的以级配砾石铺筑的路面或沥青路面上。这类路面材料的强度除由粒料颗粒间的摩阻力提供外，在很大程度上还依赖于结合料的黏结力。但黏结力易受水温条件变化的影响，使材料的抗剪强度下降，从而导致路面失稳变形。在我国干旱的西北、内蒙古等地区或南方多雨地区的级配砾石路面上出现的搓板，以及一些沥青混凝土路面，特别是当细料和沥青含量偏多或沥青稠度过低时，在夏季高温季节常产生壅包、波浪变形，其原因就在这里。

按碎石嵌挤原则铺筑的碎石路面和沥青碎石路面，由于其强度主要由碎石之间的嵌挤力和内摩阻力构成，受水温条件的影响较小，因而通常很少出现这类变形病害。

3. 冲击荷载与真空荷载作用分析

路面之所以会出现有规律的波浪变形，即通常所称的搓板现象，与汽车系统重复地产生一定频率的振动和冲击有关。在汽车的这种动力作用下，轮胎对路面的水平推移、磨耗及真空吸力等作用具有相应的规律性，从而使路面产生有规律的波浪变形而形成搓板。特别是路面的不平整，将使汽车的振动与冲击作用加剧，水平推移与真空吸力作用也随之增大，从而加速了路面搓板的形成与发展。路面搓板在中、低级的砂石路面上较为普遍，波长多在 0.75 m 左右，它与公路上行驶的汽车的速率和发动机的工作状况有关。

汽车产生冲击、振动的能量，大部分消耗在轮胎和弹簧的变形上，部分作用于路面，使路面产生周期的振动运动，并在路面中产生周期性的快速变向应力。动力作用对路面的影响与路面的刚度有关，路面的刚性愈强，对路面的破坏性就愈大。由于路面的振动，可能产生对路面强度有危险的应力，使水泥混凝土路面出现发状裂纹，碎石路面降低其密实度，潮湿的路基土在受到振动后引起湿度的重分布可能危害路面，并使路基土挤入粒料垫层而影响其功能。沥青路面由于具有较大的吸振能力，因而振动对它的影响较小，实际上它起到了车轮冲击、振动的减振器作用。

当汽车产生周期性动力作用的频率与路面的固有振动频率接近时，路面将发生振幅和加速度很大的共振，对路面可以产生较大的破坏作用。

二、自然因素影响分析

自然因素对路面的影响主要有温度、湿度变化，风力和雨雪，空气污染，地震作用等，此外，阳光对沥青路面技术性质的变化也有着重要的影响。

（一）温度的影响

暴露于大气中的路面，直接经受着大气温度的影响。路面温度随气温一年四季和昼夜的周期性变化而变化，并沿路面厚度方向产生温度梯度。通常，路面的最高温度和最低温度分别出现于每年的 7 月份和 1 月份。由观测资料可知，由于路面对太阳辐射热的吸收作用，沥青路面的最高温度可比气温高出 23℃，水泥混凝土路面的最高温度可比气温高出

14℃左右。冬季的最低温度发生在路表，并等于最低气温。

采用无机结合料半刚性基层，其干缩和温缩产生的裂缝可引起沥青面层出现反射裂缝。发生路面反射裂缝现象，除与半刚性基层材料的收缩性能有关外，还与面层的厚度和采用的沥青性能有关。通常，半刚性基层采用水泥和石灰粉煤灰稳定的材料比采用石灰材料收缩性小；稳定粒料、粒料土比细粒土的收缩性小，同时，含水量、密实度和稳定剂用量对收缩也有较大影响。

温度的变化同样会引起水泥混凝土路面板的胀缩变形。当变形受阻时，板内产生胀缩应力和翘曲应力。由于水泥混凝土是一种拉伸能力很小的脆性材料，为了减小其温度应力，避免板自然开裂，需把板体划成一定尺寸的板块，并修筑各种接缝。当板块尺寸设置不当或接缝构筑质量不合要求时，也会使板体产生断裂，并引起各种接缝的损坏。

拌制的水泥混凝土混合料的水分过大，或在施工养护期水分散失过快时，也会引起混凝土板的过大收缩和翘曲，使板的表面产生发状裂纹，以致早期发生断裂情况。

（二）水的影响

水对路基路面的作用主要来自大气的降水和蒸发、地面水的渗透以及地下水的影响。当路基内出现温度差时，在温差作用下水还会以液态或气态的方式从热处向冷处移动和积聚，从而改变路基的湿度状态。

公路路基和路面的物理、力学性能随着水温的变化而变化。当路基受到严重的水浸湿时，其强度和稳定性会迅速下降，并导致路基失稳，引起塌方、滑坡等病害，对于土基承受荷载较大的柔性路面，常因承载能力不足，在车轮荷载作用下使路面产生沉陷，有时在沉陷两侧还伴有隆起现象。严重时，在沉陷底部及两侧受拉区产生裂纹，逐步形成纵裂，并逐渐发展成网裂。

对于水泥混凝土路面，则可能因土基出现较大的变形，特别是不均匀的变形，使混凝土板产生过大的荷载应力，从而导致断裂。

在北方冰冻地区，在有地下水作用的情况下，冬季将使路基产生不均匀冻胀，路面被抬高，以致产生冻胀裂缝，严重时拱起可达几十厘米；在春融季节则产生翻浆，在行车作用下路面发软，出现裂缝和冒泥现象，以致路面结构遭到破坏，使交通中断。

在非冰冻地区，中、低级粒料路面在雨季、潮湿季节强度和稳定性最低，路面容易遭到破坏；而在干燥季节，路面尘土飞扬，磨耗严重，影响行车视线并污染周围环境。

沥青路面虽可防止雨水渗透，但亦阻止了路基中水分的蒸发，在昼夜温差的作用下，路基中的水分以气态水形式凝聚于紧挨面层下的基层上部，改变了基层原来的湿度状况。当基层采用水稳性不良的材料时，会导致路面的早期破坏。

沥青路面在浸水的情况下，沥青体积松胀，并削弱与集料之间的黏附性，从而降低沥青混合料的物理、力学性能。水对黏附性的影响，主要取决于沥青的性质和集料的黏附性能，同时与集料的吸水性能有关。通常，煤沥青比石油沥青、碱性矿料比酸性矿料有较好的黏附性。水中含有溶盐，会使沥青产生乳化作用，从而加剧熔蚀作用。

水泥混凝土路面接缝渗入雨水后，基础被软化，在频繁的轮载作用下，路面出现错台或脱空等现象，并导致板边产生横向裂缝。

沥青路面在冬季低温时，强度虽然很高，但变形能力因黏附性增大而显著下降。当气温下降、路面收缩时受基层约束，产生累积温度应力；当其超过沥青混合料的抗拉强度时，将使路面产生一定间距的横向裂缝。水分浸入裂缝后，基层和土基承载力下降，遂使裂缝边角产生折断碎裂。

（三）其他因素的影响

在阳光、温度、空气等大气因素的作用下，沥青路面老化，使沥青丧失黏附性，路面变得脆硬、干涩、暗淡而无光泽，抗磨性能降低，在行车荷载作用下相继出现松散、裂缝以致大片龟裂。日照越强烈、气温越高、空气越是干燥和流通，路面老化的速度越快；沥青中不饱和烃及芳香烃越多，混合料空隙越大，以及矿料中含有钼、铁等盐类时，路面越易老化。

综上所述，公路在使用过程中，所受的行车和自然因素的作用十分复杂，往往并非单一因素的作用，而是多种因素的综合作用。这些因素的作用，导致公路各种病害和损坏现象的产生。因此，在进行公路养护维修时，首先应运用这些基本知识，分析损坏的原因，并区别是属于功能性的损坏还是结构性的损坏，以及损坏是发展性的还是非发展性的，只有这样才能制订有效可行的养护措施。

第二节　公路养护工作的内容及其工程类别

一、公路养护的任务

公路是国家现代化建设的重要基础设施。根据我国经济和社会发展对交通运输的要求，建立起适合中国国情的现代化综合运输体系，可大大缓解我国交通运输紧张的新局面。公路交通建设最关键的有两方面：一是加快高等级公路的建设，提高路网技术水平；二是切实加强对建成公路的养护管理，改善路网结构，保障交通畅通。显而易见，一手抓建设，一手抓养护，建养并重、协调发展，是确保公路事业稳步发展的重要措施。公路越发展，越需要加强养护。随着技术的进步，应当采用先进的技术，加快公路养护现代化的步伐。

公路养护与管理的目的，就是运用先进的技术和科学的管理方法，合理地分配和使用养护资金，通过养护维修使公路在设计使用年限内经常保持完好状态，并有计划地改善公路的技术指标，以提高公路的服务质量，最大限度地发挥公路的运输经济效益。

从上述目的出发，公路养护管理主要有以下几项任务。

第一，进行路况及管理设施调查，通过管理数据库，建立公路及设施的综合评价体系。

第二，根据公路及设施的运营状况，制订可行的养护计划和规划，实施有针对性的及时养护，保证公路健全的服务功能。

第三，不断探索新的养护技术与管理措施，积极采用新技术、新材料、新工艺、新设备，以最经济的方式达到最佳的养护效果。

第四，努力推行并建立合理、高效的机械化养护方式，不断提高机械配备率和机械作业占有率，保证公路养护的速度与质量。

第五，建设一支能适应公路现代化养护的管理队伍，变被动养护为主动养护，变静态养护为动态养护，达到高标准、高质量、高效率、高机动性的养护。

二、公路养护的分类

公路养护工程按其工程性质、规模大小、复杂程度不同，各国有不同的分类方法。我国将公路养护工程分为小修保养、中修、大修和改善四类。

（一）小修保养工程

对管养范围内的公路及其沿线设施经常进行维护保养和修补其微损坏部分，使之经常保持完好状态。通常由养路道（渡）班（站）在年度小修保养定额经费内，按月（旬）安排计划经常进行小修保养。

（二）中修工程

对公路及其公路设施局部损坏进行定期的修理加固，以恢复原状的小型工程项目。通常是由基层公路管理机构按年（季）安排计划并组织实施的工作。

（三）大修工程

对公路及其工程设施的较大损坏部分进行周期性的综合修复，以全面恢复到原设计标准，或在原技术等级范围内进行局部改善，或个别增建设施以逐步提高公路通行能力的工程项目。通常是由基层公路管理机构或在其上级机构的帮助下，根据批准的年度计划和工程预算来组织实施的工程项目。

（四）改善工程

对于不适应交通量和轴重需要的公路及其工程设施，分期逐段提高技术等级，或通过改善显著提高其通行能力的较大工程项目。通常是由省级公路管理机构，或地（市）级公路管理机构根据批准的计划和设计预算，组织实施或招标完成的工程项目。

对于当年发生的较大水毁等自然灾害的抢修和修复工程，可另列为公路水毁工程专项办理。对当年不能修复的项目，则转入下一年度的中修、大修或改善工程计划。

三、我国公路养护的技术政策和原则

我国现阶段公路养护工作的方针是"全面规划，加强养护，积极改善，重点发展，科学管理，保证畅通"和"普及与提高相结合，以提高为主"。因此，各级公路管理机构都应把公路的养护和技术改造作为首要任务。

根据公路建设工作总方针的要求，公路养护工作的方针是"以预防为主，防治结合"。为此，应根据积累的技术经济资料进行科学分析，预作防范，消除导致公路损毁的因素，增强公路设施的耐久性，提高抗御灾害的能力。

（一）公路养护的技术政策

基于上述方针，公路养护技术政策主要可归纳为以下几条。

第一，因地制宜、就地取材，尽量选用当地天然材料和工业废渣，充分利用原有工程材料和原有工程设施，以降低养护成本。

第二，应用和推广先进的养护技术和科学的管理方法，改善养护手段，提高养护技术水平。

第三，重视综合治理，保护生态平衡、路旁景观和文物古迹，防止环境污染，注意少占农田。

第四，加强桥梁的检查、维修、加固和改善，逐步消灭危桥。

第五，公路的改善提高应符合国家有关公路技术改造的方针、政策和公路工程技术相关标准的规定，施工时应注重社会效益，保障公路畅通。

第六，养好路面是养路工作的中心环节，是质量考核的首要对象。

（二）公路养护应遵循的原则

在采取公路养护工程的技术措施时，应遵循以下几项原则。

第一，认真开展路况调查，分析公路技术状况，针对病害产生的原因和后果，采取有效、先进、经济的技术措施。

第二，加强养护工程的前期工作以及各种材料试验和施工质量的检验与监理，确保工程质量。

第三，推广路面、桥梁管理系统，逐步建立公路数据库，实行病害监控、决策科学化，让有限的资金发挥最大的经济效益。

第四，实施公路的科学养护与规范化管理，研究、推广先进合理的公路养护作业形式。

第五，认真搞好公路交通情况调查工作，积极开发、采用自动化观测和计算机处理技术，为公路规划、设计、养护、管理、科研和社会各方面提供全面、准确、连续、可靠的

交通情况信息资料。

第六，提高养护的机械化水平，管好、用好现有的养护机具设备，积极引进、改造、研制新型养护机械。

第七，加强对交通设施（包括标志、标线、通信、监控等）、收费设施、服务管理等的设置、维护、更新工作，保障公路应有的服务水平。

第二章 路基的养护技术

路基是公路的重要组成部分，是路面的基础，起到与路面共同承担车辆荷载的作用。路基的强度和稳定性是保证路面强度、稳定性和良好路用性能的基本条件。因此，为了保证公路的正常使用品质，必须对路基进行周期性、预防性、科学合理的养护，使其经常处于良好的技术状态，不致发生较大的变形和其他病害。本章主要介绍路基养护的内容与要求、路基的日常养护与维修，并针对翻浆与滑坍两种病害的产生原因、影响因素以及主要防治措施进行重点介绍。

第一节 路基养护的内容与要求

一、路基养护的内容

为了使路基满足密实、稳定、均匀的基本要求，必须采取措施防止地面水和地下水浸入路基，保持排水系统完好、路基各部尺寸和坡度符合规定，并及时消除不稳定的因素。为此，路基养护工作的内容包括：①维修、加固路肩及边坡。②疏通、改善、铺砌排水系统。③维护、修理各种防护构造物及透水路堤，管护两旁公路用地。④清除塌方、积雪、积砂等堆积物，处理塌陷，检查险情，预防水毁。⑤观察、预防及处理翻浆、滑坍、泥石流等病害。⑥有计划地局部加宽、加高路基，改善急弯、陡坡和视距，使之逐步达到要求的技术标准。

二、路基养护的要求

路基养护的基本要求是通过日常巡视和定期检查，发现病害并及时查明原因，采取有效措施进行维修和加固，使之符合下列要求：①通过日常巡查，发现病害及时处治，使路基保持良好稳定的技术状况。②路肩无病害，边坡稳定。③排水设施无淤塞、无损坏、排水通畅。④挡土墙等附属设施良好。⑤加强不良地质路基边坡崩塌、滑坡、泥石流等灾（病）害的巡查、防治、抢修工作。

水是导致路基产生病害的重要因素，因此，要特别注意保持路基排水系统处于完好状态。在各种养护维修工作中，要保证工程质量，不可马虎从事。应及时总结治理路基失稳的成功经验或失败教训，针对具体路段，制定出切合实际的、有效的预防和维修措施，使日常养护维修工作系统化、规范化，以逐步提高路基养护管理水平。

第二节　路基的日常养护与维修

路基的日常养护与维修要结合路基的主要损坏类型进行，主要内容包括路肩的维修与加固、边坡的维修与加固、排水设施的维修与加固和支挡、防护工程的维修与加固。

一、路基损坏类型与评定

（一）路基损坏类型

根据对路基各部分常见病害形式的调查，《公路技术状况评定标准》（JTG　5210—2018）将路基损坏类型分为 8 类，包括路肩及边沟不洁、路肩损坏、边坡坍塌、水毁冲沟、路基构造物损坏、路缘石缺损、路基沉降以及排水系统淤塞。

1.路肩及边沟不洁

路肩、边沟不洁指路肩及边沟部位有杂物、油渍、垃圾或堆积物等。路肩、边沟不洁将影响公路美观；同时，路肩部位的杂物垃圾如被风吹至路面或空中也会对行车安全造成一定的威胁。路肩部位的油渍如不及时清理会腐蚀路肩，造成路肩损坏。

路肩、边沟不洁不分轻重，计量时按行车方向的长度计算，以米（m）为单位，每 1 m 路肩、边沟不洁扣 0.5 分，不足 1 m 的按 1 m 计。丈量长度时可用皮尺进行准确测量，也可用其他方式如步子丈量或利用公路上其他标准长度参照物目测估计。

2.路肩损坏

路肩是路基基本构造的组成部分，由外侧路缘带、硬路肩以及保护性土路肩组成。路肩损坏指土路肩、硬路肩或紧急停车带表面出现各种损坏，如坑槽、裂缝、松散等。硬路肩产生的损坏可参照同类型路面的损坏形式进行识别，土路肩产生的损坏主要指路肩出现沉陷、坑槽和露骨等损坏。造成路肩损坏的主要原因包括排水不畅、雨水冲刷、施工或材料不良以及外力作用等，此外车辆在紧急停车带检查修理时也会给路肩留下千斤顶痕迹及油污，形成路肩坑槽等损坏。

路肩损坏不分类统计，而是将所有形式的损坏按面积累加，以平方米（m²）为计量单位，累计面积不足 1 m² 的按 1 m² 计。路肩损坏分为轻度、重度两个等级，其中按路面损坏分类标准，轻度和中度的损坏都归为轻度路肩损坏，重度损坏在路肩损坏中归为重度路肩损坏。路肩损坏的测量与路面损坏相同，根据不同的损坏类型按长度或面积进行丈量和记录。

3. 边坡坍塌

边坡包括路堑边坡和路堤边坡，对路肩有重要的保护作用。边坡坍塌是指边坡发生岩石塌落、缺口、冲沟、沉陷和塌方等。引起边坡坍塌的主要原因包括边坡设计坡度过大、切坡过多、岩石风化、洪水冲刷以及冰雪春融等。严重的边坡坍塌会堵塞路面、边沟，威胁交通安全。

边坡坍塌按处进行记录和统计。根据坍塌边坡的长度将损坏程度分为轻、中和重三个等级，其中坍塌长度小于等于 5 m 的计为轻度损坏，坍塌长度介于 5 ~ 10 m 的计为中度损坏，坍塌长度大于 10 m 的计为重度损坏。边坡坍塌的长度按坍塌沿行车方向的长度实地丈量或目测估计。

4. 水毁冲沟

水毁冲沟是另一种形式的边坡损坏，它是指边坡出现冲沟、缺口、因水冲蚀而引发的局部沉陷等损坏。水毁冲沟损坏会严重影响路基的稳定性。路基压实不够、工程地质不良、路基填料土质差、路基排水不畅或缺乏防护等都会造成水毁冲沟损坏。

水毁冲沟损坏按处进行记录和统计。按冲沟的深度将损坏分为轻、中和重三个等级，其中冲沟深度小于等于 0.2 m 的计为轻度损坏，冲沟深度介于 0.2 ~ 0.5 m 的计为中度损坏，冲沟深度大于 0.5 m 的计为重度损坏。测量冲沟深度时可用直尺架在冲沟两侧，测定直尺与冲沟底部的最大距离。

5. 路基构造物损坏

路基构造物损坏指路肩边坡挡土墙等圬工砌体出现断裂、沉陷、倾斜、局部坍塌、松动、较大面积勾缝脱落等损坏。路基本身不稳定或构造物施工不良是造成路基构造物损坏的主要原因。

路基构造物损坏以处为计量单位。按损坏长度分为轻、中和重三个等级，其中损坏长度小于等于 5 m 的计为轻度损坏，损坏长度介于 5 ~ 10 m 的计为中度损坏，损坏长度大于 10 m 的计为重度损坏。路基构造物损坏的长度按损坏沿行车方向的长度实地丈量或目测估计。

6. 路缘石缺损

路缘石包括中央分隔带和路肩边侧的缘石以及挡水带的缘石，路缘石缺损是指路缘石损坏或缺少。路缘石损坏按长度测量和统计，以米（m）为单位，不分轻重。测量时，按损坏沿行车方向的长度进行实地丈量或目测估计。

7. 路基沉降

路基沉降是指路基出现深度大于 30 mm 的整体下沉。路基沉降易发生在高填方路段，严重时会直接影响公路的正常使用，并导致路面损坏。路面标线扭曲通常是路基发生整体沉降的标志之一。路基施工时压实不足、填筑方案不合理以及路基承载力不足是造成路基沉降的主要原因。

路基沉降损坏以处为单位进行记录和统计。按路基沉降的长度分为轻、中和重三个等级，其中损坏长度小于等于 5 m 的计为轻度损坏，长度介于 5 ~ 10 m 的计为中度损坏，长度大于 10 m 的计为重度损坏。损坏长度按沉降部分沿行车方向的长度实地丈量或目测估计。

8. 排水系统淤塞

路基排水系统包括边沟、排水沟、截水沟及暗沟等。排水系统淤塞指各种排水设施发生淤积或堵塞。排水系统淤塞导致水无法从路面或路基及时排出，会加剧水对公路的损坏。沟内杂草未能及时清除，或有垃圾、碎砾石、土等堆积物，是造成排水系统淤塞的主要原因。

按淤积程度及排水情况将损坏分为轻度和重度，并采用不同的计量方法。对排水系统发生淤积，但仍可排水，只是过水面积减小的情况，计为轻度损坏；对排水系统发生全截面堵塞，无法排水的情况，计为重度损坏，以处为计量单位。轻度损坏按长度计量，以米（m）为单位；重度损坏按处记录和统计。

目前，世界各国还没有开发出用于路基检测的快速检测设备，因此，路基损坏主要依靠人工检测，有条件的地区还可以借助便携式路况数据采集仪进行现场记录、汇总、计算与评定。

（二）路基状况评定

路基技术状况用路基技术状况指数（SCI）评价，按照式（2-1）计算：

$$SCI = \sum_{i=1}^{8} w_i \left(100 - GD_{iSCI} \right) \qquad （2-1）$$

式中：GD_{iSCI}——第 i 类路基损坏的总扣分（Global Deduction），最高分值为100，按表2-1的规定计算；

w_i——第 i 类路基损坏的权重，按表2-1取值；

i——路基损坏类型。

表 2-1 路基损坏扣分标准表

类型（i）	损坏名称	损坏程度	计量单位	单位扣分	权重（w_i）
1	路肩及边沟不洁	—	m	0.5	0.05
2	路肩损坏	轻	m^2	1	0.10
		重		2	
3	边坡坍塌	轻	处	20	0.25
		中		30	
		重		50	
4	水毁冲沟	轻	处	20	0.25
		中		30	
		重		50	
5	路基构造物损坏	轻	处	20	0.10
		中		30	
		重		50	
6	路缘石缺损	—	m	4	0.05
7	路基沉降	轻	处	20	0.10
		中		30	
		重		50	
8	排水系统淤塞	轻	m	1	0.10
		重	处	20	

在路基损坏中，不同的路基损坏类型会对路基损坏产生不同的影响效果。为了反映不同类型损坏的影响程度，《公路技术状况评定标准》(JTG 5210—2018) 在路基中引进了权重参数 w_i。SCI 损坏扣分值确定的主要依据是抽样调查和专家调查。

二、路肩的维修与加固

路肩的功能是保护路面边缘，加强路基的稳定性，便于行人和非机动车的通行，也可用于紧急情况下的临时停车，偶尔兼供错车之用。如果养护不当，路肩松软，往往会使路面边缘发生毁坏，即所谓的"啃边"破坏。水是导致路肩松软的主要原因，因此，减少或消除水对路肩的危害是路肩养护与维修工作的重点。下面将分别介绍土路肩的维修与加固、陡坡路段（纵坡大于 5%）路肩的防排水治理、路肩上养护材料的堆放。

（一）土路肩的维修与加固

土路肩上出现车辙、坑洼或与路面产生错台现象时，必须及时整修，并用与原路基相同的土填平夯实，使其顺适。

土路肩过高妨碍路面排水时，应铲削整平。宜在雨后土壤湿润状态下，结合清理边沟同时进行。土路肩横坡度过大时，宜采用良好的沙土以及其他合适的材料填补压实，不得使用清沟挖出的淤泥或含有草根的土壤填补。填补厚度大于 150 mm 时，应分层夯压密实。砂性土或粉性土地段，应掺拌黏性土加固表面，以提高路肩的稳定性。土路肩横坡过小时，应削高补低整修至规定坡度。土或有草的路肩应满足其横坡度比路面坡度大 2% 的要求，以利排水。

公路路肩通常不用于行车，但从功能上要求其能承受车辆荷载。因此，为减少路肩养护工作量，对于行车密度大的路线，应该有计划地将土路肩改铺成硬路肩。

硬路肩的类型主要包括以下几种：①砂石加固的硬路肩。如泥结碎（砾）石、烧陶粒路肩。②稳定类路肩。如石灰土、二灰碎石、泥结碎（砾）石、水泥土路肩等。③有铺面结构的硬路肩。如在基层上做沥青表面处治的综合结构路肩。④草皮加固的硬路肩。

为了防止雨水对路肩的冲刷以及雨中会车时路肩泥泞、陷车，应对路肩进行加固。主要加固方法是：采用粗砂、小砾石、风化石、炉渣、碎砖、贝壳等粒料掺拌黏土，铺筑加固层，加固厚度不小于 50 mm。应尽量采用挖槽铺压，也可在雨后路肩湿软时直接将粒料撒铺到路肩上，并进行碾压。

（二）陡坡路段（纵坡大于 5%）路肩的防排水治理

陡坡路段的纵坡较大时（ > 5%），暴雨易将路肩冲成纵横沟槽，甚至冲坏路堤边坡。因此，我们可根据路基排水系统的情况，采取如下措施：

①自纵坡坡顶起每隔 20 m 左右两边交错设置宽 0.3 ~ 0.5 m 的斜向截水明槽，并用碎（砾）石填平；同时，在路肩边缘处设置高 0.1 m、上边宽 0.1 m、下边宽 0.2 m 的拦水土坡。在每条截水明槽处留一淌水口，其下的边坡用草皮或砌石加固，使水集中由槽内流出。

②在暴雨中可沿路肩截水明槽下侧临时设置阻水埂，迫使雨水从槽内排出，但雨后应立即铲除。

③中、低级路面的路肩上自然生长的草皮应予保留。植草皮应选择适宜于当地土壤的种子。成活后需加以维护和修整，使草高不超过 0.15 m，丛集的杂草应铲除重铺以保持路容美观。如路肩草中淤积沙土过多妨碍排水时，应立即铲除，以恢复路肩应有的横坡度。

④路肩外侧易被洪水冲缺或牲畜踩踏形成缺口处，可用石块、水泥混凝土预制块或草皮铺砌宽 0.2 m 左右的护肩带，既可消除病害，又能美化路容。

（三）路肩上养护材料的堆放

应该根据地形情况，选择适宜地点，设置堆料坪，堆料坪的间距以 200～500 m 为宜。堆料坪长 5～8 m，宽约 2 m。机械化养路或高级路面，可以不设堆料坪。

对于改善工程及修补路肩坑槽所需的砂石材料，如果必须堆放在路肩上时，应选择在较宽的路段沿一边堆放，但不得在桥头引道、弯道内侧、陡坡等处堆放。料堆离路面边缘应至少保持 0.3 m，料堆长度不大于 10 m，以利行车。每隔 10～20 m 必须留出不小于 1 m 的空隙以利排水。堆料的时间一般不宜超过 10 天。

三、边坡的维修与加固

边坡包括路堑边坡和路堤边坡，是路基的重要组成部分，主要用于保证路基稳定。

（一）边坡养护与维修的要求

边坡养护与维修的要求是使边坡坡面经常保持平顺、坚实、无裂缝，遇有缺口、坍塌、高边坡碎落、侧滑等病害，应分别针对具体情况采取各种相应的加固整修措施。

（二）边坡稳定的影响因素

影响路堤边坡稳定的主要因素包括填料种类、边坡高度以及路堤的类型。影响路堑边坡稳定的因素较为复杂，除了路堑深度和坡体土石的性质之外，地质构造特征、岩石的风化和破碎程度、土层的成因类型、地面水和地下水的情况、坡面的朝向以及当地的气候条件等都会影响路堑边坡的稳定性。土质（包括粗粒土）路堑边坡，则应考虑边坡高度、土的密实程度、地下水和地面水的情况、土的成因及生成年代等因素。

（三）石质边坡的维修与加固

对于石质路堑边坡，应经常注意边坡坡面岩石风化发展情况，以及边坡上的危岩、浮石的变动，及时发现问题，并采取适当的处理措施，如抹面、喷浆、勾缝、灌浆、嵌补、锚固等，以免堵塞边沟或危及行车和行人。

（四）土质边坡的维修与加固

对于土质边坡、碎落台、护坡槽等，如经常出现缺口、冲沟、沉陷、塌落或受洪水、边沟流水冲刷及浸水时，应根据水流、土质等情况，选用种草、铺草皮、栽灌木丛、铺柴束、篱格填石、投放石笼、干砌或浆砌片石护坡等措施，进行防护和加固处理。

边坡如发生坍塌需要修整时，不能在边坡上贴土修补，应在毁坏的地段上，从下到上先挖成土台阶，再分层填土夯实，夯实后的宽度要稍超出原来的坡面，以便最后切出坡面。

（五）植物坡面防护技术

为使边坡状况尽可能与周边自然景观相协调，在有条件的路段应优先采取坡面植物防护技术，如种植灌木丛、铺草皮或种植香根草（一种从马达加斯加等国引进的生长繁殖快、耐旱又耐涝的禾科多年植物），也可采用"液压喷播""客土喷播""岩质坡面喷混植生技术"等技术措施。

"液压喷播"是利用液态播种原理，先将植物种子（草种、花种或树种）或植物体的一部分（芽、根、茎等可发芽萌生的部分），经科学处理后混入水中，并配以一定比例的专用配料（如肥料、纸浆、黏合剂、保水剂、土壤改良剂等），通过喷播机搅拌，利用高压泵体的作用，喷播在公路路基坡面，促使其生长而形成坡面植被的技术措施。

"客土喷播"技术主要应用于稳定的砂、砾质以及风化岩质边坡坡面，将植物种子、保水材料（高吸水树脂）、稳定材料（水泥和合成树脂类土壤稳定剂）、疏松材料（木糠、谷壳等）、客土和肥料等，经科学配方和混合，通过压缩空气喷于坡面，经过良好养护，生长成植被。

"岩质坡面喷混植生技术"是对裸露的岩质边坡，利用人工配制的有机植物生长基材，配以黏结剂、固网技术，喷射于坡面，使这层适合于植物生长的有机物料紧贴坡面，通过成孔物质的合理配置，使种植基质土壤固体、气体、液体三相物质处于平衡状态，创造草类与灌木的良好生长环境，再选用草、灌、藤等种子混合配方，进行液态喷播，以得到石质坡面生态复合功能。

四、排水设施的维修与加固

路基排水设施分为地面排水设施和地下排水设施。地面排水设施主要包括边沟、截水沟、泄水槽、排水沟、跌水及急流槽、拦水带等；地下排水设施主要包括暗沟、盲沟、有管渗沟、洞式渗沟及防水隔离层等。

（一）路基排水设施的功能

路基排水设施的主要功能是将路基范围内的土基湿度降低到一定的限度以内，保持路基常年处于干燥状态，确保路面具有足够的强度和稳定性。

（二）路基排水设施的养护要求

路基排水设施应进行经常性、预防性的养护和维修，确保其功能完好、排水顺畅。同时，应根据实际使用情况，不断改善路基排水条件。

（三）路基排水设施的日常养护

对边沟、截水沟、排水沟以及暗沟（管）等排水设施，在春融前，特别是汛前，应全面进行检查疏浚，下雨时必须上路巡查，及时排除堵塞、疏导水流，保持水流通畅，并防止水流集中冲坏路基。暴雨后应进行重点检查，如有冲刷、损坏，须及时修理加固，如有堵塞应立即清除。

路堤边坡出现冲沟或缺口时，选用与原路基相同的填料填筑夯实，路堑段应将截水沟内的积水引至坡外。针对现有排水系统不完善的部分逐步加以改进、完善，充分发挥各种排水设施的功能。

有中央分隔带的路面，确保中央分隔带的排水畅通无阻。设有集中排水设施的中央分隔带的集水井、横向排水管，应经常清淤、维修，确保排水畅通。雨季前后应对拦水缘石及泄水槽进行检查维修，保持其完好，连接处平顺无裂缝。未设置拦水缘石及泄水槽的路段，宜通过养护手段逐步完善。

如高速公路路面局部积水，应针对积水原因，及时采取清扫、整平路面及增设排水设施等相应措施。雨后应采取措施排除高速公路互通立交区内的积水。所有从排水设施中排出的水，不得冲毁农田或其他建筑物，同时，还应注意不能污染环境。

如发现渗沟、盲沟出水口处长草、堵塞，应进行清除和冲洗；对管渗沟应经常检查疏浚，以保证管内水流通畅；如发现反滤层淤塞失效，应翻修并剔除其中较小颗粒的砂石，以保证其排水；如发现位置不当，则应另建渗沟或盲沟。

五、支挡、防护工程的维修与加固

本部分重点介绍挡土墙和护岸设施的维修与加固。

（一）挡土墙

挡土墙是支承路基填土或山坡土体，以防填土或土体失稳的构造物，是公路的重要组成部分，其技术状况的好坏对公路的安全运营影响较大。对于挡土墙的维修与加固，首先要对其进行检查。

1. 挡土墙检查

除经常检查挡土墙是否有损坏外，每年还应在春秋两季各进行一次定期检查，北方冰冻严重地区尤应注意，主要检查挡土墙在冰冻融化后墙身及基础的变化情况，以及冰冻前应采取的防护措施效果。另外，在反常气候、地震或重型车辆通过等特殊情况下应及时进行检查，发现裂缝、断裂、倾斜、鼓肚、滑动、下沉或表面风化、泄水孔堵塞、墙后积水、周围地基错台、空隙等情况，应查明原因，并观察其发展情况，采取相应的维护修理、加固措施，并做好工作记录，建立技术档案备查。

2. 挡土墙加固

当挡土墙发生倾斜、局部鼓出、滑动或下沉等病害时，可采用下列方法之一进行加固。

（1）锚固法

锚固法适用于水泥混凝土或钢筋混凝土挡土墙。该方法采用直径 25 mm 以上的高强螺纹钢筋作锚杆，穿入预先钻好的孔内，灌入水泥砂浆，将锚杆固定，待砂浆达到一定强度后对锚杆进行张拉，并固紧锚头，见图 2-1。必要时，在加固前，可先在挡土墙外侧设置锚杆的断面处现浇宽 300 ~ 400 mm、厚 150 ~ 250 mm 的水泥混凝土条块，以供埋置锚头之用。

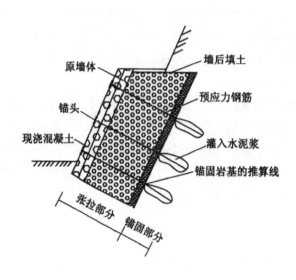

图 2-1　锚固法加固挡土墙

（2）套墙加固法

套墙加固法用钢筋混凝土在原挡土墙外侧加宽基础，加厚墙身。施工时，先挖除墙后一部分填土，减除一部分土压力，以保证安全。采用该方法时，应注意新旧基础、墙体的结合，应凿毛旧基础和旧墙体，设置联系石榫，必要时可设置钢筋锚增强连接。

（3）增建支撑墙加固法

在挡土墙外，增建新的支撑墙，其基础埋置深度、尺寸和间距，应通过计算确定。

（4）如挡土墙损坏严重，必要时也可将损坏的部分拆除重建

若挡土墙损坏严重则重建，但必须注意新旧墙的不均匀沉降，在新旧墙结合处应设置沉降缝，并注意新旧挡土墙接头的协调，还应根据公路所在地区地形及水文地质等条件合理选择挡土墙类型，各类挡土墙的适用条件见表 2-2。

表 2-2　各类挡土墙适用条件

挡土墙类型	适用条件
重力式挡土墙	适用于一般地区、浸水地区和地震地区的路肩、路堤和路堑等支挡工程。墙高不宜超过 12 m，干砌挡土墙的高度不宜超过 6 m。高速公路、一级公路不应采用干砌挡土墙

挡土墙类型	适用条件
半重力式挡土墙	适用于不宜采用重力式挡土墙的地下水位较高或土质较软的地基土,墙高不宜超过 8 m
悬臂式挡土墙	宜在石料缺乏、地基承载力较低的填方路段采用,墙高不宜超过 5 m
扶壁式挡土墙	宜在石料缺乏、地基承载力较低的填方路段采用,墙高不宜超过 15 m
锚杆挡土墙	宜用于墙高较大的岩质路堑地段,可用作抗滑挡土墙,可采用肋柱式或板壁式单级墙或多级墙,每级墙高不宜大于 8 m,多级墙的上、下级墙体之间应设置宽度不小于 2 m 的平台
锚定板挡土墙	宜使用在缺少石料地区的路肩墙或路堤式挡土墙,但不应建筑于滑坡、坍塌、软土及膨胀土地区。可采用肋柱式或板壁式,墙高不宜超过 10 m。肋柱式锚定板挡土墙可采用单级墙或多级墙,每级墙高不宜大于 6 m,上、下级墙体之间应设置宽度不小于 2 m 的平台,上、下两级墙的肋柱宜交错布置
加筋土挡土墙	用于一般地区的路肩式挡土墙,但不应修筑在滑坡、水流冲刷、崩塌等不良地质地段高速公路、一级公路墙高不宜大于 12 m,二级及二级以下公路不宜大于 20 m。当采用多级墙时,每级墙高不宜大于 10 m,上、下级墙体之间应设置宽度不小于 2 m 的平台
桩板式挡土墙	用于表土及强风化层较薄的均质岩石地基,挡土墙高度可较大,也可用于地震区的路堑或路堤支挡或滑坡等特殊地段的治理

如地基处理工程复杂,可采用干砌块石或码砌石笼进行加固。挡土墙的泄水孔应保持通畅,如有堵塞应加以疏通;疏通困难时,应视墙后地下水情况增设泄水孔,或加做墙后排水设施。砖、石、混凝土或钢筋混凝土挡土墙墙面出现碱蚀或风化时,可将风化表层凿除,露出新茬,然后用水泥砂浆抹面或喷涂。

(二)护岸设施

应在洪水期前后详细观察、检查护岸设施的作用和效果是否达到稳定、完好,如发现损坏,应及时修理和加固。

用土工模袋做护岸是一项较新的技术,土工模袋就像一个中间带有许多节点的超大型塑料编织袋,其规格可以按照工程要求加工。施工时,将模袋平铺于岸坡上(也可按设计要求延伸至水下),从袋口(可以多处同时施工)连续灌注流动性良好的混凝土或水泥砂浆,使充满混凝土浆体的模袋紧贴在岸坡上,形成一个稳固的、连续的、具有凸起的大面积混凝土浆体壁,起到护岸和消能的作用。这项技术的特点是施工速度快、简便、经济,而且可以省去管养工作,尤其适用于冲刷严重的沿河路堤。

（三）透水路堤的养护

受季节性影响或长期浸水的路堤、沿河路堤和桥头引道等，其路堤的下部每年遭受短期或长期的淹没，这些路堤称为透水路堤。透水路堤透水层及设置于其内的泄水管应保持稳定和良好的透水（泄水）性能，上下游护堤铺砌应保持平整、密实，若有损坏应及时修复。当透水层失去透水性能影响路堤稳定且无法修复时，应考虑改建为桥涵。透水路堤顶面与路基之间应设置厚 0.3 ~ 0.5 m 的隔离层，以防止毛细水上升而软化上部路基。如果上部路基发软变形，说明隔离层失去作用，应及时进行维修。

第三节　常见路基病害防治技术

一、路基翻浆的防治

路基翻浆主要发生在我国东北、华北、西北、西南等季节性冰冻地区的春融时节，以及盐渍、沼泽、水网等地区。因地下水位高、排水不畅、路基土质不良、含水过多，经行车反复作用，路基会出现弹簧、裂缝、鼓包、冒泥等现象，称为翻浆。翻浆的发生，不仅会破坏路面，妨碍行车，增加道路养护的工作量，严重的还会中断交通，对国民经济建设、国防战备都具有一定的危害。

（一）翻浆发生的过程及其影响因素

1. 翻浆发生的过程

秋季，由于降水或灌溉的影响，地面水下渗、地下水位升高，使路基水分增多，为冬季水分积聚提供了必要条件。

冬季气温下降，路基上部土首先开始冻结，此时土孔隙内的自由水在 0℃ 时开始冻结，形成冰晶体。当温度继续下降时，与冰晶体接触的土颗粒表面的薄膜水（弱结合水在 -0.1 ~ -10℃ 时开始冻结）受冰的结晶力作用，迁移到冰晶体上面冻结。因此，该部分土粒表面的水膜变薄，破坏了原来的吸附平衡状态，产生剩余分子引力，将汲取邻近土粒的薄膜水。同时，当水膜变薄时，薄膜水内的离子浓度增加，产生渗透压力差。在土粒分子引力和渗透压力差的共同作用下，薄膜水就从水膜较厚处向水膜较薄处迁移，并逐层向下传递。在温度为 0 ~ -5℃ 的条件下，当未冻区有充足的水源供给时，水分发生连续迁移，致使路基上部大量聚冰。

如果冻结线在某一深度停留时间较长，水分就有充分的聚积时间，当水源供给充足时，便在冻结线附近形成聚冰层。它通常只出现在路基上部的某一深度范围内，一般有 0.05 ~ 0.3 m 厚。聚冰层可能有一层或多层。凡聚冰层所在之处即路基土含水率最大之处。

冻胀是翻浆过程中的一个阶段。冬季土基下部的水向上积聚并冻结成冰，就会形成冻胀，过大的冻胀会使柔性路面产生鼓包、开裂，使刚性路面出现拱起、错台或断板。次年春融时期，由于路面结构层的吸热和导温性较强，路面下的路基土先于路肩下的土体融化，于是路基下残余未融化的冻土形成凹槽，融化后的水分难以排出，路基上部处于过湿状态。

当融化至聚冰层时，路基湿度变大，有时甚至超过液限，导致路基在融化过程中强度显著降低，以致丧失承载能力，在车辆荷载作用下发生弹簧、开裂、鼓包、车辙，严重时泥浆外冒，路面大面积破坏，就形成了翻浆。

2. 翻浆的影响因素

公路翻浆的主要影响因素有土质、温度、水、路面、车辆荷载、人为因素等，其中土质、温度、水三者的共同作用是形成翻浆的三个自然因素。

（1）土质

粉性土是最容易翻浆的土，当粉性土和黏性土含有大量腐殖质和易溶盐时，则更易形成翻浆。沙土在一般情况下不会发生翻浆。

（2）温度

当初冻的时候气温较高或冷暖交替出现，温度在 0 ~ -5 ℃停留时间较长，冻结线长期停留在路面下较浅处时，就会使大量水分积聚到距路面很近的地方，产生严重翻浆。春融期，天气骤暖，土基急速融化，则会加重翻浆的程度。

（3）水

秋雨及灌溉会使路基土的含水率增加，使地下水位升高，加剧翻浆的程度。

（4）路面

路面结构与类型对翻浆也有一定的影响，例如，在比较潮湿的土基上铺筑沥青路面后，由于沥青面层透气性较差，路基土中的水分不能通畅地从表面蒸发，使水分滞积于土基顶部与基层，导致路面失稳变形，以致出现翻浆。

（5）车辆荷载

路基翻浆是通过行车荷载的作用形成和暴露出来的，当其他条件相同时，在翻浆季节，交通量越大，车辆轴载越重，则翻浆越为严重。

（6）人为因素

①设计方案不合理。

如路基设计高度不够，特别是低洼地带，路线没有避开不利的水文地质地带，缺乏防治翻浆的措施，以及路面结构设置不当、厚度偏薄等。

②施工质量有问题。

填筑方案不合理、不同土质填料混杂填筑，或采用大量的粉质土、腐殖土、盐渍土、大块冻土等劣质填料，或分层填筑时压实度不足。

③养护措施不当。

排水设施堵塞，路拱有反向坡，路面、路肩积水，对翻浆估计不足，且无适当的抢防措施。

（二）翻浆的分类和分级

根据路基土水分来源的不同，将翻浆分为地下水类、地面水类、土体水类、气态水类及混合水类 5 类，见表 2-3。根据路面变形的破坏程度不同将翻浆分为轻型、中型和重型三个等级，见表 2-4。

表 2-3　翻浆分类

序号	翻浆类型	导致翻浆的水分来源
①	地下水类	受地下水的影响，土壤经常潮湿，导致翻浆。地下水包括上层滞水、潜水、层间水、裂隙水、泉水、管道漏水等。潜水多见于平原区，层间水、裂隙水、泉水多见于山区
②	地面水类	受地面水的影响，使土基潮湿，导致翻浆。地面水主要指季节性积水，也包括路基、路面排水不良而造成的路旁积水和路面积水
③	土体水类	因施工遇雨或用过湿的土填筑路堤，造成土基原始含水率过大，在负温度作用下使上部含水率显著增加，导致翻浆
④	气态水类	在冬季强烈的温差作用下，土中水主要以气态形式向上运动积聚于土基顶部和路面结构层内，导致翻浆
⑤	混合水类	受地下水、地面水、土体水或气态水等两种以上水类综合作用产生的翻浆。此类翻浆需要根据水源主次定名，如地下水类、地面水类等

表 2-4　翻浆分级

翻浆等级	路面变形破坏程度
轻型	路面龟裂、湿润，车辆行驶时有轻微弹跳
中型	大片裂纹、路面松散，局部鼓包、车辙较浅
重型	严重变形、翻浆冒泥、车辙很深

（三）翻浆的防治措施

防治翻浆的基本途径是：防止地面水、地下水或其他水分在冻结前或冻结过程中进入路基上部；在春融期，可将聚冰层中的水分及时排除或暂时蓄积在透水性好的路面结构层中；改善土基及路面结构；采用综合措施防治。各种防治翻浆的措施见表 2-5。

表 2-5　各种防治翻浆措施

编号	措施种类	适用翻浆类型	翻浆等级	适用地区或条件	使用说明
1	路基排水	①、②、⑤	轻、中、重	平原、丘陵、山区	适用于一切新旧道路
2	提高路基	①、②、⑤	轻、中、重	平原、洼地、平地	新旧路均可用，必要时也可与本表中的 3、4、5、6、7、9 任一类组合应用
3	砂桩、砂砾垫层	①、②、③、⑤	中、重	产砂、砾地区	新旧路均可用，主要做垫层或与 2、4 类组合应用
4	石灰土结构层	①、②、③、④、⑤	轻、中、重	缺少砂、石地区	新旧路均可用，做基层或垫层，或与 3、5 类措施组合应用
5	煤渣、石灰土结构层	①、②、③、④、⑤	中、重	缺少砂、石地区，煤渣供应有保证	新旧路均可用，做基层或垫层，或与 4 类措施组合应用
6	透水性隔离层	①、⑤	中、重	产砂、石地区	适用于新路
7	不透水隔离层	①、②、④、⑤	中、重	沥青、油毡、塑料薄膜供应有保证	多用于新路
8	盲沟	①、⑤	轻、中、重	坡腰或横向地下水出露地段，地下水位高的地段	新旧路均可使用
9	换土	③、⑤	中、重	产砂、砾或水稳性好的材料地区	新旧路均可使用

具体的防治措施包括以下几方面。

1. 做好路基排水及提高路基

做好路基排水是预防和处理地面水类和地下水类翻浆的首要措施。良好的路基排水可以防止地面水或地下水浸入路基，使路基土体保持干燥。

提高路基是一种效果显著、简便易行、比较经济的常用措施。增大路基边缘至地下水或地面水位间的距离，可使路基上部土层保持干燥，在冻结过程中不致因过分聚冰而失稳。提高路基的措施适用于取土方便的路段，并宜采用透水性良好的土填筑路基。在重冰冻地区及粉性土地段，提高路基时还要与其他措施，如砂垫层、石灰土等配合使用。

2. 铺设隔离层

隔离层设在路基顶面下 0.5 ~ 0.8 m 处，目的在于阻断毛细水上升通道，保持上部土基干燥，防止翻浆发生。当地下水位或地面积水水位较高，又不宜提高路基时，可铺设隔离层。

隔离层按使用材料可分为透水性隔离层和不透水性隔离层两类。

（1）透水性隔离层

其位置应在地下水位以上，一般在土基 0.5 ~ 0.8 m 深度处，在盐渍土地区的翻浆路段，其深度应同时考虑防止盐胀和次生盐渍化等要求，用粗集料（碎石、砾石、粗砂或炉渣）铺筑，其厚度一般为 0.1 ~ 0.2 m，且宜做成 3% 的排水横坡。为了防止淤塞，应在隔离层的上面和下面铺设 100 ~ 200 mm 的泥炭、草皮或炉渣、石屑、针刺无纺布等透水性材料作为防淤层。路基与边坡连接部位，应铺大块片石防止碎落。隔离层上部与路基边缘的高差不小于 0.5 m，底部高出边沟底 200 ~ 300 mm，见图 2-2。

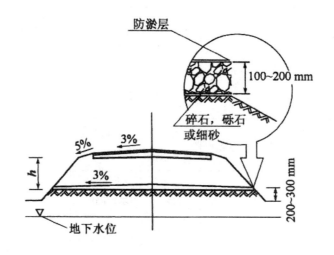

图 2-2　透水性隔离层

（2）不透水性隔离层

不透水路基可设置不透水性隔离层，设置深度与透水性隔离层相同。当路基较窄时，隔离层可横跨全部路基，称为贯通式；当路基较宽时，隔离层可铺至延出路面边缘外 0.5 ~ 0.8 m，称为不贯通式。

不透水性隔离层所用材料和厚度如下所示。

①沥青含量为 8% ~ 10% 的沥青土或 6% ~ 8% 的沥青砂，厚度为 25 ~ 35 mm。

②直接喷洒沥青，厚度为 2 ～ 3 mm。

③用油毛毡（一般为 2 ～ 3 层）或不易老化的特制塑料薄膜摊铺（盐渍土地区不可用塑料薄膜）。

3. 设置路肩盲沟或排水渗沟

（1）路肩盲沟

为及时排除春融期间路基中的自由水，达到疏干路基上部土体的目的，可在路肩上设置横向盲沟。该方法适合于路基土透水性较好的地下水类翻浆路段。盲沟布置应与路中心线垂直，如路段纵坡大于 1%，则宜与路中心线呈 60° ～ 75°的交角，两边交错排列，间距 5 ～ 10 m，深度 0.2 ～ 0.4 m，宽度 0.4 m 左右。盲沟应用渗水性良好的碎（砾）石填充，沟底宜做成 4% ～ 5% 的坡度。盲沟出水口应高出边沟水面 0.2 m，出口按一般盲沟处理，见图 2-3。

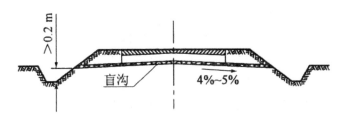

图 2-3　横向盲沟布置图

（2）排水渗沟

为了降低路基的地下水位，可在边沟下设置盲沟或有管渗沟，见图 2-4。为了拦截并排除流向路基的层间水，可采用截水渗沟。

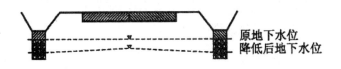

图 2-4　路基两侧边沟下面的渗沟

4. 换土

对因土质不良造成翻浆的路段，可在路基上部换填水稳定性好、冰冻稳定性好、强度高的粗颗粒土，以提高土的强度和稳定性。

一般可根据地区情况、道路等级、行车要求、换填材料等因素确定换土厚度。一些地区的经验认为，在路基上层换填 0.4 ～ 0.6 m 厚的砂性土，路基可以基本稳定。换土厚度也可以根据强度要求，按路面结构层厚度的计算方法计算确定。

采用换土法治理翻浆路段，当发现翻浆苗头时，应及时进行开挖，用较少的工作量可取得较好的效果。换土适合于路基高程受到限制，不能加高路基，且附近有砂性土的路段。

5.改善路面结构层

在路面结构中铺设砂（砾）垫层。砂（砾）垫层是用砂砾、粗砂或中砂做成的垫层，它具有较大的空隙，能隔断毛细水的上升，春融时能蓄水、排水；冻融过程中体积变化小，可减小路面的冻胀和沉陷。它还具有一定的强度，能将荷载进一步扩散，以减小路基的应力和应变。

（1）砂（砾）垫层的厚度可按蓄水原则或排水原则设置

蓄水原则是指春融期间，路基融化后的过量水分能全部集中于砂垫层中。根据蓄水的需要并考虑砂（砾）垫层被污染后降低蓄水能力的情况，中湿路段砂（砾）垫层的经验厚度为 0.15 ~ 0.20 m，潮湿路段为 0.2 ~ 0.3 m。

排水原则是将春融期汇集于砂垫层中的水分通过路肩盲沟排走，其厚度应由路面强度及砂（砾）垫层构造和施工要求决定，一般为 0.1 ~ 0.2 m。

（2）铺设水泥稳定类、石灰稳定类或石灰工业废渣类基（垫）层

这类基（垫）层具有良好的板体性、水稳定性和抗冻稳定性，可以提高路面的整体强度，起到减缓和防止路基冻胀和翻浆的作用。但在重冰冻地区潮湿路段，石灰土不宜直接采用，须与其他措施配合应用，如在石灰土下铺设砂垫层等。

（3）设置防冻层

对于高级和次高级路面结构层的总厚度除满足强度要求外，还应满足防冻层厚度要求，以避免路基内出现较厚的聚冰带，导致路面冻胀和开裂。

（四）翻浆路段的养护

翻浆路段一年四季都在发生变化，因此，在各个季节里，应采取不同的养护措施，加强预防性的防治工作，以防止或减轻翻浆病害。

1.秋季养护

对于翻浆路段来说，秋季养护的中心内容是排水，尽可能防止水分进入路基，保持路基处于干燥状态，以减少冬季冻结过程中由于温差作用向路面下土层积聚的水分，这是一项最根本的措施。所以，秋季养护要做好下列工作。

①随时整修路面、路肩、边坡。路面应维护好路拱和平整度，如有裂纹、松散、车辙、坑槽、搓板、纵向冲沟等病害，应及时处理，避免积水。路肩应保持规定的排水横坡，尤其应在雨后夯压密实，保持路肩坚实平整。边坡要保持规定坡度、拍压密实，防止冲刷和坍塌阻塞边沟，造成积水。

②修整地面排水设施，保证地面排水通畅。

③检查地下排水设施，保证地下水能及时排出。

2. 冬季养护

冬季养护的中心内容是采取措施减轻路基内的水分在温差作用下向路基上层积聚的程度，同时要防止水分渗入路基。冬季养护要做好下列工作：

①及时清除翻浆路段的积雪。雪层导温性能差，具有保温作用，可减缓路基土壤冻结速度，使冻结线长期停留在路基上层，使路基下层水分有机会大量积聚到路基上层，致使翻浆加重。

②经常上路检查，发现路面出现裂缝、坑槽等病害要及时修补，融化雪水要及时排除。

③经常发生翻浆的路段，应在翻浆前做好准备工作，有翻浆苗头的路段，应及早进行抢修，包括准备好抢防的用料。

3. 春季养护

春季是翻浆的暴露时期，在天气转暖的情况下，翻浆发展很快，养护工作的中心内容是抢防。当路面出现潮湿斑点、松散、龟裂时，表明翻浆已开始露头。有鼓包、车辙、大片裂缝、行车颠簸、路基发软等现象发生时，应采取以下措施：

①在两边路肩上每隔 3 ～ 5 m 交错开挖横沟，沟宽一般为 0.3 ～ 0.4 m，沟的深度根据解冻深度逐渐加深，直到路面底层以下，沟的外口高于边沟沟底。

②路面坑洼严重的路段，除横沟外，还应顺路面边缘加修纵向小盲沟或渗水井。渗水井的直径大小以不超过 0.4 m 为宜，井与井的间距应根据实际情况确定，沟或渗水井的深度应至路面底层以下。如交通量不大，也可挖成明沟。

③如条件许可，应尽量绕道行车或限制重车通过，避免因行车碾压，加剧路面破坏。

④在交通量较小的县乡公路上，可以用木料、树枝等做成柴排，铺在翻浆路段上，上面再铺碎石、沙土，以临时维持翻浆期间通车，防止将路面压坏。

4. 夏季养护

夏季是翻浆的恢复期，这时养护工作的中心内容是修复翻浆破坏的路基和路面，采取措施根治翻浆。首先，要查明翻浆的原因，对病害路段的长度、发生时间、损坏特征、养护情况，以及季节的气温变化情况等进行调查分析，做好记录，确定治理方法和措施。

二、滑坍的防治

滑坍是最常见的路基病害，也是水毁路基的普遍现象。根据其形成条件、原因和规模大小，大体可分为坍塌、崩塌、滑坡和泥石流四种形式。本节主要介绍滑坡与崩塌的产生原因及其防治方法。

（一）滑坡

1.滑坡形成的主要原因

路基山坡土体或岩体，由于长期受地面水、地下水活动的影响，结构被破坏，逐渐失去支撑力，在重力作用下，整体沿着一定软弱面（或带）向下滑动，这种地质现象称为滑坡。这种滑动一般是缓慢的，可延续相当长的时间，但坡度较陡时，也会突然下滑。

发育完整的滑坡，一般都具备如图 2-5 所示的形态。包括后缘环形滑坡壁、与滑坡壁毗邻的封闭滑坡洼地、微向后倾的滑坡台阶、滑动面与滑坡床，以及各种类型的滑坡裂缝和滑坡面等。

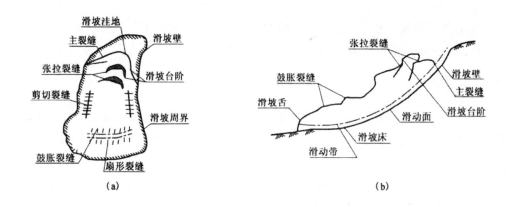

图 2-5　滑坡形态示意图

滑坡形成的原因很多，主要包括地质因素和水文因素。

（1）地质因素

包括具有蓄水构造层、聚水条件、软弱面（或带），以及有向路基倾斜的岩层山坡等地质条件。

①山坡表层为渗水的土或岩层，下层为不透水的土或岩层（形成隔水层），且岩层向路基倾斜。在这种情况下，当有地下水经常活动时，就会使表层土（或岩度）沿隔水层滑动，造成滑坡。

②山坡岩层软硬交错，且其软弱面向路基倾斜，由于风化程度不同或地下水侵蚀等原因，使岩层可能沿某一软弱面向下滑动。

③路线穿过软硬不均的岩石断开地带，而断开地带为地下水集中活动地区时，开挖路堑容易引起滑坡。

（2）水文因素

水是加剧滑坡的重要条件，表现情况主要包括以下几种。

①雨水渗入：

大量雨水渗入边坡，使土体潮湿软化，增加土体重量，降低土的强度，从而加速滑坡的活动。

②地下水：

地下水量增加，浸湿滑坡面，降低滑坡面的抗滑能力，从而加速滑坡的形成。

③排水设施布设不合理：

例如在渗水性强的边坡上设置天沟，沟内没有铺设防水层，当地面水集中流入天沟内时，水分大量渗入土体内部，以致产生滑坡。

④溪河水位涨落：

水分渗入坡体内，润湿滑坡面，或河水冲刷滑坡坡脚，减弱支撑力，引起坡体下滑。

⑤灌溉渠道或水田：

边坡上有灌溉渠道或水田，没有进行适当处理，渗漏严重，使土体潮湿软化，增加土体自重，降低土的强度，从而导致滑坡。

2. 滑坡的防治

滑坡的类型很多，且成因复杂，因此，要针对不同情况采取不同的防治措施。公路上的滑坡多发生于路基上边坡，这是由于修筑公路破坏了地貌的自然平衡。因此，防治滑坡的措施应以上方排水疏导为主，再配合抗滑支撑措施，或上部减重，维持边坡平衡。

（1）地面排水

滑坡体以外的地面水，应予拦截引离；滑坡体上的地面水要注意防渗并尽快汇集引出。各种地面排水措施的适用条件、布置要求，以及设计和施工原则列于表2-6。

表2-6 滑坡排水措施表

排水措施	适用条件	布置及设计施工原则
环形截水沟	滑体外	截水沟应设在滑坡可能发展的边界5 m以外，根据需要可以设置数条，分段拦截地表水，向一侧或两侧的自然沟系排出。在坡度陡于1：1的山坡上，常采用陡坡排水槽来拦截山坡上方的坡面径流。沟槽断面以满足宣泄坡面径流为准，如土质渗水性强，应采用黏性土、石灰三合土或浆砌片石铺砌防渗层
树枝状排水系统	滑体内	结合地形条件，充分利用自然沟系，作为排水渠道，汇集并旁引坡面径流于滑坡体外排出，排水沟布置应尽量避免横切滑体，主沟宜与滑移方向一致。支沟与主沟斜交30°～45°。如土质松软，可将土夯成沟形。上铺黏性土或石灰三合土加固。通过裂缝处，可采用搭叠式木质水槽或陶管、混凝土槽、钢筋混凝土槽，以防山坡变形拉断水沟，使坡面水集中下渗
明沟与渗沟相配合的引水工程	滑体内的泉水或湿地	目的在于排除山坡上层滞水和疏干边坡土体含水，埋入地下部分类似集水渗沟，露出地面部分是排水明沟

续表

排水措施	适用条件	布置及设计施工原则
平整夯实自然山坡坡面	滑体内	如山坡土质疏松，坡面水易于阻滞下渗，应整平夯实坡面，填塞裂缝，防止坡面径流汇集下渗
绿化工程（植树、铺种草皮）	山坡滑体内	绿化工程是配合表面排水的一项有效措施，特别对于渗水严重的黏性土滑坡和浅层滑坡，效果显著。在滑坡面种植灌木及阔叶果树，可疏干滑体水分，根系起加固坡面土层的作用。铺种草皮可滞缓坡面径流流速，防止冲刷，减少下渗，避免坡面泥土淤塞沟槽

（2）地下排水

应用较多的排除滑坡地下水的工程措施有各种渗沟，主要包括以下几种。

①支撑渗沟：

用以支撑不稳定的滑坡体，兼起排除和疏干滑坡体内地下水的作用，适用深度（高度）为 2 ~ 10 m。支撑渗沟包括主干沟和支沟两种。主干沟一般顺滑坡方向平行修筑，布置在地下水露头处或由土中水形成坍塌的地方；支沟应根据坡面汇水情况合理布置，一般可与滑坡移动方向呈 30° ~ 45° 夹角，并可伸展到滑坡范围以外，起到挡截地下水的作用。

支撑渗沟断面一般采用矩形，深度不宜超过 10 m，宽度为 2 ~ 4 m。基底应设在滑动面以下的稳定地层内 0.5 m，并设置 2% ~ 4% 的排水纵坡。若滑坡面较陡，应将沟底基脚筑成台阶形，将沟底埋入稳定的干硬岩层内，以加强渗沟的支撑作用及稳定性。台阶宽不宜小于 1 m，高深比宜为 1 : 1.5 ~ 1 : 2，以免施工时台阶本身形成坍塌。底部应采用浆砌片石铺砌隔水层，厚度为 0.2 ~ 0.3 m。为防止淤积，在支撑渗沟的进水侧壁及顶端应做 0.2 m 厚的砂砾反滤层。

②边坡渗沟：

当滑坡前缘的路基边坡有地下水均匀分布或坡面大片潮湿时，可修建边坡渗沟，以疏干和支撑边坡，同时也能起到阻截坡面径流和减轻坡面冲刷的作用。边坡渗沟的平面形状有垂直形、分支形及拱形。分支渗沟的主沟主要起支撑作用，而支沟则起疏干作用。分支渗沟可以互相连接成网状布置。

③截水渗沟：

当有丰富的深层地下水进入滑坡体时，可在垂直于地下水流的方向上设置截水渗沟，以拦截地下水，并排出滑坡体外。

（3）减重

减重就是在滑坡体后缘挖除一定数量滑坡土体或岩体，使滑坡体稳定下来。这种措施适用于推动式滑坡，一般滑动面不深，滑床上陡下缓，滑坡后壁或两侧有岩层外露或土体稳定不可能再发展的滑坡。减重主要是减小滑体的下滑力，而不能改变其下滑趋势，所以减重常与其他措施配合使用。

（4）支挡工程

支挡工程分以下几类。

①抗滑垛：

抗滑垛一般用于滑体不大、自然坡度平缓、滑动面位于路基附近或坡脚下部较浅处的滑坡。片石抗滑垛可用片石干砌或石笼堆成，是依靠片石垛的自重以增加抗滑力的一种简易抗滑措施。

②抗滑挡土墙：

在滑坡下部修建抗滑挡土墙是整治滑坡常用的有效措施之一。对于大型滑坡，挡土墙常作为排水、减重等综合措施的一部分；对中、小型滑坡，挡土墙常与支撑渗沟联合使用。其优点是对山体的破坏少，稳定滑坡收效快。抗滑挡土墙一般多采用重力式结构，其尺寸应经计算确定。

③抗滑桩：

抗滑桩是一种利用桩的支撑作用稳定滑坡体的有效抗滑设施。一般适用于非塑性体层和小厚度滑坡前缘，以及使用重力式支撑建筑物与工量过大、施工困难的场合。

（二）崩塌

崩塌是岩体突然而猛烈地从陡峻的斜坡上崩离翻滚而下的现象。崩塌可发生在高峻的自然山坡上，也可发生在高陡的人工路堑边坡上。发生崩塌的物体一般为岩体，但某些土坡也会发生崩塌。崩塌的规模有大有小，由于岩体风化、破碎比较严重，边坡上经常发生小块岩石的坠落，这种现象称为碎落；一些较大岩块的零星崩落称为落石，规模巨大的崩塌也称山崩。

崩塌与滑坡的明显区别是：崩塌发生急促，破坏体散开，并有倾倒、翻滚现象，而滑坡体一般总是沿着固定滑动面（或带）整体地、缓慢地向下滑动。公路路堑开挖过深、边坡过陡，或由于切坡使软弱结构面暴露，都会使边坡上的岩体失去支撑，在水流冲刷或地震作用下引起崩塌。

防治崩塌的措施主要有：

①路基上方的危岩及危石应及时检查清除，特别是在雨季前要细致检查。如有威胁行车安全的路段，可根据地形和岩层情况，采用嵌补、支顶的方法予以加固。

②在小型崩塌或落石地段，应尽量采取全部清除的办法。如由于基岩破坏严重，崩塌、落石的物质来源丰富，则宜修建落石平台、落石槽等拦截结构物。

③存在软弱结构面而易引起崩塌的高边坡，可根据情况采用支撑墙或支护墙等措施，以支撑边坡，并防止软弱结构面的张开或扩大。

④受河水冲刷而易形成崩塌的边坡，河岸要做防护工程。

⑤在可能发生崩塌的地段，必须做好地面排水设施。

第四节　特殊地区路基养护技术

特殊地区主要指盐渍土地区、黄土地区、沙漠地区、多年冻土地区、泥沼及软土地带等，特殊地区路基需要采取特殊的养护方式。

一、盐渍土地区

地表 1 m 以内的土层，易溶盐（如氯化盐、硫酸盐、碳酸盐等）含量大于 0.3% 的称为盐渍土。在我国西北、东北的干旱气候地区及沿海平原地区分布有大面积的盐渍土。其含盐量通常是 5% ~ 20%，有的甚至高达 70%。由于土中含有易溶盐，土的物理、力学性质和筑路性质发生变化，引起许多路基病害。盐渍土在干旱季节和干旱地区，因盐类的胶结和吸湿、保湿作用，有利于路基稳定，而一旦经受雨水、冰雪融化，含水率将急剧增加，出现湿化塌堤、沉陷、路基发软，致使强度降低甚至失去承载力，导致路基容易出现病害，如道路泥泞、路基翻浆及冻胀病害加重等；受水浸时，路基强度显著下降，发生沉陷；硫酸盐会发生盐胀作用，使土体表面层结构破坏和疏松，以致产生路面被拱裂及路肩、边坡被剥蚀等现象。针对这些情况，主要采用下述措施加以防治。

①加密、加大或加深排水沟。

②加深、加宽边沟产生的弃土，可堆筑在边沟外缘，形成护堤，以保护路基不被水淹。

③原来没有覆盖层或覆盖层已失散、用盐晶块修筑的路基表面，宜用沙土混合料进行覆盖和恢复。路肩出现车辙、坑槽、泥泞，应清除浮土，泼洒盐水湿润，再填补碎盐晶块整平夯实，仍用砂、土混合料覆盖压实。

④秋冬季节或春融季节，路肩容易出现盐胀隆起，甚至翻浆，对隆起的应予以铲平，使地面水及时排除。

⑤当边坡出现沟槽、溶洞、松散等病害时，也可采用盐壳平铺或砂（砾）黏土平铺拍实加固。

⑥为防止边坡水土流失，在坡脚处各增设宽 2 m 的护坡道，护坡道宜高出常水位 0.2 m 以上。护坡道上可选择种植一些耐盐性的树木或草本植物（如红杨、甘草、白茨等）以增强边坡稳定。

⑦在过盐地区，对于高等级道路，为防止路肩风蚀、泥泞以及水分从路肩部分下渗，而造成路面沉陷，其路肩可考虑采用下列措施防护：

一是用粗粒渗水材料掺在土内封闭路肩表层。

二是用沥青材料封闭路肩。

三是就地取材，用 0.15 m 厚的盐壳加固。

⑧对于硫酸盐渍土路基，为处治边坡疏松、风蚀和人畜踩踏而造成的破坏，可根据需要和可能，采取把卵石、砾石、黏土和盐壳平铺在路堤边坡上等措施。

二、黄土地区

黄土主要分布在昆仑山、秦岭、山东半岛以北的干旱和半干旱地区，其中以黄土高原的黄土沉积最为典型。黄土地区路基雨水容易发生沉陷、坍塌、边沟冲深和蚀宽、边坡松散等病害，应根据各种病害特征采取相应的处治措施。

①对于疏松的坡面，宜拍打密实，或用轻碾自坡顶沿坡面碾实，如坡度缓于 1：1，雨量适宜草类生长的坡面，可用种草、铺草皮等方法加固。

②雨量较小、冲刷不严重的坡面，可采用黏土掺拌铡草进行抹面，并每隔 0.3 ~ 0.4 m 打入木楔，增强草泥与坡面的结合。

③雨雪量较大的地区，无论坡度大小，宜用石灰、黄土、细砂三合土或加炉渣的四合土进行抹面加固。

④对坡脚易受雨水冲刷或坡面剥落严重地段应进行修理加固。

⑤路基上出现的陷穴，首先要查清造成陷穴的水的来源、水量、发展情况等，可采用灌砂、灌泥浆填塞或挖开填塞孔道后再回填夯实的方法处理，也可以设地下暗管、盲沟。

⑥公路通过纵横向沟壑时，沟壑边坡疏松土层，应采用挖台阶办法清除，台阶宽度不小于 1 m。

⑦因地表水侵蚀，路肩上出现坑凹时，可用沙土混合料改善表层。采用无机结合稳定类半刚性基层、沥青表处面层或其他硬化结构硬化路肩时，在路肩尚未硬化路段，为防止地表水渗入路面底层中，应每隔 0.2 ~ 0.3 m 设置一处盲沟。盲沟口与边坡急流槽相接，盲沟与盲沟之间铺设塑料薄膜防水层。

⑧在高路堤（路堤高度大于 12 m）地段，为防止路基下沉，应在垫层下铺设塑料薄膜防水层（塑料薄膜厚度不小于 0.14 mm），且必须设置盲沟，路面宜采用水泥混凝土预制块铺砌。

⑨通过沟壑时，如未设置防护工程，应在上游一侧路基边坡底部先铺设塑料薄膜或其他隔水材料，然后在隔水层上直接铺浆砌片石坡脚，铺砌高度高于水位 0.2 m。

三、沙漠地区

我国沙漠地区主要分布在北方干旱、半干旱地区，由于气候比较干燥、雨量稀少、风沙大，地表植被均较稀疏、低矮，容易发生边坡或路肩被风蚀、整个路基被风沙掩埋等情况。沙漠地区路基的养护往往需要大量的防护材料，因此，沙漠地区路基养护应采取"固、阻、输、导"等措施进行综合治理。

（一）沙漠路基病害的防护措施

①对路基两侧原有的沙障、石笼、风力加速堤、用黏土覆盖的植被、防沙栅栏等，如有被掩埋、倾倒、损坏和失效的，应拔高、扶正或修理补充。

②路基的砌石护坡或草格防沙设施，如有塌方破坏应及时修理，保持完好状态。

③必须维护路基两侧现有植物的正常生长，并有计划地补植防沙树木和防护林。

④路基边坡上出现的风蚀、空洞、塌缺应予填实并加做护坡。

⑤路肩上严禁堆放任何材料和杂物，以免造成沙丘。对公路上的积沙，应及时清除运到路基下风侧 20 m 以外的地形开阔处摊撒平顺。

（二）砂质路基的防护措施

1. 柴草类防护

（1）层铺防护

采用麦草、稻草、芦苇、沙蒿、野麻或其他草类，将其基杆砍成 0.3 ~ 0.5 m 的短节，从坡脚开始向上每层按 0.05 ~ 0.10 m 厚度层铺捣实。如采用沙蒿等带有根系的野生植物时，可将其根茎劈开，并使根系向外，按上述方法进行层铺。沙蒿可用 10 年以上，其他多为 3 ~ 5 年，材料用量大。

（2）笆块防护

平铺植物束成笆块，采用各种枝条、芦苇、芨芨草等，扎成直径为 0.05 ~ 0.10 m 的束把，或编织成笆块，沿路基坡脚向上平铺，以桩钉固定，可用 5 ~ 10 年，材料用量大。

（3）草皮防护

平铺或叠铺草皮，以 0.4 ~ 0.5 m² 为一块挖取草皮，其厚度为 0.05 ~ 0.10 m，沿路基坡脚向上错缝平铺或叠铺，一般可用 3 ~ 5 年，如能成活，可起永久稳固边坡作用。

2. 土类防护

（1）黏土防护

采用塑性指数大于 7 的黏土，用于边坡时，厚度为 0.05 ~ 0.10 m；用于路肩时，厚度为 0.10 ~ 0.15 m。为增加抗冲蚀强度和避免干裂，可掺 10% ~ 15% 的砂或 20% ~ 30% 的砾石（体积分数）。

（2）盐盖防护

可将盐盖打碎为 50 mm 的碎块，予以平铺（松软的盐盖可直接平铺而形成硬壳）。

（三）砾、卵石防护措施

1. 平铺卵石防护

用于边坡时，厚度为 0.05 ~ 0.10 m；用于路肩时，厚度为 0.10 ~ 0.15 m，分平铺、整平、夯实几步进行。

2. 格状砾卵石防护

用于边坡时，厚度为 0.5 ~ 0.7 m；用于路肩时，厚度为 0.10 ~ 0.15 m，先用粒径 0.1 m 以上的卵石在边坡上做成 1 m×1 m 或 2 m×2 m 并与路肩边缘呈 45°角的方格，再在格内平铺粒径较小的砾石。路肩平铺砾石时，应进行整平并夯实。

（四）沥青防护

1. 平铺沥青砂防护

采用 10% ~ 20% 热沥青与 80% ~ 90% 的风积沙混合，直接平铺、拍实。

2. 直接喷洒沥青防护

采用低标号沥青，熬热后喷洒在边坡上，然后撒一薄层风积沙。

四、多年冻土地区

多年冻土指天然条件下，冻结状态持续三年或三年以上的土地。多年冻土约占地球陆地面积的 26%，主要分布在高纬度或高海拔的寒冷地区。我国多年冻土约有 190 万 km^2，主要分布在青藏高原、大兴安岭和小兴安岭地区，以及阿尔泰山、天山、祁连山和喜马拉雅山等山地。低温地带的多年冻土往往含存大量水分，或夹有冰层，易引起的路基病害主要有：路堑边坡坍塌、道路基底发生不均匀沉陷；由于水分向路基上部积聚而引起冻胀、翻浆；道路基底的冰丘、冰堆往往使路基鼓胀，引起路基、路面的开裂与变形，而融化后又发生不均匀沉陷等。针对其病害的不同情况，可以采取以下措施：

一是多年冻土地区的路基养护，应遵循"保护冻土"的原则，填土路基坡脚 20 m 范围内不得破坏原地貌，取土坑应设在坡脚 20 m 以外。

二是多年冻土地区路基应注意加强排水，排水沟、截水沟应保持深度不小于 0.6 m，沟底宽度 0.4 ~ 0.6 m，边坡坡率一般为 1∶1.0 ~ 1∶1.5。截水沟应设置于填土路基坡脚上方 20 m 以外、路堑坡顶 5 m 以外。当地下冰层较厚时，排水沟、截水沟不宜过深，必要时可加设挡水堤。当路基处于有涎流冰的山坡时，可在路基上侧边沟外增设聚冰坑和挡冰墙，也可在公路边沟外侧上方 10 ~ 15 m 外山坡开挖与路线平行的深沟，沟深 1 ~ 1.2 m，底宽 0.8 ~ 1.0 m，以截断活动层泉流，使冬季涎流冰聚集到离公路较远处。

三是养护材料尽量选用砂砾等非冻胀性材料，不适宜用黏土、重黏土等毛细作用强、冻胀性大的养护材料。

四是受地形限制，路基填筑高度不够时，应铺筑保温隔离层，隔温材料可采用泥炭、炉渣、碎砖等，防止热融对冻土的破坏。

五是提高溪旁路基的高度，使其高于流冰面 0.6 m 以上。因受地形或纵坡限制不能提高路基时，可在临水一侧路外加筑堤坡或从中部凿开一道水沟，用树枝杂草覆盖加铺土保温，使水流沿水沟流动，避免溢流上路。如地形许可，可将溪流改至远离公路处通过。

五、泥沼及软土地带

我国的大小兴安岭、长白山、三江平原、松辽平原及青藏高原和西北地区的湖盆洼地和高寒山地均分布有泥沼；在湖塘、盆地、江河湖海沿岸和山河洼地，则分布有近代沉积的软土。泥沼、软土地带的路基，多因地面低洼、降水充足、地下水位高、含水饱和、透水性小、压缩性大、抗剪强度低，在填土荷载和车辆荷载下，容易出现沉降、冰冻膨胀、弹簧、沉陷、滑动、基底向两侧挤出等病害。路基损坏的整治应针对病害情况，采取下列措施。

（一）降低水位

当在路基两侧开挖沟渠的工程量不大时，可加深路堤两侧边沟，以降低水位，促进路基土渗透固结，达到稳固路基的效果。

（二）修筑反压护道

当路堤下沉，两侧或路堤下坡一侧隆起时，可采取在路堤两侧或一侧填筑适当高度与宽度的护道，在护道重力作用下，使路堤两侧（或单侧）有被挤出隆起的趋势得以平衡，保证路堤稳定。

（三）换土

将病害处路堤下软土全部挖出，换填强度较高、渗透性较好的砂砾石、碎石。抛石挤淤为强迫换土的一种形式，适用于软土液性指数大、层厚较薄、片石能沉达下部硬卧层的路基。采用较大的片（块）石，直径一般不小于 0.3 m。先将病害路段路堤挖到软土层，抛石自路堤中部开始，逐步向两侧展开，使淤泥挤出，在片（块）石抛至一定高度后（一般要露出淹没水面），用压路机碾压，然后在其上铺设反滤层，再填土至路基设计高度。

（四）侧向压缩

在路堤坡脚砌筑纵向结构，限制软土侧向挤出，可采用板桩、木排桩、钢筋混凝土桩、片石齿墙等。

（五）挤密

在软土路基中采取冲击或振动等方法形成一定直径的孔，在孔中灌以砂、石、灰土或石灰等材料，捣实而成直径较大的桩体，利用横向挤密作用，使路基土粒彼此靠紧，孔隙减小。桩体具有较高的承载能力，群桩的面积约占松散土加固面积的 20%，桩和原土组成复合地基，可起到加固的作用。

除上述方法外，还可以采用砂石垫层、石灰桩、砂井（桩）、袋装砂井、塑料排水板，以及土工织物滤垫等方法，以改善排水条件，稳定路基。目前，较常用的技术还包括现浇水泥混凝土薄壁筒桩、粉体喷射搅拌桩、复合载体夯扩桩等。

现浇水泥混凝土薄壁筒桩是一种空心薄壁结构，其主要原理是根据筒桩的设计壁厚，制作成钢质双层环状桩体（类似钢质模板），连同环形水泥混凝土桩尖打入路基土层，在上层钢质桩体形成的夹层空间内灌入水泥混凝土（同时逐渐拔出钢质桩体，桩尖脱离留于基底），形成环状壁桩，利用其桩身内外的摩阻力及桩尖阻力提高地基及路基土的承载力。

粉体喷射搅拌桩是利用专用的粉喷搅拌钻机，将水泥等粉体固化剂强行喷入软土地基中，利用固化剂与软土之间所产生的一系列物理化学反应，使软土结成具有一定强度的不规则桩体而形成复合地基的技术措施。

复合载体夯扩桩是利用打桩设备，将软土层在钢质护筒内用细长重锤夯压至设计深度，而后填入碎石、碎砖、干硬性水泥混凝土等填充料继续夯压，在其底部挤密土体，形成复合载体（挤密体），然后灌注水泥混凝土桩身，振捣密实（同时缓慢拔出护筒），从而形成深度复合地基，提高地基的变形模量，使其承载能力较原状土的承载能力有较大幅度的提高。

第三章 路面养护技术

第一节 路面养护内容及要求

一、路面养护内容

路面养护内容见表 3-1。

表 3-1 路面养护工程分类表

工程分类	保养与小修	中修工程	大修工程	改建工程
养护内容	1. 清除路面泥土、杂物，保持路面整洁； 2. 排除路面积水、积雪、积冰、积沙，铺防滑料、灭尘剂或压实积雪，维持交通； 3. 砂土路面刮平，修理车辙； 4. 碎砾石路面匀、扫面砂、添加面砂、洒水润湿，刮平波浪，修补磨耗层； 5. 处理沥青路面的泛油、拥包、裂缝、松散等病害； 6. 水泥混凝土路面日常清缝、灌缝及堵塞裂缝； 7. 路缘石的修理和刷白。 小修： 1. 局部处理砂石路的翻浆变形，添加稳定料； 2. 碎砾石路面修补坑槽、沉降，整段修理磨耗层或扫浆铺砂； 3. 桥头、涵顶跳车的处理； 4. 沥青路面修补坑槽、沉陷，处理波浪、局部龟裂、啃边等病害； 5. 水泥混凝土路面板块的局部修理	1. 沙土路面处理翻浆，调整横坡； 2. 碎砾石路面局部路段加厚、加宽，调整路拱加铺磨耗层，处理严重病害； 3. 沥青路面整段封层罩面； 4. 沥青路面严重病害的处理； 5. 水泥混凝土路面严重病害的处理； 6. 水泥混凝土路面接缝材料的整段更换； 7. 整段安装、更换路缘石； 8. 桥头搭板或过渡路面的整修	1. 整段用稳定材料改善土路； 2. 整段加宽、加厚或翻修，重铺碎砾石路面； 3. 翻修或补强重铺铺装、简易铺装路面； 4. 补强、重铺或加宽铺装，简易铺装路面	1. 整线整段提高公路技术等级，铺筑铺装、简易铺装路面； 2. 新铺碎砾石路面； 3. 水泥混凝土路面病害处理后，补强或重铺沥青混凝土路面

二、路面养护要求

养护要求：及时、经常地对路面进行保养和修理，防止路面松散、裂缝和拥包等各种病害的产生；通过对路面的保养和修理，保持和提高路面的平整度和抗滑能力，确保路面安全，具有舒适的行驶性能；通过对路面的修理和改善，保持和提高路面的强度，确保路面的耐久性。防止因路面损坏和养护操作污染沿线环境。

第二节　沥青类路面的养护技术

一、沥青类路面的技术状况评定

（一）路面性能评价

路面现有使用质量评价内容包括路面破损状况、行驶质量、强度及抗滑系数。评价指标关系如图 3-1 所示，图中各项内容解释见下文。

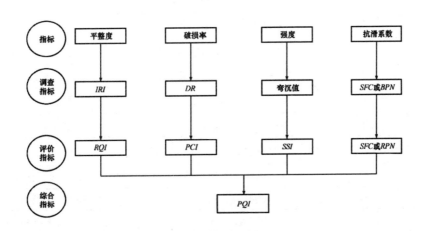

图 3-1　评价指标关系图

（二）路面破损状况

路面破损状况采用路面状况指数（*PCI*）进行评价，路面状况指数由沥青路面破损率（*DR*）计算得出。

路面破损可分为裂缝类、松散类、变形类及其他类四种类型。其具体分类及严重程度见表 3-2。

表 3-2 沥青路面破损分类分级

破损类型		分级	外观描述	分级指标	计量单位
裂缝类	龟裂	轻	初期龟裂、缝细、无散落、裂区无变形	块度：20 ~ 50 cm	m^2
		中	裂块明显、缝较宽、无或轻散落或轻度变形	块度：< 20 cm	
		重	裂块破碎、缝宽、散落重，变形明显，急待修理	块度：< 20 cm	
	不规则裂缝	轻	缝细，不散落或轻微散落，块度大	块度：> 100 cm	m^2
		重	缝宽，散落，裂块小	块度：50 ~ 100 cn	
	纵裂	轻	缝壁无散落或轻微散落，无或少支缝	缝宽：≤ 5 mm	m^2
		重	缝壁散落重，支缝多	缝宽：> 5 mm	
	横裂	轻	缝壁无散落或轻微散落，无或少支缝	缝宽：≤ 5 mm	m^2
		重	缝壁散落多，支缝多	缝宽：> 5 mm	
松散类	坑槽	轻	坑浅，面积小（< 1 m^2）	坑深：≤ 25 mm	m^2
		重	坑深，面积较大（> 1 m^2）	坑深：> 25 mm	
	麻面		细小嵌缝料散失，出现粗麻表面		m^2
	脱皮		路面面层层状脱落		m^2
	啃边		路面边缘破碎脱落，宽度 10 cm 以上		
	松散	轻	细集料散失，路面磨损，路表粗麻		m^2
		重	粗集料散失，微坑多，表面剥落		
变形类	沉陷	轻	深度浅，行车无明显不适感	深度：≤ 25 mm	m^2
		重	深度深，行车明显颠簸不适	深度：> 25 mm	
	车辙	轻	变形较浅	深度：≤ 25 mm	
		重	变形较深	深度：> 25 mm	
	搓板		路面产生纵向连续起伏、似搓板状的变形		m^2
	波浪	轻	波峰波谷高差小	高差：≤ 25 mm	m^2
		重	波峰波谷高差大	高差：> 25 mm	
	拥包	轻	波峰波谷高差小	高差：≤ 25 mm	m^2
		重	波峰波谷高差大	高差：> 25 mm	
其他类	泛油		路表呈现沥青膜、发亮、镜面、有轮印		m^2
	磨光		路面原有粗构造衰退或丧失，路表光滑		m^2
	修补损坏面积		因破损或病害而采取修复措施进行处治，路表外观上已修补的部分与未修补部分明显不同		m^2
	冻胀		路基下部的水分向上聚集并冻结成冰引起路面结构膨胀，造成路面拱起和开裂		m^2
	翻浆		因路基湿软，路面出现弹簧、破裂、冒浆的现象		m^2

对于路面破损换算系数（K），根据路面破损的严重程度和范围按表 3-3 确定。

表 3-3　路面破损换算系数（K）

破损类型	严重程度	换算系数（K）	破损类型	严重程度	换算系数（K）
龟裂	轻	0.6	松散	轻	0.2
	中	0.8		重	0.4
	重	1.0	沉陷	轻	0.4
不规则裂缝	轻	0.2		重	1.0
	重	0.4	车辙	轻	0.4
纵裂	轻	0.4		重	1.0
	重	0.6	波浪	轻	0.4
横裂	轻	0.2		重	0.8
	重	0.4	拥包	轻	0.4
坑槽	轻	0.8		重	0.8
	重	1.0	磨光		0.6
麻面		0.1	修补损坏面积		0.1
脱皮		0.6	冻胀		1.0
啃边		0.8	翻浆		1.0
搓板		0.8			
泛油		0.1			

路面破损率 DR 按下式计算：

$$DR = D / A \times 100 = \sum D_{ij} K_{ij} / A \times 100 \qquad （3-1）$$

式中：D——路段内的折合破损面积（m^2），$D = \sum D_{ij} K_{ij}$；

　　　A——路段的路面总面积（m^2）；

　　　D_{ij}——第 i 类损坏、j 类严重程度的实际破损面积（m^2），如为纵、横向裂缝，其破损面积为：裂缝长度（m）$\times 0.2$；车辙破损面积为：长度（m）$\times 0.4$；

　　　K_{ij}——第 i 类损坏、j 类严重程度的换算系数，可查表 3-3。

路面状况指数 PCI 的数值范围为 $0 \sim 100$。其值越大，路况越好。PCI 的计算公式为：

$$PCI = 100 - 15DR^{0.412} \qquad (3-2)$$

根据路面破损情况，可将路面质量分为优、良、中、次、差五个等级，评价标准见表3-4。

表3-4　路面破损状况评价标准

评价指标	评价标准				
	优	良	中	次	差
路面状况指数 PCI	$PCI \geqslant 85$	$70 \leqslant PCI < 85$	$55 \leqslant PCI < 70$	$40 \leqslant PCI < 55$	$PCI < 40$

（三）路面强度

1. 路面强度指数（SSI）

沥青路面强度采用强度指数作为评价指标，按下式计算：

$$SSI = 路段设计弯沉值 / 路段代表弯沉值$$

2. 路面强度的评价标准

路面强度的评价标准应符合表3-5的规定。

表3-5　路面强度的评价标准

评价指标	公路等级强度标准									
	优		良		中		次		差	
	高速公路、一级公路	其他公路、等级公路	高速公路、一级公路	其他公路、等级公路	高速公路、一级公路	其他公路、等级公路	高速公路、一级公路	其他公路、等级公路	高速公路、一级公路	其他公路、等级公路
强度指数 SSI	$SSI \geqslant 1.0$	$SSI \geqslant 0.83$	$0.83 < SSI < 1.0$	$0.66 \leqslant SSI < 0.83$	$0.66 < SSI < 0.83$	$0.5 \leqslant SSI < 0.66$	$0.5 < SSI < 0.66$	$0.3 \leqslant SSI < 0.5$	$SSI < 0.5$	$SSI < 0.3$

（四）行驶质量指数

路面的行驶质量采用RQI作为评价指标，行驶质量指数由国际平整度指数（IRI）计算。

1.IRI

IRI 可由反应类设备测定，测定结果需经试验标定。IRI 与其他设备的标定关系式一般表示为：

$$IRI = a + b \times BI \qquad (3-3)$$

式中：BI ——平整度测试设备的测试结果；

a,b ——标定系数，在使用中，各地可根据实际的标定结果确定其取值；

IRI ——国际平整度指数（m/km）。

2.RQI

RQI 与 IRI 的关系为：

$$RQI = 11.5 - 0.75 \times IRI \qquad (3-4)$$

式中：RQI ——行驶质量指数，数值范围为0~10。如出现负值，则RQI值为0；如计算结果大于10，则RQI值取10。

路面行驶质量的评价标准见表3-6。

表 3-6　路面行驶质量的评价标准

评价指标	评价标准				
	优	良	中	次	差
行驶质量指数 RQI	$RQI \geqslant 8.5$	$7.0 \leqslant RQI < 8.5$	$5.5 \leqslant RQI < 7.0$	$4.0 \leqslant RQI < 5.5$	$RQI < 4.0$

（五）路面抗滑性能

路面抗滑性能采用抗滑系数作为评价指标，抗滑系数以摆式仪的摆值 BPN 或横向力系数 SFC 表示。其评价标准见表3-7。

表 3-7　路面抗滑能力评价标准

评价指标	评价标准				
	优	良	中	次	差
横向力系数 SFC	$SFC \geqslant 50$	$40 \leqslant SFC < 50$	$30 \leqslant SFC < 40$	$20 \leqslant SFC < 30$	$SFC < 20$
摆值 BPN	$BPN \geqslant 42$	$37 \leqslant BPN < 42$	$32 \leqslant BPN < 37$	$27 \leqslant BPN < 32$	$BPN < 27$

（六）路面综合评价指标

PQI 作为路面的综合评价指标，其值用分项指标加权计算得出。PQI 的数值范围为 0 ~ 100a，其值越大，路况越好。

$$PQI = PCI' \times P_1 + RQI' \times P_2 + SSI' \times P_3 + SFC' \times P_4 \qquad （3-5）$$

式中：P_1、P_2、P_3、P_4——相应指标的权重，按 PCI、RQI、SSI 及 SFC（或 BPN）的重要性确定，建议值见表3-8；

PCI'、RQI'、SSI'、SFC'——相应指标的赋值，见表3-9。

表 3-8 各指标权重建议值

权重	建议值		
	高速公路、一级公路	二级公路	二级以下公路
P_1	0.25	0.30	0.35
P_2	0.35	0.25	0.20
P_3	0.10	0.25	0.35
P_4	0.30	0.20	0.10

表 3-9 各指标的赋值

评价等级	PCI、RQI、SSI、SFC（或 BPN）评定结果				
	优	良	中	次	差
相应指标的赋值	92	80	65	50	30

路面综合评价标准见表 3-10。

表 3-10 路面综合评价标准

评价指标	评价标准				
	优	良	中	次	差
路面质量指数 PQI	$PQI \geqslant 85$	$70 \leqslant PQI < 85$	$55 \leqslant PQI < 70$	$40 \leqslant PQI < 55$	$PQI < 40$

二、沥青类路面的养护对策

沥青路面的养护对策应根据公路等级、交通量及分项路况评价结果确定。分项路况评价指标包括路面强度、行驶质量、路面破损状况和抗滑性能等方面。路面综合评价指标仅用于对路面质量的总体评价。

公路养护管理部门可根据公路等级、交通量、分项路况的评价结果，结合养护资金情况，采取以下维修养护对策。

在满足强度要求的前提下（路面的结构强度系数为中等以上时），若高速公路及一级公路的 PCI 评价为优、良，或者二级及二级以下公路的 PCI 评价为优、良、中时，以日常养护为主，并对局部破损进行小修；若高速公路及一级公路的 PCI 评价为中及中以下，或者二级或二级以下公路的 PCI 评价为次及次以下，应采取中修罩面措施。

在不满足强度要求的前提下（路面的结构强度系数为中等以下时），应采取大修补强措施以提高其承载能力。

若高速公路及一级公路的 RQI 评价为优、良，或者二级及二级以下公路的 RQI 评价为优、良、中时，以日常养护为主；若高速公路及一级公路的 RQI 评价为中及中以下，或者二级及二级以下公路的 RQI 评价为次及次以下时，应采取罩面等措施改善路面的平整度。

高速公路及一级公路的抗滑能力不足（SFC < 40）的路段，或二级及二级以下公路抗滑能力不足（SFC < 30 或 BPN < 32）的路段，应采取加铺罩面层等措施提高路表的抗滑能力。

若路面不适应现有交通量或载重的需要，应通过提高现有路面的等级或加宽等改建措施提高道路的通行能力和服务质量。

三、沥青类路面的日常保养

日常保养的目的是保持路面平整、横坡适度、线形顺直、路容整洁、排水良好。并应加强路况巡查，掌握路面情况，随时排除有损路面的各种因素，及时发现病害，研究分析病害产生的原因，并有针对性地及时对病害进行维修处理。

四、沥青类路面常见病害的原因及处治

（一）路面裂缝的分类及处治

1.路面裂缝分类

在沥青路面各类破损形式中，裂缝所占比重较大，也最为常见。在沥青路面养护维修

工作当中，对裂缝破损的维修工作最为普遍，而且频率最高，难度最大。裂缝破损对沥青路面的使用性能和使用寿命影响最大。按破损几何形状及成因，裂缝可分为以下几种：

（1）龟裂

此类裂缝形状呈一连串小多边形（或呈小网格状），一般其短边长度不大于 40 cm，类似乌龟背壳上的花纹，故俗称为龟裂。龟裂是由于路面受交通荷载作用，其变形和挠度过大，在沥青路面的柔性不够及在重载车辆的反复碾压下，由于路面材料的疲劳而形成的一种裂缝，故有时亦将此类裂缝称为疲劳裂缝。龟裂可能是全面性的，也可能是局部性的，且大多数发生在行车道上。在龟裂的形成初期，由于裂缝轻微，对沥青路面的服务水平影响不大。但由于路面有龟裂而使得路表面的水渗入，造成底面层及路面基层强度减弱，这样便会加速龟裂面积的扩大以及裂缝的扩展，从而导致形成坑槽。

（2）块裂

此类裂缝形状呈不规则的大块多边形（或呈大网格状），其在形状上和尺寸上都有别于龟裂，通常其短边长度大于 40 cm，长边长度小于 3 m，且棱角较明显。块裂通常是由于铺设沥青路面的沥青混合料采用了大量的低针入度沥青和亲水性集料，或沥青发生老化失去弹性，而在交通荷载作用下导致脆裂；或由于在低温作用下使沥青混凝土产生缩裂，故有时亦将此类裂缝称为收缩裂缝。块裂在较开阔的广场、停车场和城市道路上普遍发生。这类裂缝常常会导致路表水渗入路基和路床，降低路面的结构强度而形成其他的损坏，如龟裂、车辙等。

（3）纵向裂缝

纵向裂缝为沿路面行车方向分布的单根裂缝。一般成熟的纵向裂缝都较长，达到 20 ～ 50 m。在路表水渗入路堤下地基范围较小的情况下，可能仅在中央分隔带两侧行车道上，甚至接近硬路肩的一侧产生一条纵向裂缝；在路表水渗入路堤下地基范围较大的情况下，可能在中央分隔带两侧行车道上和超车道上产生两条纵向裂缝，少数路段甚至有三条纵向裂缝。特别是当路基边部压实不足时，路堤边部会产生沉降，导致在距路边 30 cm 左右处产生纵向裂缝。在沥青混合料摊铺时，由于纵向接缝处理不当，造成路面早期渗水或压实度未达到要求，在行车作用下亦会在纵向接缝处形成纵向裂缝。由于地基和填土在横向不可避免的不均匀性，特别是在有路表水渗入地基的情况下，沥青路面产生细而小的纵向裂缝也是不可避免的。路面产生纵向裂缝过多和过早，裂缝宽度过大和过长，将严重影响其使用性能和寿命。

（4）横向裂缝

横向裂缝为与路面行车方向垂直分布的单根裂缝。由于地基或填土路堤纵向不均匀沉降，或由于沥青混合料摊铺时横向接缝处理不当，会产生横向裂缝，并伴有错台现象出现。在温度变化大的地区，夏季完好的路面到了冬季会由于路面温度过低或温度变化过大，产生纵向近似等间距的横向裂缝，通常将这类横向裂缝称为温度裂缝。沥青路面出现的绝大部分横向裂缝是温度裂缝，该类裂缝一般从沥青面层表面开裂，逐渐向底面层和基层延伸、扩展，从而形成了上宽下窄的裂缝。有的横向温度裂缝会贯通路面的一部分，而大部分横向温度裂缝则是贯通整个路面宽度。一条沥青路面会有多根横向温度裂缝，其纵向间距为 5 ~ 10 cm。

（5）反射裂缝

此类裂缝是由于下铺层的裂缝向上传递而导致沥青面层产生与下铺层相似的裂缝，一般多发生在加铺层上。由于旧有的水泥路面的接缝和裂缝，或旧有沥青路面的纵向裂缝、横向裂缝和块裂等，在加铺时，未加以适当地处理而导致加铺层产生与下铺层裂缝相似形状的反射裂缝。另外，在新建的半刚性沥青路面上，半刚性基层受频繁的温度变化引起的温缩裂缝或受外界环境湿度变化产生的干缩裂缝，也会向路表面扩展形成反射裂缝。底层或基层不连续处（接缝或裂缝）的水平运动或竖向运动，会使沥青路面的底面层产生较大的拉应力或剪应力，并最先开裂，然后裂缝逐渐向上延伸、扩展，并穿透整个面层，形成下宽上窄的裂缝。

（6）滑移裂缝

滑移裂缝是在车辆刹车、转弯或加速时产生突然增大的水平力作用下，在路表面上沿行车方向形成的一种新月形状的裂缝，又称为 U 形裂缝。U 形裂缝的顶端常指向作用力的方向。滑移裂缝最常发生在车辆刹车、转弯或加速的位置。当滑移裂缝由刹车引起时，滑移裂缝的末端（U 形裂缝的顶端）指向行车方向；当滑移裂缝由车辆加速引起时，滑移裂缝的末端（U 形裂缝的顶端）指向车的后方。滑移裂缝通常是由于沥青路面表面层与底面层或面层与基层的黏结性不好，同时，面层又受到较大的水平外力无法有效地传递给底层，而使表面层单独承受，最终造成路表面被撕裂破坏。

2. 路面裂缝处治

沥青路面产生裂缝破损不仅影响路容美观和行车的舒适性，而且若不及时对裂缝进行填封修补，将会使路表水通过裂缝进入路面结构层内，导致路面承载能力下降，进而造成路面局部或成片损坏，大大缩短路面的使用寿命。对沥青路面裂缝进行填封修补，最终目的和效果可归纳为四个方面：恢复沥青路面行车的平顺性和舒适性；恢复沥青路面局部强度和承载能力；弥补裂缝处原有沥青路面的强度不足；避免沥青路面引发进一步的破坏。沥青混凝土路面裂缝的修补方法有很多种，一般根据裂缝的宽度、深度和开裂面积确定具体的修补工艺。

（1）密封胶开槽贴缝法

针对沥青混凝土路面较明显的横缝和纵缝，一般以灌缝法进行修补。沥青路面裂缝用灌缝法修补的传统施工工艺是直接灌注乳化沥青进行封闭处理。乳化沥青黏性较差，气温低时易变脆，气温高时易发生流动、溢出，使用寿命低，处理及时性差，维修裂缝的修补失效率半年内高达85%，1 年后基本全部失效，需要重新灌注。这不仅需要大量的公路日常养护工作量，还大幅占用了养护费用。

密封胶开槽贴缝工艺的质量检验标准是：密封胶基本与路面齐平；灌缝充分饱满，表面平整，无颗粒状胶粒；灌缝胶经碾压后不发生脱落变形，可保持足够的弹性。

（2）表面封层技术法

表面封层是用连续方式敷设在整个路表面上的养护层，封层材料可以是单独的沥青或其他封层剂，也可以是沥青与集料组成的混合料。表面封层用于解决的养护问题主要有：复原或延缓表层沥青材料的氧化（老化）；重新建立路面的抗滑阻力；密封表面的微小裂缝；防止水从表面渗入路面结构层；防止集料从表面失落、崩解。目前，常用的表面封层技术有雾层封层、还原剂封层、石屑封层、稀浆封层（微表封层）等，其中稀浆封层在实际施工中使用较多。

（3）薄层罩面法

薄层罩面也是一种很早就采用的传统预防性养护方法，它是在原有路面上加铺一层厚度不超过 2.5 cm 的热沥青混合料。薄层罩面可以有效地防止品质正在下降的路面继续恶化，改善其平整度、恢复其抗滑阻力，校正路面的轮廓，对路面也有一定的补强作用，但在多数情况下费用效益相比其他预防性养护方法较差。薄层罩面在施工中最大的困难是因层面较薄、容易冷却又不宜使用振动压路机，因而不易达到较高的密实度，因此，正确地进行混合料设计、温度控制、碾压工艺和压路机选型显得尤为重要。

采用改性沥青作为黏结剂铺筑的薄层罩面在耐久性和抗滑性能方面都优于普通沥青的薄层罩面，但碾压温度要求更高，由于散热快而引起的压实困难就更大。为了适应薄层路面快速压实的需要，近年来出现了某些专为压实薄层路面而设计的高频振动压路机。此类振动压路机的振幅极低，只有 0.2 mm 左右，但频率则高达 70 Hz 左右。这样匹配的振动参数，大大降低了振动冲击力，可以避免压碎集料，但又能保持在较高的单位时间内输入被压材料的振动能量。

（4）沥青混凝土路面裂缝病害的其他修复措施

沥青混凝土路面裂缝其他的修补措施主要有压浆法、沥青灌缝等措施。

压浆法即在路基填土层中利用设备压入纯净的水泥浆，以此有效地固结路基。水泥浆的选用需结合路基各项数据谨慎选择。压浆法修补沥青混凝土路面主要是从路基修补上进行，以防止沉降裂缝的产生。压浆法对机械化要求程度很高，费用也较高。

沥青灌缝是沥青混凝土路面裂缝修补技术的一种方法，其具体操作多是人工融化沥青后灌注入早期沥青混凝土路面裂缝中。这种方法操作简单、费用低，但是修补效果非常不好，难以达到路面裂缝修补的基本目标，是一种低端修补技术，目前此技术已基本被淘汰。

（二）路面麻面、松散的处治

对大面积的麻面、松散路段，可在气温上升（10 ℃以上）后，清扫干净，重做喷油封层，喷布沥青 0.8 ~ 1.0 kg/m²后，撒 3 ~ 5 mm 石屑或粗砂（5 ~ 8 m/1 000 m²），用轻型压路机压实。

由于油温过高，沥青老化失去黏结性而造成松散，应将松散部分全部挖除后，重做面层。由基层或土基软化变形而引起的路面松散，应先处理基层或土基的病害，再重做面层。

由酸性石料与沥青黏附性差造成的路面松散，应先将松散部分挖除后，再重做面层。重做面层的矿料不应再使用酸性石料。在缺乏碱性石料的地区，应在沥青中掺加抗剥离剂、增黏剂，改善沥青与矿料的黏附力，提高沥青混合料的水稳性。

（三）路面坑槽的分类及处治

坑槽是沥青路面局部破损中最常出现的一种。坑槽修补也是沥青路面日常养护维修工作中一项难度很大而又费工费时的工作。沥青路面出现坑槽，引起行车颠簸、振动产生的冲击荷载是正常荷载的 1.5 ~ 2 倍。若不对坑槽进行及时修补和加强，那么在冲击荷载的作用下，坑槽破损会加快而连成一片，致使局部路段大面积损坏，严重影响路面的使用寿命和车辆行驶的安全性。

坑槽按破损形式不同，可以分为以下几类。

1. 表面层产生坑槽

由于沥青路面局部表面层混合料空隙率较大、沥青与石料间的黏附力不强，路表水（雨水或雪水）进入并滞留在表面层沥青混合料中，在大量快速行车的作用下，一次一次产生的动水压力（孔隙水压力）使表面层的沥青从石料表面剥落下来，沥青路面便会出现局部松散破损，散落的石料被车轮甩出，路面自上而下逐渐形成坑槽。这类坑槽通常深度为 2 ~ 4 cm，是各类坑槽中最早产生，也是产生数量最多的一类。由于沥青混合料的不均匀性，坑槽总是首先在局部沥青混合料空隙率较大处产生，因此常是随机分布的一个个孤立的坑槽。这类坑槽在以半开级配沥青混合料为表面层的沥青路面上出现最多。

2. 表面层和中面层同时产生坑槽

当沥青路面表面层和中面层都是空隙率较大的半开级配沥青混合料，而底面层为空隙率较小的密级配沥青混合料时，路表的自由水较易渗入并滞留在表面层和中面层内；当表面层是半开级配、中面层为密级配沥青混合料时，降水时间较长或路表有积水，从而使得自由水渗入表面层后有较长时间从表面层的薄弱处渗入中面层，并滞留在表面层和中面层内。大量快速行车使此两面层内的沥青混合料中部分石料上的沥青剥落，使沥青混合料失去黏结强度，导致路表面产生网裂、形变（局部沉陷）和向外侧推挤，并最终出现崩解（粒料分离），大量大块破碎料被行车带离，形成坑槽，此类坑槽完全形成后深度一般为 9 ~ 10 cm。此类坑槽产生数量不是太多，但也不少见。

3. 底面层和基层间产生坑槽

路表水透过沥青面层（两层式或三层式）滞留在底面层和基层之间，在大量高速行车荷载（特别是重载车辆）作用下，自由水产生很大的压力并冲刷基层混合料表层细料，形成灰白色浆（灰浆）。灰浆又被荷载压挤，通过各种形状不同和宽窄不同的裂缝（横缝、纵缝、斜缝、网缝）到达路表面；行车驶过后，部分灰浆和自由水又流回底面层和基层之间，如此一上一下，如挤筒的吸排水作用，反复冲刷裂缝，使裂缝两侧产生新裂缝及碎裂破坏，并出现以缝为中心的局部下陷形变。当挤出的灰浆数量大时，可能立即产生坑槽；在数量小时，可使路面形成网裂或局部变形，这样路表水更容易渗入基层顶面，并形成恶性循环，最终导致坑槽出现。这类坑槽完全形成后，通常深度都大于 10 cm，并且绝大多数出现在车流量较大的行车道上或重载车辆较多的道路上。

4. 刚性组合式路面（含桥面）上产生坑槽

在水泥混凝土板上铺筑薄沥青面层的刚性组合式路面也是沥青路面的一种。为降低噪声和改善雨天行车安全性，铺筑的薄沥青面层的厚度常为 3.5 ~ 4.0 cm；而为了提高路面的平整度及改善行车舒适性，其铺设厚度一般为 5 ~ 8 cm。沥青面层与水泥混凝土板之间的黏附性不太好，若路表水透过沥青面层滞留在耐水性较好的刚性板上，则在车辆荷载作用下会产生挤水压力，使两者之间的黏附性变得更差，并出现分层。由于沥青混合料摊铺厚度的不均匀性，沥青面层局部厚度过薄（< 4 cm），使得面层在车辆荷载的水平推力作用下推移而形成剥落和脱皮，最终产生坑槽。这类坑槽常出现在桥面上，且多数是成片出现。虽然桥梁、通道和立体交叉等构造物的总长度不长，沥青混合料面层铺装面积不大，但其单位面积出现坑槽的数量最多。

沥青路面产生坑槽破损不仅严重影响路面的表面功能和使用性能，还会引发交通安全，并造成路面更严重的破损。对沥青路面坑槽进行修补，最终目的和效果可归纳为四个方面：恢复沥青路面的表面功能；恢复沥青路面的局部强度和承载能力；弥补坑槽破损处原有沥青路面强度和耐水性的不足；避免沥青路面引发更严重的破损。

坑槽修补主要是针对坑槽、局部网裂、龟裂等病害的修补和加强，同时，还可以对局部沉陷、拥包以及滑移裂缝等病害进行修补。通常沥青路面坑槽修补的施工工艺为：测定破坏部分的范围和深度，按"圆洞方补"原则，划出大致与路中心线平行或垂直的挖槽修补轮廓线（正方形或长方形）。开槽应开凿到稳定部分，槽壁要垂直，并将槽底、槽壁清除干净。在干净的槽底、槽壁薄刷一层黏结沥青，随即填铺备好的沥青混合料；新填补部分应略高于原路面，待行车压实稳定后保持与原路面相平。坑槽修补的方法较多，一般有热补法、喷补法、热再生法三种。

（1）热补法

其修补工序是：首先用破碎工具铲除需修补部位旧路面，然后喷洒沥青黏结层，填充新的热拌沥青混合料，并摊平、压实。根据实际情况，部分高速公路在采用热补法之后使用抗裂贴，取得了较好的使用效果。

（2）喷补法

此方法利用高压喷射方式，将乳化沥青经过喷管与输送来的集料相混合，通过控制喷管上的乳液、集料和压缩空气三个开关，把混合料均匀、高速地喷洒到坑槽中，达到密实的黏结效果。此方法无须碾压，无须沥青混凝土拌和厂配合，且不受气候变化影响。

（3）热再生法

其修补方法是：先将高效热辐射加热板放置到待补区域，使得旧沥青路面软化，然后把被软化的沥青旧料喷洒上乳化沥青使旧料现场再生，补充新沥青混合料拌和，并摊铺、压实。这种方法可对旧料进行现场再生利用，减少了环境污染、资源浪费，降低了维修成本，进行修补作业时不受气候变化影响。

除上述几种坑槽修补方法外，还有一些特殊的或新近发展的方法。如采用沥青混合料预制块修补，沥青路面破损处开槽修补的尺寸应等于预制块的倍数，预制块之间的接缝用填缝料填塞。这种坑槽修补方法较为简单，修补料的配比容易控制，密实度能得到保证。

（四）拥包的处治

对于由基层引起的较严重的拥包，先用挖补方法处理基层，待基层稳定密实后，再重做面层。因施工时操作不慎，将沥青漏洒在路基上形成的拥包，将拥包除去即可。

对于因面层沥青用量过多或细料集中而产生的较严重拥包，或路面连续多次出现拥包且面积较大，但路面基层仍属稳定，则可用机械或人工将拥包全部除去，并低于路表面约10 mm。扫尽碎屑、杂物及粉尘后用热沥青混合料重做面层。对已趋稳定的轻微拥包，应将拥包用机械刨削或人工挖除。

（五）泛油的处治

1.处治措施

对于泛油路段，先取样做抽提试验，求出油石比，然后确定不同的处治措施。

（1）严重泛油路段

严重泛油路段，先撒一层10～15 mm粒径或更大的碎石，用压路机强行压入路面，等基本稳定后，再分次撒上5～10 mm粒径的碎石，并碾压成型。

另外，还可将含油量过高的软层铣刨清除后，重做面层。

（2）泛油较重路段

泛油较重路段，根据情况可先撒5～10 mm粒径的碎石，用压路机碾压，待稳定后，再撒3～5 mm粒径的石屑或粗砂，并用压路机或引导行车碾压。

（3）轻度泛油路段

轻度泛油路段，可撒 3 ~ 5 mm 粒径的石屑或粗砂，用压路机或控制行车碾压。

2. 施工要求

①处治时间应选择在泛油路段已出现全面泛油的高温季节。
②撒料应顺行车方向撒，先粗后细；做到少撒、薄撒、匀撒，无堆积、无空白。
③禁止使用含有粉粒的细料。
④采用压路机或引导行车碾压，使所撒石料均匀压入路面。
⑤如采用行车碾压，应及时将飞散的粒料扫回，待泛油稳定后，将浮动的多余石料消扫并回收。

（六）啃边的处治

挖出破损边缘，切成纵横规则断面，并适当挖深，采取局部加厚面层边部的办法修复。改善加固路肩或设硬路肩，使路肩平整坚实，与路基边缘衔接平顺，并保持路肩应有的横坡，以利排水。在路面边缘设置路缘石，其顶面与路面面层平齐，以防止啃边。平交道口或曲线半径较小的路基内侧，可适当加宽路面。

（七）脱皮的处治

由于面层与基层之间黏结不良而脱皮，应先清除脱落和已松动部分的面层，清扫干净，喷洒透层沥青后，重新铺面层。如沥青面层层间产生脱皮，应将脱落及松动部分清除，在下层沥青面上涂刷黏结沥青，并重做沥青层。由于面层与上封层之间黏结不好，或初期养护不良而引起脱皮，应先清除脱皮和松动部分，清扫干净后，洒上黏层沥青，重新做上封层。

（八）路面沉陷的处治

因路基不均匀沉降而引起的局部路面沉陷，若土基和基层已经密实稳定，不再继续下沉，可只修补面层，并根据路面的破损状况分别采取下列处治措施：一是路面略有下沉，无破损或仅有少量轻微裂缝，可在沉陷处喷洒或涂刷黏层沥青，再用沥青混合料将沉陷部分填补，并压实平整。二是因路基沉陷导致路面破损严重，矿料已松动或脱落形成坑槽的，应按坑槽的维修方法处治。

（九）波浪、搓板的处治

因基层强度不足或稳定性差引起波浪时，应挖掉面层，补强基层后，再铺面层。因面层和基层间有夹层而引起波浪时，应挖除面层、清除不稳定夹层后，喷洒透层沥青，重铺面层。

小面积面层搓板（波浪），也可在波谷内填补沥青混合料找平，但必须黏结牢固；起伏较大者，则铲除波峰部分进行重铺。严重的大面积波浪或搓板，应将面层全部挖除，重铺面层。

（十）翻浆的处治

因基层水稳定性不良或含水量过大造成的翻浆，应挖去面层及基层全部松软的部分，将基层材料晾晒干，并适当增加新的硬粒料（有条件时应换填透水性良好的砂砾或工业废渣等），分层（每层不超过 15 cm）填补并压实，最后铺筑面层。

低温季节施工的石灰稳定类基层发生上层翻浆，应挖除到坚硬处，另换新料，修补基层和重铺面层。也可考虑采取短期封闭交通的办法防止翻浆漫延扩大。对于因排水不良而造成的翻浆，可加深边沟，增设纵横盲沟，加速路基排水；或使用水稳定性好的垫层、基层，重修面层或增设隔离层。

五、沥青类路面的预防性养护

沥青路面罩面按其使用功能可分为普通型罩面（简称罩面）、防水型罩面（简称封层）和抗滑层罩面（简称抗滑层）三种。

（一）罩面

1. 适用范围

罩面主要用于消除破损、完全或部分恢复原有路基平整度、改善路基性能等修复工作。

2. 材料要求

①结合料宜使用性能较好的黏稠型道路石油沥青、乳化石油沥青、改性乳化沥青或改性沥青。

②矿料宜选择耐磨、强度高的石料。

③高速公路、一级公路宜采用中粒式、细粒式密级配沥青混凝土或沥青玛蹄脂结构；二级及二级以下公路可采用热拌沥青碎石混合料结构；三级及三级以下公路可采用沥青表面处治层结构。

3. 厚度要求

罩面厚度应根据所在路段的交通量、公路等级、路基状况、使用功能等综合考虑。

①当路基状况指数、行驶质量指数为中、良等级，路面仅有轻度网裂时，可采用较薄的罩面层（1～3 cm）。

②当路基破损、平整度、抗滑三项指标都在中等级以下，又要求恢复到优、良等级时，应采用较厚的罩面层（3～5 cm）。

③高速公路、一级公路罩面宜采用4～5 cm的厚度；其他公路可采用较薄的罩面层（1～4 cm）。

④各级公路的罩面层厚度不得小于最小施工层厚度。

（二）封层

1.适用范围

封层主要用于提高原有路面的防水性能、平整度和抗滑性能的修复工作。

2.材料要求

①封层的结合料宜采用乳化石油沥青、改性乳化石油沥青。

②矿料宜选用耐磨、强度高的石料。

③各种材料技术指标应符合有关规范规定。

④高速公路、一级公路可采用沥青稀浆封层养护，但宜采用粗粒式改性乳化沥青混合料，其他等级公路可采用乳化沥青混合料。

3.厚度要求

①交通量较大、重型车较多的路段宜采用厚约1.0 cm的封层。

②在中等交通量路段宜采用厚约0.7 cm的封层。

③在交通量小、重型车少的路段宜采用厚约0.3 cm的封层。

（三）抗滑层

1.适用范围

抗滑层适用于提高路基抗滑能力的修复工作。

2.材料要求

①选用适合铺筑抗滑表层的材料和沥青混合料。

②高速公路、一级公路宜选用重交通道路石油沥青、改性石油沥青、改性乳化石油沥青作为结合料。

③选用抗滑耐磨的石料，磨光值应大于42。

④所用材料技术指标应符合有关规范要求。

3. 厚度要求

①用于高速公路、一级公路时厚度不宜小于 4 cm。

②二级公路宜采用中粒、细粒式沥青混凝土结构，也可采用热拌沥青碎石或沥青表面处治结构，厚度不得小于最小施工层厚度。

③三、四级公路可采用乳化沥青封层结构，厚度可为 0.5 ~ 1.0 cm。

4. 施工要求

按规范规定，施工时应符合下列要求：

①对确定罩面的路段，在罩面前必须完成各种病害的处治修复工作，并清除路面上的泥土杂物。

②根据施工气温、旧沥青路面状况等因素采取相应的施工工艺措施，罩面前必须喷洒黏层沥青，确保新老沥青层的结合。有条件时，洒黏层沥青前最好进行机械打毛处理。

③当气温低于 10 ℃或路面潮湿时，不得浇洒黏层沥青，并不得摊铺沥青罩面层。

④采用乳化沥青稀浆封层时，必须有固定的专业人员、固定的专业乳液生产和施工（撒布、摊铺）设备、专职的检测试验人员，并按有关规定进行检测和质量控制。稀浆封层撒布机在使用前，应根据稀浆混合料配合比设计，对集料、乳液、填料、加水量进行认真调试，调试稳定后，方可正式摊铺。

六、沥青类路面的补强与加宽

（一）一般要求

当公路的交通量增大或重车增多，原有路基的宽度、厚度不能满足行车需要时，则应进行路基的加宽和加厚。在路基加宽时，根据路基情况可分别采用双侧或单侧加宽，应注意新旧路基的结合，避免不均匀沉陷。在路基加宽开挖进坡时，必须自上而下进行，严禁采用大爆破，以免边坡失稳。

路基加宽时，一般可按原路基的分层结构、厚度、使用材料和操作方法进行铺筑。当采用单侧加宽时，应将原路基刮松，增做三角垫层，使加宽后的路拱左右对称。

路基加厚时，应通过调查，根据设计确定其厚度，但需注意满足最小压实厚度的要求。当厚度大于最大压实厚度时，应分层铺筑。在路基开始加厚的接头处，在纵向可将原路基挖松 5 ~ 10 m，挖松深度以不小于加厚路基材料的最大粒径为宜，做成缓坡搭接，以保证新旧路基搭接顺适，不致产生推移。

当路基既要加宽又需加厚时，应先进行加宽，然后进行加厚，待路基稳定后及时铺筑磨耗层和保护层。

（二）施工要求

加宽接槎一般采用毛槎热接法。施工时应使原路面露出坚硬的边缘，刨切时不使原路基面层与基层的粒料松动，使边缘保持垂直，清除干净后，在接槎处均匀涂一层黏结沥青，然后沿边缘覆盖厚度为 10 cm、宽度为 20 cm 的热沥青混合料（石油沥青混合料为 130 ~ 160 ℃，煤沥青混合料为 90 ~ 120 ℃）预热路基边缘，待接槎处的沥青路基软化后，再将预热的混合料按厚度摊平，随即用热夯夯实，并用烙铁熨平，紧接着进行碾压。

如原路基有路缘石，应将路缘石移栽至新加宽（或加厚）路基的外侧，并重新夯实路肩后，在路缘石里侧涂黏结沥青。

补强加厚路基时，原有沥青面层经检验调查并进行技术经济比较后，除需再生利用者外，一般可不铲除。但补强仅需在原有路基上加铺沥青补强层时，当原有沥青面层有不稳定软层时则应铲除，或在夏季气温较高时撒布粗矿料（粒径一般为软层厚度的 90%），用重型压路机强行压入的方法使其稳定，并对原有路基的其他破损给予处治，必要时可设平整层。

加厚路基的厚度不大，一般可不调坡。如厚度高差较大，则应统一调坡变更标高，使路基标高提高后的纵坡顺适，并与周围环境相协调。加宽、加厚同时进行时，宜采用单幅施工、单幅通车的方式，一般不宜中断交通。

七、沥青类路面的翻修与再生利用

为了节约能源，减少环境污染，合理利用筑路资源，少占筑路废料堆放用地和降低路面工程造价，在沥青路面大修、改善工程中，推广采用旧沥青面层的利用技术，是当前国内外养路部门普遍十分重视的问题。

旧沥青面层的利用，一般可分为两种情况：一是将旧面层的结合料、旧集料进行再生，组配成合格的再生沥青混合料供重新铺筑路面使用，叫作再生利用；二是旧面层在破碎后仅需掺加少量结合料或矿料后使用，叫作重复利用。再生利用按施工温度可分为热拌再生法和冷拌再生法两种。为了改善和提高再生混合料的路用性能，在加入的新沥青中可掺加诸如橡胶热塑性聚合物、硫黄等外掺剂。

不论采用何种利用方法，事先均应进行认真的调查、检测和详细的技术经济分析，因地制宜，量材使用。其利用范围应符合以下规定：一是再生利用基本适合各种沥青路基结构的面层。二是重复利用仅限于用作面层下嵌锁型基层或联结层；或用作交通量较小路段的面层下层，但表面必须用新的沥青混合料作为封层；也可在交通量不大的次要公路上直接用作面层以及用来作为改善高级、次高级路基的路肩或平交道口次要道路的路基和小面积破损的修补。

第三节 水泥混凝土路面的养护技术

一、水泥混凝土路面的技术状况评定

根据《公路水泥混凝土路面养护技术规范》（JTJ 073.1—2001）规定，采用 PCI 和断板率 DBL 两项指标评定路面破损状况。

依据路段破损状况调查得到的病害类型、轻重程度和密度数据，按下列公式确定该路段的 PCI，以 100 分制表示。

$$PCI = 100 - \sum_{i=1}^{n} \sum_{j=1}^{m_i} DP_{ij} W_{ij} \qquad (3-6)$$

式中：i 和 j——病害种类和轻重程度；

$\quad n$ ——病害种类总数；

$\quad m_i$ ——病害的轻重程度等级数；

$\quad DP_{ij}$ ——i 种病害和 j 种轻重程度的单项扣分值；

$\quad W_{ij}$ ——同时出现多种破损时，i 种病害和 j 种轻重程度扣分值的修正系数。

单项扣分值 DP_{ij} 和修正系数 W_{ij}，应由有代表性的成员组成的评定小组通过实地评定试验后确定。

依据路段破损状况调查得到的断裂类病害的板块数，按断裂缝种类和严重程度的不同，采用不同的权系数进行修正后，由下式确定该路段的断板率（DBL），以百分数表示。

$$DBL = \left(\sum_{i=1}^{n} \sum_{j=1}^{m_i} DB_{ij} W_{ij}^{'} \right) / BS \qquad (3-7)$$

式中：DB_{ij} ——i 种裂缝病害和 j 种轻重程度的板块数；

$\quad W_{ij}^{'}$ ——i 种裂缝病害和 j 种轻重程度的修正权系数，按表 3-11 确定；

$\quad BS$ ——评定路段内的板块总数。

表 3-11 断板率修正权系数 W_{ij}'

裂缝类型	交叉裂缝			角隅断裂			纵、横、斜向裂缝		
轻重程度	轻	中	重	轻	中	重	轻	中	重
权系数 W_{ij}'	0.60	1.00	1.50	0.20	0.70	1.00	0.20	0.60	1.00

路面破损状况的评定：路面破损状况分为五个等级，各等级的路面状况指数和断板率的评定标准见表 3-12。

表 3-12 路面破损状况等级评定标准

评定等级	优	良	中	次	差
路基状况指数 PCI	≥ 85	84 ~ 70	69 ~ 55	54 ~ 40	< 40
断板率 DBL/%	≤ 1	2 ~ 5	6 ~ 10	11 ~ 20	> 20

路面行驶质量采用行驶质量指数（RQI）进行评定，以 10 分制表示。行驶质量指数同路面平整度指数 IRI 之间的关系，应由有代表性的成员组成的评定小组通过实地评定试验建立，也可参照下列关系式确定 RQI：

$$RQI = 10.5 - 0.75IRI \qquad (3-8)$$

行驶质量分为五个等级，各等级评定标准见表 3-13。

表 3-13 行驶质量等级评定标准

评定等级	优	良	中	次	差
行驶质量指数 RQI	> 8.5	8.4 ~ 7.0	6.9 ~ 4.5	4.4 ~ 2.0	< 2.0

路面表面抗滑能力采用横向力系数 SFC 或抗滑值 SRV 以及构造深度两项指标评定。路面抗滑能力分为五个等级，各个等级评定标准见表 3-14。

表 3-14 路面抗滑能力等级评定标准

评定等级	优	良	中	次	差
构造深度 /mm	≥ 0.8	0.7 ~ 0.6	0.5 ~ 0.4	0.3 ~ 0.2	< 0.2
抗滑值 SRV	≥ 65	64 ~ 55	54 ~ 45	44 ~ 35	< 35
横向力系数 SFC	≥ 0.55	0.54 ~ 0.45	0.44 ~ 0.38	0.37 ~ 0.30	< 0.30

二、水泥混凝土路面的养护对策

水泥混凝土路面的养护对策应根据公路等级、交通量及路况评价结果确定。公路养护管理部门可根据公路等级、交通量、路况的评价结果，结合养护资金情况，采取如下维修养护对策：

高速公路及一级公路的路面破损状况等级为优和良，或者二级及二级以下公路的路面破损状况等级为中及中以上时，可采取日常养护和局部或个别板块修补措施。

高速公路及一级公路的路面破损状况等级为中及中以下，或者二级及二级以下公路的路面破损状况等级为次及次以下时，应采取全路段修复或改善措施，包括沥青混合料修补、板块破碎和碾压稳定、铺筑沥青混凝土或水泥混凝土加铺层以及修建纵向边缘排水设施等。

高速公路及一级公路的路面行驶质量、抗滑能力等级为中及中以下，或者二级及二级以下公路的行驶质量等级为次及次以下时，应采取刻槽、罩面或加铺层等措施改善路面的平整度以提高路表面的抗滑能力。

路面结构承载能力不满足现有交通的要求时，应采取铺筑沥青混凝土或水泥混凝土加铺层措施。

三、水泥混凝土路面的日常保养

水泥混凝土路面养护工作必须贯彻"预防为主、防治结合"的方针。根据路面实际情况和具体条件，以及水文、地质、气候、交通和公路等级等情况，采取预防性、经常性保养和相应的修补措施，对于较大范围的路基修理，应安排大、中修或专项工程，使路面处于良好的技术状况。

水泥混凝土路面应以机械养护为主，并积极采用新技术、新材料、新工艺。水泥混凝土路面养护必须贯彻安全生产的方针，其安全技术、劳动保护等必须符合有关规定，做到安全生产、文明施工、保护环境。

四、水泥混凝土路面常见病害的原因及处治

水泥混凝土路面损坏可分为面层断裂类、面层竖向位移类、面层接缝类、面层表层损坏类等类型。面层断裂类主要指纵向、横向、斜向裂缝，交叉裂缝、断裂板等；面层竖向位移类主要指沉陷、胀起等；面层接缝类主要指接缝填缝料损坏，纵向裂缝张开，唧泥、板底脱空，错台，接缝碎裂，拱起等；面层表层损坏类主要指磨损、露骨、纹裂、网裂、起皮，活性集料反映病害、粗集料冻融裂纹、坑洞、修补损坏等。其损坏的分类分级见表3-15。

表 3-15　水泥混凝土路面损坏分类分级

损坏类型		分级标准
面层断裂类	纵向、横向、斜向裂缝	轻：缝隙边缘无碎裂或错台的细裂缝，缝隙宽度小于 3 mm； 中：缝隙边缘中等碎裂或错台小于 10 mm 的裂缝，缝隙宽度小于 15 mm； 重：缝隙边缘严重碎裂或错台大于 10 mm 的裂缝，缝隙宽度大于 15 mm
	交叉裂缝、断裂板	轻：板被轻微裂缝分割成 2～3 块； 中：板被中等裂缝分割成 3～4 块，或被轻微裂缝分割成 5 块以上； 重：板被严重裂缝分割成 4～5 块，或被中等裂缝分割成 5 块以上
面层竖向位移类	沉陷、胀起	轻：车辆以限速驶过时仅引起无不舒适感的轻微跳动； 中：车辆驶过时产生不舒适感的较大跳动； 重：车辆驶过时产生过大的跳动，引起严重不舒适或不安全感
面层接缝类	接缝填缝料损坏	轻：整个路段接缝填缝料情况良好，仅有少量接缝出现损坏； 中：整个路段接缝填缝料情况尚可，1/3 以下的接缝长度出现损坏，水和硬质材料易渗入或挤入； 重：接缝填缝料情况很差，1/3 以上的接缝长度出现损坏，水和硬质材料能自由渗入或挤入
	纵向裂缝张开	轻：接缝张开 10 mm 以下； 重：接缝张开 10 mm 以上
	唧泥、板底脱空	轻：车辆驶过时有水从板缝或边缘唧出，或在板接（裂）缝或边缘邻近的表面残留有少量唧出材料的沉淀物； 重：在板接（裂）缝或边缘的表面残留有大量唧出材料的沉淀物，车辆驶过时，有明显的颤动和脱空感
	错台	轻：错台量小于 5 mm； 中：错台量为 5～10 mm； 重：错台量大于 10 mm
	接缝碎裂	轻：仅出现在接缝或裂缝两侧 8 cm 范围内，尚未采取临时修补措施； 中：碎裂范围大于 8 cm，部分碎块松动或散失，但不影响安全或危害轮胎； 重：影响行车安全或危害轮胎
	拱起	轻：车辆以限速驶过时仅引起无不舒适感的轻微跳动； 中：车辆驶过时产生不舒适感的较大跳动； 重：车辆驶过时产生过大的跳动，引起严重不舒适或不安全感

损坏类型		分级标准
面层表层损坏类	磨损、露骨	轻：深度≤3 mm； 重：深度>3 mm
	纹裂、网裂、起皮	轻：板大部分面积出现纹裂或网裂，但表面状况良好，无起皮； 中：板出现起皮，面积小于等于混凝土板面积的10%； 重：板出现起皮，面积大于混凝土板面积的10%
	活性集料反映病害	轻：板出现网裂，面层可能变色，但未出现起皮和接缝碎裂； 中：出现起皮和（或）接缝碎裂，沿裂缝和接缝有白色细屑； 重：出现起皮和（或）接缝碎裂的范围发展到影响行车安全或危害轮胎，路面表面有大量白色细屑
	粗集料冻融裂纹	轻：裂纹出现在缝或自由边附近0.3 m范围内，缝未发生碎裂； 中：裂纹出现在缝或自由边附近，范围大于0.3 m，受影响区内缝出现轻微或中等碎裂； 重：裂纹影响区内裂缝出现严重碎裂，不少材料散失
	坑洞	不分轻重程度
	修补损坏	轻：轻微破损，或边缘处有轻微碎裂； 中：轻微裂缝或车辙、推移，边缘处有中等碎裂和10 mm以下错台； 重：出现严重裂缝、车辙、推移或错台，重新进行修补

（一）水泥混凝土面层断裂类病害

纵向裂缝大多出现在路基横向有不均匀沉降的路段。横向或斜向裂缝，通常由于重载反复作用、温度或湿度梯度产生的翘曲应力或者干缩应力等因素单独或综合作用引起。在开放交通前出现的横向或斜向裂缝，则主要是施工期间锯切缝的时间安排不当所造成的。角隅断裂通常是由于表面水侵入、地基承载力降低、接缝处出现唧泥、板底形成脱空、接缝传荷能力差、重载反复作用等综合作用引起的。有裂缝板在基层和路基浸水软化及重载反复作用下进一步断裂，便形成交叉裂缝和破碎板。

根据混凝土路面板的裂缝情况，可以采用如下修理方法分别予以处理：①对宽度小于3 mm的轻微裂缝，可采取扩缝灌浆的方法，即顺着裂缝扩成1.5～2.0 cm的沟槽，清洁后填入粒径为0.3～0.6 cm的清洁石屑，将灌缝材料灌入扩缝内，养护至达到通车强度。②对贯穿全厚的大于3 mm小于15 mm的中等裂缝，可采用条带罩面进行补缝。其方法为先用锯缝机顺裂缝两侧各约15 cm，并与横缝平行方向锯成两道深为7 cm的缝口，凿除两横缝内的混凝土后，沿裂缝两侧10 cm每隔50 cm钻直径为1 cm、深为5 cm的耙钉孔，洗刷干净、晾干后，在槽壁及其底部涂刷水泥浆或环氧水泥砂浆，并在孔内填满水泥砂浆，把耙钉插入安装孔内，随即浇筑混凝土，进行振捣并整平。喷洒养护剂，锯缝后灌注填缝料。③对宽度大于15 mm的严重裂缝可采用全深度补块。全深度补块分为集料嵌锁法、刨挖法和设置传力杆法。

（二）水泥混凝土面层竖向位移类病害

沉陷是路面在局部路段范围内的下沉，主要由路基填土或地基的固结沉降或不均匀沉降引起；胀起是混凝土路面板在局部路段范围内的向上隆起，主要由路基的冻胀或膨胀土膨胀引起。

1. 沉陷的处理

为使沉陷的混凝土板恢复到原来的位置，可采用预升施工法进行处治。面板顶升的基本要求如下：

①面板在顶升前，应用水准仪测量下沉板的下沉量，测站距下沉处应大于 50 m，并绘出纵断面，求出升起值。

②在混凝土面板上钻孔，孔深应略大于板厚 2 cm，板块顶升宜采用起重设备或千斤顶。

③灌注材料可采用水泥砂浆。

④灌注材料压入后，每灌一孔应用木楔堵塞，压浆全部完毕，应拔出木楔，宜用高强水泥砂浆堵孔。

⑤压浆材料的抗压强度达到 6 MPa 时，方可开放交通。

2. 胀起的处理

当板端胀起但路面完好时，可用锯缝机缓慢地将拱起处两侧板的 2 ~ 3 道横缝加宽、切深，通过释放应力予以处理；或切开拱起端，将板块恢复原位。然后用填缝料填封接缝。当板端拱起板块已经发生断裂或破损时，则应根据破损情况分别按前述裂缝修理的方法予以处理。

（三）水泥混凝土面层接缝类病害

纵向接缝张开病害是由于在纵缝内未按规定要求设置拉杆，相邻车道板块在温度和横向坡度的影响下出现横向位移，使纵缝缝隙逐渐变宽。唧泥和脱空病害是指板接（裂）缝或边缘下的基层细粒料被渗入缝下并积滞在板底，有压水从缝中或边缘处唧出，并由此造成板底面向基层顶面出现局部范围的脱空，接缝填封料失效。基层材料不耐冲刷、接缝传荷能力差和重载反复作用是引起唧泥的主要原因。

唧泥发生和发展过程中，基层顶面受冲刷，细料被有压水冲积在近板底脱空区内，使接缝或裂缝两侧板面出现高程差，形成错台病害。错台的处治方法有磨平法和填补法两种。可根据错台的轻重程度选定。高差小于等于 10 mm 的错台，可采用机械磨平或人工凿平。高差大于 10 mm 的严重错台，可采用沥青砂或水泥混凝土进行处治。

由于接缝施工不当（包括传力杆设置不当）或者缝隙内进入不可压缩材料，邻近接缝或裂缝约 60 cm 宽度范围内，出现并未扩展到整个板厚的裂缝，或者混凝土分裂成碎块或碎屑，这种损坏称作接缝碎裂病害。拱起是指水泥混凝土路面在气温升高时，因胀缝不能充分发挥作用，造成板体向上隆起的现象。其处治方法同胀起。

（四）水泥混凝土面层表层损坏类病害

磨损、露骨主要是由于行车荷载的反复作用，以及混凝土的耐磨性差造成的。混凝土面层表面水泥砂浆在车轮反复作用下被逐渐磨损，沿轮迹带出现微凹的表面。长期磨损使表层砂浆几乎全部被磨去，粗集料外露，并且部分粗集料被磨光。

纹裂或网裂是在混凝土板表面出现的一连串细裂纹；起皮是板上部 3 ~ 13 mm 深的混凝土出现脱落。这类病害主要是由于施工或材料问题造成的。

粗集料冻融裂纹是在混凝土表面接近纵、横向接缝，自由边边缘或裂缝处出现的许多密布的半月形细裂纹，裂纹表面常有氢氧化钙残留物，使裂纹周围变成暗色，并最终导致接缝或裂缝 0.3 ~ 0.6 m 范围内的混凝土崩解。这种病害主要是由某些粗集料的冻融膨胀压力造成的，通常先从板的底部开始崩解。

由于冻融或膨胀，粗集料从混凝土中脱落出来而形成坑洞，其直径为 3 ~ 10 cm。出现个别坑洞，不作为病害。

对于坑洞补修，应根据不同情况采取相应措施：①对个别的坑洞，应清除洞内杂物，用水泥砂浆等材料填充，达到平整密实。②对较多坑洞且连成一片的，应采取薄层修补法进行修补，切割面积的图形边线，应与路中心线平行或垂直，切割的深度，应在 6 cm 以上，并将切割面内的光滑面凿毛。应清除槽内的混凝土碎屑，混凝土拌和物填入槽内，振捣密实，并保持与原混凝土面板齐平。喷洒养护剂养护，待混凝土达到通车强度后，方可开放交通。

对于低等级公路的面积较大、深度在 3 cm 以内、成片的坑洞，可用沥青混凝土进行修补。用风镐凿除一个处治区，其图形边线应与路中心线平行或垂直。凿除深度以 2 ~ 3 cm 为宜，并清除混凝土碎屑。凿除的槽底面和槽壁洒黏层沥青，其用量为 0.4 ~ 0.6 kg/m^2。铺筑沥青混凝土并碾压密实平整。待沥青混凝土冷却后恢复通车时，应控制车速。

表面起皮（剥落、露骨）处治，应根据公路等级和表面破损程度，采取不同的材料和施工方法进行，对局部板块的表面起皮（剥落、露骨）的处治，应根据公路等级和表面破损程度，采取不同的材料和施工方法进行：①一般公路可采用稀浆封层处治。②高速公路可采用改性沥青稀浆封层或沥青混凝土处治。③对于较大面积的水泥混凝土面板表面起皮（剥落、露骨），可采取稀浆封层及沥青混凝土罩面措施。

五、水泥混凝土路面的改善

水泥混凝土路面整条路段出现较大面积的磨损、露骨，应采取铺设沥青磨耗层的措施，磨耗层可为沥青砂（厚度为 1.0 ~ 1.5 cm）、稀浆封层或改性沥青稀浆封层；对局部路段出现路面磨光，应采取机械刻槽的方法，以恢复水泥混凝土路面的表面平整度和摩擦系数。

对板面裂缝很多或者表面磨损严重开始剥落的路段，可采取加铺面层的方法，以延长路面的使用寿命。加铺层可采用普通水泥混凝土、钢纤维混凝土、钢筋混凝土或沥青混凝土。

面层加铺的基本要求如下：①加铺水泥混凝土面层之前应对旧混凝土路面病害进行处理，凿除破碎板，铺筑与旧板块等强度的水泥混凝土。②清除干净旧混凝土面板表面杂物尘污，清除旧混凝土面板接缝杂物，灌入接缝材料，铺筑一层隔离层，隔离层根据所用材料不同，可分为沥青混凝土隔离层（厚度为 1.5 ~ 2.5 cm）、土工布隔离层、沥青油毡隔离层。

铺筑混凝土加铺层时应注意以下几点。①加铺层厚度应通过计算确定，其计算应符合有关公路路面设计规范的规定。加铺层最小厚度：当采用水泥混凝土、钢筋混凝土时应不小于 18 cm；当采用钢纤维混凝土时可取普通混凝土路基板厚度的 0.65 倍，且不小于 12 cm；当采用沥青混凝土时应不小于 7 cm。②加铺层的纵、横缝应与旧混凝土面板一致，拆模时必须做好锯缝标记。钢筋混凝土板厚横向缩缝间距宜为 10 m，并应设传力杆，其他缝的处理同普通混凝土板。③路面加铺层的施工应符合公路路基有关施工规范的规定。

六、水泥混凝土路面的翻修

水泥混凝土路面翻修前应根据面积、土基、面层情况、交通量等，分别选用水泥混凝土路面或沥青路面结构。在翻修施工中应注意以下几点：①破碎原路基面时，应以一块路面板为最小单位。②旧板凿除应注意对相邻板块的影响，尽可能保留原有拉杆，并及时清运混凝土碎块。③应清除基层损坏部分，并将基层整平、砸实，对强度达不到的个别板块基层宜用 C15 贫混凝土补强。在混凝土路面板接缝处的基层上涂刷一道宽 20 cm 的沥青带。④在路面排水不良地带翻修路面板时，应在路面板边缘及路肩设置路基纵、横向排水系统，以排除路面积水。⑤在选用混凝土配合比及相应材料时，应根据路面通车时间的要求选用快速修补材料。

第四章 桥梁养护技术

第一节 桥梁常见病害与原因分析

一、桥面铺装部分

（一）桥梁铺装

桥梁铺装分为水泥混凝土铺装和沥青混凝土铺装两种。

1. 龟裂

裂缝有多条，裂缝不长，形状杂乱。
产生原因：施工养护不当，或铺装层与行车道板之间存有间隙。

2. 横向裂缝

裂缝延伸的方向与行车方向垂直。
产生原因：温度应力或上部结构受力裂缝的反射。

3. 纵向裂缝

裂缝延伸的方向与行车方向一致。
产生原因：施工养护不当，或装配式简支梁接缝质量差，或桥面板上裂缝的反射。

4. 断裂或破损

水泥混凝土铺装裂缝宽度较大，并有混凝土破裂。
产生原因：铺装层与桥面板之间存在脱空间隙。

5. 坑槽

铺装层局部存在凹陷。

产生原因：铺装层材料质量分布不均，局部区域混凝土抗剪强度不够。

6. 露筋

铺装层内的钢筋露出铺装层表面。

产生原因：铺装层的保护层厚度太薄。

7. 车辙

沥青混凝土铺装不平整，沿行车方向存在一定长度的凹槽。

产生原因：沥青混凝土材料质量差。

8. 拥包

沥青混凝土铺装上存在隆起的鼓包。

产生原因：铺装层与桥面板之间黏结强度不够。

沥青混凝土铺装与水泥混凝土铺装一样，在桥面铺装存在龟裂、横向裂缝、纵向裂缝和坑槽。沥青混凝土铺装上的坑槽是由于沥青混凝土中的沥青与骨料的黏结力不够导致的。

（二）桥面与道路连接处病害类型

桥面与道路连接处接缝存在错台、接缝处桥面破损。

产生原因：桥头道路下沉。

（三）排水设施病害类型

1. 泄水管堵塞

产生原因为桥面垃圾积累未清除。

2. 排水聚碳酸酯管（PC 管）破损

产生原因为 PC 管老化、质量差。

（四）伸缩缝

1. 伸缩缝堵塞

产生原因为桥面垃圾堆积未清除。

2. 橡胶条破裂

产生原因为橡胶条老化、质量差，或安装不当。

3. 伸缩缝周边混凝土破损

产生原因为伸缩缝安装时两接边高差过大。

（五）人行道板

人行道板裂缝、铺砌破损，路缘石松动、残缺。
产生原因为施工质量差。

（六）护栏

1. 栏杆与扶手钢筋锈蚀

产生原因为保护层太薄。

2. 扶手断裂或脱落

产生原因为施工或安装质量差。

（七）防撞墙

1. 防撞墙裂缝

产生原因为施工不当，或断缝设置不合理，或防裂钢筋配筋不足。

2. 钢筋锈蚀

产生原因为保护层厚度薄，不满足规范要求。

二、上部结构

（一）钢筋混凝土板桥

钢筋混凝土板桥的常见病害有以下4种。

1. 底板纵向裂缝

产生原因是板比较宽，为双向受力状态，底板的横向受力钢筋布置不足。

2. 底板露筋

产生原因是桥下净空高度小，受车辆擦伤致混凝土剥落。

3.底板开裂

产生原因：该类裂缝为横向裂缝，位于跨中区域，同时有几条裂缝，故该类裂缝为受力裂缝，需要对施工工艺和承载能力进行复核。

4.底板渗水

产生原因：桥底板中存在纵向裂缝导致渗水，是由底板横向构造不足或施工底板厚度偏薄造成的；接缝处渗水，则是由浇筑的接缝混凝土不密实导致的。

（二）钢筋混凝土简支 T 梁

钢筋混凝土简支 T 梁常见病害为：梁肋竖向裂缝、斜向裂缝；T 梁翼缘板钢筋外露锈蚀与接缝渗水；横隔板裂缝、露筋和其连接处混凝土剥落等。

对钢筋混凝土简支 T 梁产生的裂缝进行分析主要是区别是荷载产生的受力裂缝还是非荷载（如温度、混凝土收缩等）产生的非受力裂缝。

如梁肋两侧存在多条竖向裂缝，且这些裂缝宽度中间大、两端小，则这些裂缝为非受力裂缝。如梁肋两侧存在多条竖向裂缝，梁肋底面也有横向裂缝，裂缝形态呈 U 字形，且裂缝宽度是下面大、上面小，则这些裂缝为受力裂缝。

梁底混凝土剥落、露筋，通常是桥下净高不足、梁底受到车辆或船只的撞击产生的。

（三）预应力混凝土 T 梁桥

预应力混凝土T梁桥常见病害主要是翼板的连接质量病害和横隔板裂缝、露筋、破裂。

通常全预应力混凝土构件是不容许出现受力裂缝的。一旦出现受力裂缝，则该构件必须进行加固处理。所以对全预应力混凝土构件的裂缝判定非常重要。

预应力混凝土 T 梁桥的梁肋裂缝是否为受力裂缝，判别标准与钢筋混凝土基本相同。由于预应力混凝土 T 梁存在预压应力，故非受力裂缝一般也不出现。

目前预应力混凝土 T 梁桥病害大多为横隔板连接质量病害。

（四）钢筋混凝土连续箱梁桥

钢筋混凝土连续箱梁桥常见病害为箱体裂缝、钢筋锈蚀、混凝土剥落，翼缘板的裂缝、钢筋锈蚀、混凝土剥落。

箱体检查要点为：①跨中区域在底板是否有横向裂缝，其侧面是否有从下向上的竖向裂缝；②在连续梁中间支点区域是否有从上向下的竖向裂缝和斜向裂缝；③在连续梁两端支点区域是否有从下向上的斜裂缝。

上述这些裂缝是典型结构受力裂缝。

翼缘板检查要点为：翼缘板是否存在横向裂缝；翼缘板根部是否存在混凝土剥落。

翼缘板横向裂缝一般为混凝土收缩裂缝，根部混凝土剥落则要检查桥面板是否在对应位置存在纵向裂缝。

（五）预应力混凝土箱梁桥

大跨度预应力混凝土箱梁桥的截面是由顶板、底板、腹板和翼缘板构成的，见图4-1。

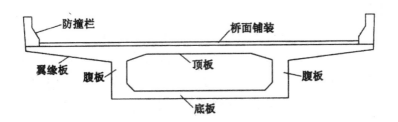

图4-1　预应力混凝土箱梁桥的截面

预应力混凝土箱梁桥常见病害主要是裂缝、混凝土剥落、露筋锈蚀。

（六）刚架拱桥

刚架拱桥一般由刚架拱片与微弯板组成。刚架拱桥常见的病害为裂缝、混凝土剥落、钢筋锈蚀以及连接破坏。

刚架拱桥病害产生的原因一般是横向联系的刚度弱，桥梁整体受力较差，导致拱桥构件产生裂缝。

（七）石砌拱桥

石砌拱桥（图4-2）常见的病害及原因分析如下。

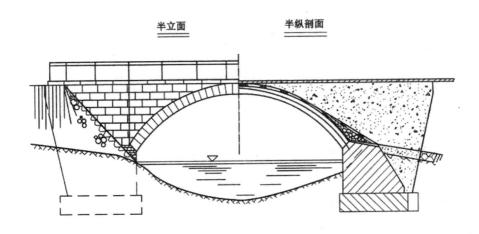

图4-2　石砌拱桥

1. 基础沉陷，墩台移动

石砌拱桥多按无铰拱设计，为超静定结构，当桥墩在横向发生不均匀沉降时，主拱圈及侧墙将会发生倾斜、扭转，严重的将会导致开裂。当桥墩在纵向发生不均匀沉降时，侧墙将会产生竖向裂缝，主拱圈在下沉墩附近的拱脚下缘开裂，上缘与侧墙脱离。

2. 主拱圈开裂

主拱圈开裂严重影响桥梁的安全，其主要原因是主拱圈厚度太薄或材料强度不够。石砌拱桥主拱圈内力分析表明，拱顶正弯矩最大，拱脚负弯矩最大，拱顶、拱脚为设计控制截面，若截面抗力小于设计荷载内力，将造成拱顶下部或拱脚上部开裂。如拱桥由多层平行拱圈石砌成，在施工中圈与圈未注意交错搭接，则拱圈易发生纵向裂缝。拱圈裂缝一般只有 1 ~ 2 mm，但一经开裂，往往容易发展，危及桥梁的正常使用。

3. 腹拱圈开裂

由主拱圈变形而产生的拱上构造的外加应力，可能使腹拱圈产生裂缝从而开裂。

4. 拱脚附近拱圈压碎

在部分拱桥的拱脚附近发现拱圈石料的碎裂和剥落现象。分析原因，主要是护拱较弱，或是没有护拱，或是石料的加工质量较差，导致拱圈和侧墙出现渗水现象。

5. 侧墙开裂

侧墙开裂包括侧墙与拱圈连接界面的脱开和侧墙自身开裂。分析原因，主要是拱上填料在自身恒载及外活载作用下，对侧墙产生的横向推力及在与拱圈共同受力时，侧墙在 $L/4$ 截面产生拉应力而导致开裂。

（八）双曲拱桥

双曲拱桥常见病害为构件裂缝、混凝土剥落、钢筋锈蚀。目前该类桥梁出现的病害较多，需要进行加固处理。

双曲拱桥裂缝病害产生的主要原因是桥梁整体性较差，不适用于大交通量下的重载。

（九）桁架拱桥

桁架拱桥的常见病害有构件裂缝、混凝土剥落、钢筋锈蚀。

桁架拱桥与刚架拱桥相同，病害产生的原因一般是横向联系的刚度弱，桥梁整体受力较差，导致拱桥构件产生裂缝。

三、桥梁支座

目前桥梁常用支座为板式橡胶支座和盆式橡胶支座。其中简支梁桥的支座采用板式橡胶支座，连续梁桥支座采用盆式橡胶支座。

（一）板式橡胶支座

板式橡胶支座常见病害有支座剪切变形大，支座脱空或局部脱空，支座老化外鼓、开裂和支座缺失等。

（二）盆式橡胶支座

盆式橡胶支座常见病害有钢盆锈蚀、锚固螺栓松动、锈蚀、橡胶磨损、垃圾堆积。

四、桥梁下部结构

桥梁下部结构由桥台、桥墩与桩基组成。

（一）桥台

钢筋混凝土桥台的检查要点是：①台帽是否存在裂缝、混凝土脱落；②台身是否存在纵横向裂缝、露筋；③侧墙是否存在裂缝或开裂；④挡块是否损坏。

（二）桥墩

钢筋混凝土桥墩的检查要点是：①盖梁是否存在裂缝、露筋以及挡块是否损坏；②立柱是否存在龟裂、竖向裂缝、横向裂缝、露筋；③立柱是否被船只撞击。

（三）桩基

位于水中的桩基一般派遣潜水员在水下检测，或在枯水期间进行检查。桩基的检查要点是：①桩基是否在水流作用下被冲刷掏空，钢筋锈蚀；②桩基是否倾斜、分层；③桩基是否被船只或漂浮物撞击、擦伤。

五、附属部分

附属部分的检查要点是检查锥坡、护坡、调治构造物是否存在开裂、塌陷、铺砌缺损、勾缝脱落等。

六、涵洞

公路上的涵洞依据结构的形式不同，分为盖板涵、箱涵、石拱涵和圆管涵四种。

涵洞检查的要点是：①涵洞进出水口是否被堵塞；②涵洞附近填土是否塌陷；③涵身两侧挡墙是否开裂；④盖板涵的涵顶是否存在裂缝，是否渗水；⑤圆管涵四周连接是否有脱空等现象。

第二节　桥梁日常保养技术

一、桥涵养护总体要求

桥涵外观整洁，桥头顺适，桥面铺装坚实平整、横坡适度。结构无损坏，排水、伸缩缝、支座、护墙、栏杆、标志、标线等设施齐全良好。基础无冲刷、掏空。

二、桥涵养护基本内容

桥涵养护的基本内容包括：清除污泥、杂物，保持桥面系、涵洞洞口清洁；疏通涵管，疏导桥下河槽；局部修理或更换栏杆和伸缩缝等；修补河床铺砌及涵洞进出水口铺砌；桥涵的局部加固维修。

日常巡查内容：观测桥面铺装有无损坏，伸缩缝、泄水孔有无堵塞，上下部结构有无破损、变形，桥梁栏杆、桥头示警桩、桥名牌、限载标志等是否齐全、整洁、完好，河道是否堵塞等。

日常巡查要求：县道每周不少于一次，乡、村道每月不少于两次；特殊路段或遇有恶劣天气、重大节日活动等特殊情况，应适当加大巡查频率。

日常巡查处置：发现病害、缺陷的应及时修复，不能及时修复的，应及时上报上级管理机构处置。

（一）桥面保洁

定期清扫桥面、清洗护栏，保持桥面整洁，无堆积物、杂草；泄水孔无堵塞。桥面的泄水孔、排水槽如有堵塞应及时疏通，泄水管下端应露出不少于 10 cm。

（二）桥面伸缩缝的养护

伸缩缝应经常养护，如清除碎石、泥土杂物；拧紧螺栓，并加油保护，使其发挥正常作用。伸缩缝局部损坏的应及时修复，使其发挥正常作用；若损坏严重或老化以致功能失效的要及时更换。

（三）桥梁护栏的养护

栏杆中涂装层破损的，应及时涂刷油漆，保证栏杆使用的耐久性。护栏上的反光膜脱落，应随时补贴。由于交通事故或自然灾害造成护栏缺损或变形，应及时修复或更换，锈蚀严重的金属护栏应予以更换。

（四）桥面铺装的养护

保持桥面清洁平整，及时排除雨后桥面积水；清除桥面上杂物。及时处理桥面铺装存在的裂缝、磨光、脱皮等表面缺陷。保持桥面上的人行道铺装、盲道和缘石完好、平整，有缺损时，应及时维修或更换。

（五）桥梁支座的养护

支座半年一清扫，各部应保持完整、清洁，位置正确，清除支座周围的油污、垃圾杂物，保证支座正常工作。每年一次对滚动支座的滚动面定期涂润滑油。对钢支座要进行除锈防腐，除铰轴和滚动面外，其余部分均应涂刷防锈漆。

（六）桥梁墩台的养护

墩台表面应保持清洁，及时清除青苔、杂草、荆棘及污秽。圬工砌体长期受大气影响、雨水侵蚀而发生灰缝脱落的，应重新勾缝。圬工砌体镶面部分严重风化和损坏时，应用石料或混凝土预制块补砌、更换，新旧部分要结合牢固，色泽和质地与原砌体基本一致。墩台表面发生侵蚀剥落、蜂窝麻面、裂缝、露筋等病害时，应采用水泥砂浆修补。

（七）桥梁墩台基础的养护

应适时地进行河床疏浚，保持桥下河道的排水畅通。基础冲刷过深或基底局部掏空，应立即抛填块石、片石、铅丝石笼等维护。桥下河床铺砌出现局部损坏时应及时维修；若砌块损坏，可补砌或采用混凝土修补。

（八）桥面铺装层的日常养护

桥面板出现开裂时，可用风镐将旧板凿碎清除，再根据通车期限要求，选用合适材料浇制板块、抹面、压纹或拉槽，养护灌缝；其原有纵、横缝应认真恢复，必要时上部锯缝深度应加深。

针对铺装层表面磨光，可采用刻槽机对磨光的部分进行刻槽处理或加铺表面抗滑性能强的混合料薄层，使桥面抗滑性能满足行车要求。

第三节 桥梁小修技术

一、桥梁上部构造的养护、维修与加固

桥面系指的是上部结构中，直接承受车辆、人群等荷载并将其传递至主要承重构件的桥面构造系统，包括栏杆、伸缩缝、桥面铺装、桥面排水系统等。

（一）栏杆的养护与维修

公路桥梁的栏杆作为一种安全防护设备，是桥梁上部构造的重要组成部分，同时栏杆又是桥梁的一种美学装饰。

栏杆存在缺陷或已损坏时，虽不妨碍交通，却影响桥容，使行车缺少安全感，降低了交通安全的适应水平。因此，对损坏的栏杆要及时修理，并加强平时的养护工作。

为了使栏杆经常保持完好状态，应保证水平构件能自由伸缩。

（二）桥面伸缩缝的养护与维修

1. 桥面伸缩缝的养护

梁端之间以及在梁端与桥台背墙之间设置横向的伸缩缝。伸缩缝在平行于、垂直于桥梁轴线的两个方向均能自由伸缩，牢固可靠，车辆驶过时应平顺，无突跳与噪声，防止雨水和垃圾泥土渗入导致阻塞。

伸缩缝由于设置在梁端构造薄弱的部位，直接承受车辆荷载反复作用，又多暴露于大自然中，受到各种自然因素的影响，可以说伸缩缝是易损坏、难修补的部位，经常发生各种不同程度的病害。因此，伸缩缝要经常养护，清除缝内积物，扭紧螺栓，使其发挥正常作用。

2. 桥面伸缩缝缺陷产生的原因（见表4-1）

表4-1 桥面伸缩缝缺陷产生原因

类别	产生的具体原因
设计方面的原因	桥面板刚度不足； 伸缩缝构造本身刚度不足； 伸缩缝构造锚固的构件强度不足； 过大的伸缩间距； 后浇压填材料选择不当； 变形量计算不正确
施工方面的原因	桥面板间伸缩缝间距施工有误； 后浇压填材料养护管理不善； 伸缩缝装置安装不好； 桥面铺装层浇筑不好； 墩台施工不良
养护不周及其他外界因素的影响	车辆荷载增大，交通量增大； 桥面铺装层老化； 接缝处桥面凹凸不平； 桥面没有经常打扫； 地震等其他恶劣天气条件的影响

3. 桥面伸缩缝应注意的问题

对于常用的几种伸缩缝，应分别注意以下问题。

①U形锌铁皮伸缩缝：注意锌铁皮是否老化、开裂、断裂。U形锌铁皮式伸缩缝是一种简易的伸缩装置，一般用于中小跨径的桥梁。

②钢板伸缩缝：注意钢板是否变形，螺栓是否脱落以及伸缩缝的有效性。

③橡胶板条伸缩缝：注意橡胶条是否老化、脱落，固定角钢是否变形、松动。

④板式橡胶伸缩缝：注意橡胶是否老化，预埋螺栓是否松脱，以及伸缩缝的有效性。

板式橡胶伸缩缝是一种刚柔结合的装置，具有一定的竖向刚度，跨越间隙的能力大（变形范围可达30～300 mm），连接牢固可靠，行车平稳舒适，并具有良好的吸振作用。

4. 伸缩缝的维修

维修工作要依据缺陷的程度并针对产生的原因，部分修补或全部更新。桥面为沥青混合料铺装时，可采用钢筋混凝土盖板式伸缩缝。

对于钢板伸缩缝，当钢板与角钢焊接破裂时，应清除污秽后重新焊牢；当梳齿断裂或出现裂缝后，也要采取焊接方法进行修补。

对于伸缩量在 50 mm 以内的各类中小跨径桥梁伸缩缝的更换或改造，可采用 TST 碎石填充新型伸缩装置。在现场将特制的弹塑性复合材料 TST 加热熔融后，灌入经过清洗加热的碎石中，即形成了 TST 碎石弹性伸缩缝。碎石用以支承车辆荷载，TST 弹塑性复合材料在 $-25 \sim +60℃$ 条件下能够满足伸缩量的要求。

（三）桥面排水系统的养护与维修

桥面排水设施出现缺陷会导致桥面积水，给行车带来不利影响，降雨时引起车辆滑移，成为交通事故发生的原因。严重的还会损坏桥梁结构本身的安全。当雨水由伸缩缝直接进入支座时，将会使支座锈蚀，造成支座的功能恶化。在城市桥梁或立交跨线桥中，由于桥面积水，车辆过桥时污水四溅，殃及行人和破坏周围环境，使桥下居民受害。为此，必须对桥面排水系统加强维修与养护。

桥面的泄水管、排水槽如有堵塞，应及时疏通，保持畅通。缘石的横向泄水孔道，不够长的要接长，避免桥面流水沿梁侧流泻。泄水管损坏要及时修补，接头不牢已掉落的要重新安装接上，损坏严重的要予以更换。

引水槽已破裂的要重新修理，长度不足时应予以接长。当槽口太小，不能满足排水需要时要扩大槽口重新修筑，桥面排水设施应畅通、完整。

（四）桥面铺装的养护与维修

应经常清扫桥面，保持桥面清洁完整和有一定的路拱。雨后应随时将桥面积水扫到泄水管口予以排除，冬季结冰或在下雪后，应及时消除桥面上的冰块或积雪。严禁在桥面上堆置杂物或占为晒场等，以保证车辆过桥时行驶的安全。此外，桥面防水层如有损坏也要及时进行修理。

二、桥跨结构的养护、维修与加固

（一）一般原则

应在前节桥梁检查及评定的基础上，针对产生病害的原因进行。应充分发挥原有结构的承载能力，并选择投资少、工效快、尽量不中断交通、技术上可行且有较好耐久性等的方法进行。

（二）裂缝的修补

混凝土桥梁结构中裂缝的成因多种多样，然而不管何种裂缝，只要裂缝宽度超过规范的限定值，都将影响桥梁结构的耐久性，甚至会降低桥梁的承载能力。因此，在桥梁养护工作中，应充分重视裂缝的修补。

1. 钢筋混凝土桥梁的裂缝修补

目前修补裂缝的材料主要有两大类，即水泥（砂）浆和高分子材料。

水泥砂浆通常用高标号干硬性水泥配制，适用于缺少修补机具的工程。当裂缝宽度较小时，一般用水泥浆修补；当裂缝宽度大于 0.4 mm 时，一般用水泥砂浆修补。施工时先采用凿毛、喷砂或钢丝刷拉毛等方法清除原构件混凝土的松散组织或石料的风化及破裂部分，并沿裂缝长度凿成 V 形槽口，用高压气枪或水枪冲洗吹干，然后用水泥（砂）浆人工用力挤压填缝，同时加强养护。当采用机械灌浆时，水泥浆的水灰比一般不宜小于 1.6，方法与化学材料灌浆类似。

高分子材料灌浆修补裂缝时用的材料，一般以环氧树脂为主，其黏结力强、稳定性好、收缩性小、耐腐蚀且可灌性好，适合于宽度在 0.1 ~ 0.4 mm 的裂缝修补工作。

2. 对砖、石、混凝土拱桥的裂缝修补

①勾缝处理；②用横向钢板加固；③采用压注水泥砂浆进行修补，或做镶面石或设置混凝土帮面、帮圈来加固；④严重部位必须进行翻修。

（三）钢筋混凝土梁桥主梁加固

桥梁梁式构件的加固方式很多，目前比较成熟且应用较广的技术有增加构件截面法、粘贴加固法、施加体外预应力加固法、增加构件加固法、改变结构体系加固法等。

1. 增加构件截面法

增加构件截面法又可分为增加主筋补强加固和增加混凝土截面补强加固两种。

增加主筋补强加固适用于构件抗弯承载能力不足且桥下净空受限而不宜加大截面高度，甚至桥面标高也不许提高的情况。

其加固要点如下。

（1）增焊主筋

首先凿开梁肋下缘混凝土保护层，露出主筋，将原箍筋切断并拉直，再将新增主筋焊在原主筋下缘。为减小温度应力，采用断续双面施焊，并从跨中向支点逐渐施焊。

（2）接长箍筋、恢复混凝土保护层

新增主筋焊好后可接长箍筋并重做混凝土保护层。新保护层宜采用环氧砂浆（或混凝土）或膨胀水泥砂浆（或混凝土），并用涂抹法或压力灌注法施工。

增加混凝土截面补强加固又可采用两种方式：其一是加厚桥面板；其二是增大主梁梁

肋的高度和宽度。

当采用加厚桥面板补强加固时，先将原有桥面铺装层凿除，在桥面板上浇筑新的钢筋混凝土补强层，使其与原桥跨结构形成组合断面，以提高抗弯刚度而达到补强效果。该法虽施工简便，但增加了结构物的自重，并未真正加强下缘受拉区，因此仅适用于跨径较小的 T 梁桥或板梁桥。

增大主梁梁肋高度和宽度一般在加大的下缘混凝土中加设主筋，并且为避免因起吊主梁加固而增加施工难度，在靠近梁端部位仍保持原貌，与加大部分做一斜面过渡。

2. 粘贴加固法

粘贴加固法是采用环氧树脂胶液把钢板、钢筋或玻璃钢粘贴在结构的受拉边缘或薄弱部位。20 世纪 60 年代以来，该法在国内外得到了广泛的应用，取得了较好的效果。

粘贴加固设计方法与前述增加截面加固设计类似，即原有构件承受恒载与活载，增加的黏结件（钢板、钢筋或玻璃钢）承受原有构件承受不了的那部分活载。

3. 施加体外预应力加固法

体外预应力高强钢丝加固：该法是在原梁体外受拉区域设置预应力筋，通过张拉使梁体产生偏心预压力，以此来减小荷载挠度，改善结构受力状态。

按预应力施加方式的不同，可有横向收紧张拉法、纵向张拉补强加固法等几种方法。

横向收紧张拉法的具体施工程序为：①粘贴锚固钢板；②焊接拉杆粗钢筋；③安装张拉装置；④预张拉；⑤张拉；⑥防护处理。

纵向张拉补强加固的施工工艺一般为：①凿开梁端桥面铺装，在梁端顶部按设计斜度凿出锚固槽。②钻孔。在锚固槽内沿梁腹板侧壁方向按设计斜度钻两个平行的孔洞。③粘贴梁端锚固垫板和梁底的短柱支座垫板。④安装拉杆钢筋。拉杆分水平段及弯起的锚固段两部分，各拉杆的松紧度应调整一致。⑤张拉。每片梁上的几根拉杆应保持均衡张拉。⑥封锚。用防水砂浆或环氧砂浆填入锚固槽封锚。⑦防护处理。

无论采用哪一种方式对拉杆施加预应力，预应力拉杆均外露在结构表面，拉杆的锈蚀、梁下支撑的位移等都会影响到补强效果，特别是采用横向收紧张拉法施工时，撑棍的变形、锁紧螺栓在行车振动作用下可能发生的松动等，都会使拉杆中的预应力值受到损失，从而降低补强效果。

为此，除了严格各工艺过程的施工质量外，还要认真做好防护处理，并进行定期检查，加强维修。

4. 增加构件加固法

（1）增加主梁加固（图4-3）

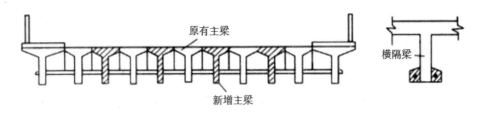

图4-3　增加主梁加固

（2）增加横隔梁加固

对于因横向整体性差而承载能力降低的桥梁上部结构，可以采用增加横隔梁的方法以增加各主梁之间的横向联结。

此时可在新增横隔梁部位的主梁梁肋上钻孔，设置贯通全桥宽的横向联结钢筋，这些钢筋的两端用螺帽锚固在两侧主梁梁肋外侧。浇筑新增横隔梁混凝土之前应将与主梁结合处的混凝土表面先凿毛清洗，然后悬挂模板浇筑横隔梁混凝土。

5. 改变结构体系加固法

改变结构体系的方法可以有多种，例如在原简支梁桥孔内增设桥墩或斜撑，以减小原结构的跨径，将简支梁体系转换为连续梁体系等。

采用改变结构体系的方法进行技术改造时，必须认真计算并采取相应的措施。例如在简支梁跨中增设支点时，应验算新增支点处由负弯矩产生的拉应力，并根据应力大小增加配置梁（或板）的上缘钢筋。此时也可考虑利用原结构。上缘的架立钢筋等承受部分负弯矩；也可按不产生负弯矩的原则选择支点位置，或者使新支点处产生的活载负弯矩与未增设支点前该处的恒载正弯矩接近，否则就有可能导致主梁上缘的开裂。

（四）拱桥的养护、维修和加固

1. 砖、石拱桥的养护与维修

（1）修理防水层

为防止渗漏，砖、石拱桥均应做防水层。如发现没有防水层或防水层损坏失效时，应挖开拱填料重做或在桥面上加铺沥青路面，防止桥面水渗漏。

（2）保护面层不受风化

砖、石拱桥要注意灰缝的保养，如有脱落应及时修补，如砖、石有风化剥落，可喷刷一层1～3cm厚的10#以上的水泥砂浆。喷浆应分2～3层喷注，每隔1～2d喷1层。必要时，可加布一层钢筋网，以增加喷涂层的强度。

（3）压浆法修补砖、石拱桥

砖、石拱桥一经开裂，往往容易发展，从而危及桥梁的使用与安全，这时可用压注水泥砂浆或其他化学浆液的方法进行修补。

2. 砖、石拱桥的加固

砖、石拱桥的加固一般通过拱圈的加固来实现。拱圈可以用增加厚度和横向联结系或设置新加结构的方法来加固。

3. 双曲拱桥的维修加固

（1）黏结钢板加固拱肋法

为加固双曲拱桥拱肋强度，可以在拱肋表面清理整洁后，用环氧类砂浆黏结钢板的方法来提高其承载能力。在拱圈产生裂缝或承载能力不足时，采用该法加固效果明显。黏结钢板的位置主要置于拱肋截面下，可用成条整板（或分块焊接）在拱圈弧形范围内间隔黏结。一般可视具体情况选定尺寸，钢板厚度宜用 4 ~ 10 mm，过厚时施工比较困难。

（2）螺栓钢板结合加固拱肋法

此法与前述利用钢板加固拱肋的方法基本目的相同，但不是单纯依靠黏贴，而是除了利用胶黏剂之外，再按一定间距凿孔并埋入螺栓。然后将钢板预钻孔对准预埋件位置穿入并以螺帽紧固。这种做法中拱肋凿孔比较费劲，埋设位置不易准确，因此，钢板钻孔要留存余量，如采用椭圆形孔或扩大孔径，方可减少对位时的麻烦。

（3）粘贴钢筋加固法

此法施工与前述方法基本相同，但所采用的是钢筋加固件。从实际情况看，此法与钢板粘贴法相比，具有与结构物黏附性能好、加固成型容易、补强效果更为显著的特点。

（4）扩大拱肋截面加固法

此法是采用钢筋和混凝土外包加大原拱肋，从而达到扩大拱肋截面尺寸的目的，增加拱肋断面的含筋率或变无筋拱肋为有筋拱肋，提高拱肋抗弯刚度的一种加固方法。其作用明确，效果显著，应用也较广泛。

（5）增设拱肋加固法

可在每条或部分拱肋下新加拱肋，也可在原桥最外侧两拱肋旁新增拱肋并加强横向联系。

（6）调整拱上自重、改变结构体系加固法

调整拱上自重、改变结构体系加固法适用于拱桥由于自重或地基承载力不足，致使拱脚发生水平位移或转动，拱轴线发生变形的情况。在条件许可的情况下，调整拱上自重的布置，改变拱桥结构体系，改善结构受力状况，以达到加固目的。必须说明的是，加固施工拆除旧桥拱上结构时，要特别注意使拱上受力平衡，防止桥梁倒塌。

（7）顶推加固法

顶推加固法的基本做法是在一端桥台的拱脚处安装顶推装置，将拱肋自拱脚向跨中方向顶推，使两拱脚间已发生的相对位移减小以至完全消除，以减轻或消除桥台位移对上部结构产生的危害。

三、支座的维修与加固

桥梁支座在遭受损坏、作用不能充分发挥时，将会使桥梁上、下部结构受到不利的影响。因此，必须经常注意进行养护与维修，发生损坏时要及时、慎重地制订维修加固计划，给予修补。支座的维修与加固，由于工期要求较短，又是在施工较为困难的部位，故应充分研究所采用的维修与加固措施及所采用的材料机具设备等，以便能够迅速、可靠地进行修补。

（一）支座的养护工作

支座各部分应保持完整、清洁，及时扫除垃圾，冬季清除积雪和冰块，保证梁跨自由伸缩。在滚动支座滚动面上要定期涂一薄层润滑油，在涂油之前，必须先用钢丝刷或揩布把滚动面揩擦干净。

为了防锈，支座各部分除钢辊和滚动面外，其余都要涂刷油漆保护。对固定支座应检查锚栓坚固程度，支承垫板要平整紧密，及时拧紧结合螺栓。

（二）支座的维修加固

支座有缺陷或发生故障时，应及时进行维修或更换，并符合下列要求：①滚动面不平整，轴承有裂纹、切口以及个别辊轴大小不合时，必须予以更换。②梁支点承压不均匀时，应进行调整。调整时可采用千斤顶把梁上部顶起，然后移动调整支座的位置。在矫正支座位置以后，降落上部构造时，为避免桥孔结构倾斜，应徐徐下落，并注意千斤顶的工作状态是否均衡，同时调整顶升用木框架的楔子，以保证上部结构能恢复原位。③支座座板翘起、扭曲、断裂时应予以更换或补充，焊缝开裂应予以维修加固。支座更换时也可采用前述顶升法施工。

支座如需抬高时，可根据抬高量的大小选用：垫入钢板（50 mm 以内）或铸钢板（50 ~ 300 mm）；更换为橡胶板支座；就地灌注高强钢筋混凝土垫块，厚度不小于200 mm。

油毡支座因损坏、掉落而不能发挥作用，摆柱式支座工作性能不正常，有脱皮、露筋或其他异常情况发生的，以及橡胶支座已老化、变质而失效的，都须进行调整并维修加固。

钢辊轴式支座辊轴（或摇轴）的实际纵向位移应与计算的正常位移相符，如实际纵向位移大于允许偏差或有横向位移时应加以矫正。实际纵向位移量可实地量测辊轴中心线与垫座中心的距离，削扁辊轴及摇轴也可测量其倾斜角。辊轴两端距底板边缘实测距离不相等时，说明辊轴有倾斜或底板不正。

四、墩台基础的养护、维修与加固

（一）墩台基础的养护

桥梁上下游各 1.5 倍桥长，但不小于 50 m 和不大于 500 m 的范围内，应做到：①河床要适时地进行疏浚，每次洪水过后，应及时清理河床上的漂浮物和沉积物，使水流顺利宣泄；②不得任意修建对桥梁有害的水上建筑物，必须修建时，应采取必要的桥梁防护措施。

墩台表面必须保持清洁，要及时清除青苔、杂草、荆棘和污秽。圬工砌体长期受大气影响、雨水侵蚀而发生灰缝脱落的，应重新勾缝。混凝土表面发生侵蚀剥落、蜂窝麻面等病害的，应及时将周围凿毛洗净，用水泥砂浆抹平。

圬工砌体镶面部分严重风化和损坏时，应予以更换。用石料或混凝土预制块补砌，要求结合牢固。色泽和质地与原砌体基本一致。梁式桥墩台顶面没有流水坡或坡面凹凸不平、有裂缝时，应及时铺填水泥砂浆或混凝土，做成横向坡度以利排水。

养护是为了使结构物保持完整、牢固、稳定、不发生倾斜，并减少行车震动和基础冲刷。

（二）墩台的维修与加固

圬工砌体墩台如表面风化剥落，深度在 3 cm 以内的，可喷刷 10# 以上的水泥砂浆修补；如损坏面积较大，深度超过 3 cm 的，须浇筑混凝土层予以裹覆，见图 4-4。

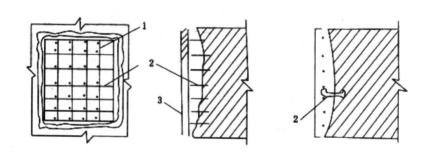

1—钢筋网；2—牵钉间距；3—模板

图 4-4 混凝土块修补

若墩台出现变形，应查明原因，采取下列针对性措施：①由于桥台台背填土遇水膨胀而变形，应挖去膨胀土，检修排水设施，填以砂砾土，修好损坏部位。②由于冻胀原因，应挖去冻土，填以矿渣、砂砾等，并封闭表面使其不渗水，修好损坏部位。③属于砌筑不良的，应凿去或拆除变形部分，重新砌筑或浇筑。④砌筑填缝不实，墩台有空洞的，可选择空洞部位附近开凿通眼，以压浆机压注水泥砂浆或环氧树脂修补。

当墩台由于混凝土温度收缩、局部应力集中及施工质量不良等原因产生裂缝时，应视裂缝大小，分别采取下列措施：①裂缝较小时，应以水泥砂浆封闭。②裂缝较大时，应做好记录，观察其变化。如无发展，可扩缝灌以水泥砂浆或环氧树脂。③石砌圬工出现通缝和错缝不足时，应拆除部分石料，重新砌筑。④由活动支座失灵而造成的墩台拉裂，应修复或更换支座，并处理裂缝。⑤由基础不均匀沉降而产生的自下而上的裂缝，应先加固基础，再视裂缝发展程度灌缝或加固墩台。⑥裂缝已贯通墩台，可用钢筋混凝土围带或钢箍进行加固，见图4-5。

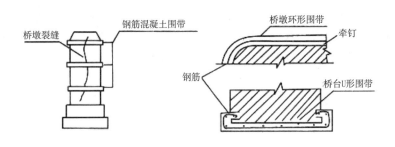

图 4-5 围带加固

墩台发生水平位移和倾斜时，应分析原因，按照具体情况确定加固方案。

梁式桥台背土压力大，造成桥台向桥孔方向位移，可采取下列方法加固：挖去台背填土，加厚桥台胸墙，更换内摩阻角大的填料，减小土压力。小跨径简支梁桥可在台间加设钢筋混凝土支撑梁，顶住桥台，以平衡台后土压力。

当拱桥桥台产生位移和转动时，可选择下列加固方案：在桥台两侧加厚翼墙，翼墙与桥台牢固结合为一个整体，增加桥台横断面尺寸和自重，借以抵抗水平推力。当桥台的位移转动尚未稳定时，可在台后增设小跨引桥和增设摩阻板，以制止桥台继续沉降位移。

桩式墩台，如结构强度不足或桩柱有碰撞折断等损坏，在基桩承载力许可条件下可采用下列方法修理加固：①桩柱式墩台结构的整体稳定性不足时，可采用加固整个桩柱式墩台的方法，即在桩或柱间用槽钢或角钢做横、斜撑联结，以增强整体性和稳定性，钢板箍和横夹板（用槽钢或角钢）用螺栓拧紧，斜夹板可用电焊接合。盖梁如强度不足，也可在盖梁下加横向夹梁，用螺栓拧紧，予以加强。②迎水侧桩、柱被船只或流冰等碰撞损伤，以至折断的，可视情况采用下列修理方法，即对于损伤或折断的桩柱，凿除松动部分混凝土，添加必要的钢筋，立模浇筑混凝土按原式修复。施工时可在伤柱两侧加设临时支撑，也可以在桩柱损伤处，将原混凝土凿毛，外面加设钢筋混凝土围带，使损伤部位得以加强。

五、桥梁结构钢筋锈蚀的处置

凿除剥落、松脱等已损坏的部分混凝土，使钢筋全部露出。用钢丝刷对钢筋进行除锈处理，必要时在除锈后对钢筋进行防锈处理。在清除好的混凝土与钢筋表面涂上环氧树脂等黏结剂。用新的混凝土或砂浆填补，也可用环氧砂浆、环氧混凝土或其他防腐蚀材料来修补。对新浇筑的混凝土进行表面处理，以防止混凝土表面重新碳化。

六、涵洞的养护、维修与加固

（一）日常检查

涵洞的位置是否恰当，孔径是否足够，洞内有无淤塞、冲刷。涵洞有无开裂，填土有无沉陷。涵底涵墙有无漏水，八字翼墙是否完整。进水口是否堵塞，沉砂井有无淤积，洞口铺砌有无冲刷脱落。涵洞内有无积水，洞内是否有冻裂。

（二）养护与维修

1. 砖石涵洞

砖石涵洞的表面如发生局部风化、轻微裂缝及砖灰缝剥落等现象，应用水泥砂浆勾缝或修补封面。洞顶漏水时必须挖开填土，用水泥砂浆或石灰砂浆修理其损坏部分，并衬砌胶泥防水层。

2. 混凝土管涵和四铰涵管

混凝土管涵的接头处和四铰涵管铰点接缝处发生填缝脱落时，应用干燥麻絮浸透沥青后填实，不宜用灰浆抹缝，以免再次碎裂脱落。

3. 压力式管涵

压力式管涵进水口周围的路堤应保持坚固。每次水淹以后，要检查有无洞穴缺口或冲刷现象，并及时进行修补。

4. 倒虹吸管

倒虹吸管在长期流水压力作用下容易破裂漏水，造成路基软化，应注意检查。如虹顶路面出现湿斑，应及时修理。洞底铺砌层、洞口上下游路基护坡、引水沟、泄水槽、窨井沉砂发生变形或沉陷时，均须及时修理。

（三）涵洞的加固

1. 圬工拱涵

圬工拱涵的加固，一般可采用拱圈上加拱的方法。如属高填土而拱涵净空较大时，可采用拱下加拱的方法加固。

2. 钢筋混凝土盖板涵

钢筋混凝土盖板涵的加固，除加固涵台外，可将原盖板面凿毛，洗刷干净，再浇筑混凝土或钢筋混凝土。

3. 石盖板涵

石盖板涵或直径 1 m 以下的混凝土管涵，在 3 m 以上高填土地点，一般不用加固亦可承受较大的载重。如填土在 3 m 以内，石箱涵可考虑在行车道部分更换较厚的盖板。如石箱涵更换较厚的盖板有困难时可在涵台上面加一层石料做成悬臂式，以减小跨径。

（四）涵洞八字墙修补

涵洞进、出水口的八字墙或一字墙出现破损的，可利用水泥砂浆和片石等材料进行修补，恢复原貌。

（五）涵洞基础局部冲刷悬空的处置

涵洞基础局部冲刷悬空时必须立即修补，用片石混凝土填实，一般应比原基础加宽 10 ~ 20 cm，并修复或增设洞口、洞底铺砌层和端部截水墙。

（六）涵洞洞口洞底铺砌层破损处置

一般的破损按原结构修复；破坏较为严重且有漏水现象时，应按原结构先修复破损处，再用厚度为 3 cm 的水泥砂浆抹面。

（七）涵洞砖、石、混凝土端墙和翼墙外倾、鼓肚或倾斜的处置

由于填土夯实不足而沉落挤压，或填土中水分过大使土压力增大而造成的外倾或鼓肚，应挖开填土，修理外倾或鼓肚部分，更换填土，回填夯实。因为基础不均匀沉陷而发生倾斜时，应先处理基础，一般可采用更换土壤或扩大基础的方法加固，然后再修理倾斜部分。

（八）涵洞砌体勾缝松动、脱落的处置

凿掉破损勾缝；凿毛结合处的旧勾缝；修补部分必须刷洗干净；按原结构修补，并注意材料质量和施工质量，保证坚固。

（九）涵洞砌体出现开裂、小洞穴的处置

砌体尚未发生变形时，先将洞穴的疏松部分凿除，冲洗干净，用压注法把水泥砂浆或

混凝土注入洞穴内填补密实，再修补勾缝。砌体已局部变形时，应将变形部分拆除，先处置洞穴，按原结构修复，再修补勾缝。砌体的某个部位（拱圈、一侧涵台）已严重变形发展成险涵时，应拆除后按原结构修复，并注意做好施工中的安全措施。

（十）涵头跳车的处置

涵头跳车是由涵顶两端或涵顶填土沉涵造成的，应分情况进行处理：①路面轻度下沉，基层和土基较密实稳定时，可只加铺面层，采用原面层材料修理平整。②因沉陷造成面层和基层均已出现破损现象，但土层尚稳定时，可重做基层，再铺面层。③土基下沉，路面破损较严重时，必须先处理土层，再重铺基层和面层。

（十一）涵洞裂缝的处置

对于停止发展的裂缝，应将裂缝附近凿开并洗刷干净，用水泥砂浆修补密实、平整。裂缝较深时，应冲洗干净后把水泥砂浆压注缝内，并修理平整，必要时压注环氧砂浆。

（十二）仍继续发展且危及涵洞和行车安全的裂缝的处置

拱涵基础已不再下沉，墩台完好，仅拱圈裂缝严重且继续发展时，应拆除并重建上部。墩台已变形时，应拆除拱圈，先加固墩台，再重建上部。

（十三）汛期前桥涵检查

在雨季前应加强对桥涵的检查，特别是尚未加固维修的危桥、危涵。重点检查桥台、桥墩、涵台等下部结构，发现下沉、倾斜、鼓肚、基底掏空、破损等病害的，要及时报告上级部门，避免汛期时发生安全事故。

第四节　桥梁维修与加固技术

一、桥梁加固技术

（一）混凝土裂缝修补

1. 一般规定

先清除裂缝表面的灰尘、浮浆、松散层等污物，再将裂缝两侧各 30 mm 范围的混凝土表面擦拭干净并保持干燥。注入座的注入孔应正对裂缝，裂缝分岔处应设置注入座。注入座沿裂缝每米至少设置 3 个。

用封口胶沿裂缝每侧密封宽 25 mm，厚度应≥ 3 mm，宜一次完成，尽量避免反复涂抹。注入材料固化后，应敲去注入器，打磨平整或将封口胶补平。灌缝胶内不得混入水、灰尘或其他杂质。除非采用可在水下使用的灌缝胶，否则，灌缝前裂缝内不得有水。

注入器的连接端应牢固安装在注入座上，若注入器内的灌缝胶全部注入裂缝内，说明该处裂缝尚未注满，应进行补灌，直至注满为止。施工过程中应保证注入器始终处于压力状态。

2. 质量验收

灌缝胶的主剂、硬化剂及注入器等材料应符合现行国家材料标准的规定和设计要求，并附有材料检验合格证明和产品鉴定文件，经抽样合格后方可使用。

灌缝胶的主剂、硬化剂应做到配料准确、拌和均匀，不得混入水、灰尘或其他杂质。胶材经调配后放置时间若超过了使用时限，不得使用。在灌缝胶调配过程中，每 50 kg 抽样检测一次，不足 50 kg 按 50 kg 计。

3. 检查项目

裂缝修复检查项目如表 4-2 所示。

表 4-2　裂缝修复检查项目

项次	检查项目	规定值或允许偏差	检测方法和频率
1	灌缝材料质量	在合格标准内	检测方法按部颁试验规程检测；每批次取一组试件
2	浆体力学性能	破坏面积 15%	钻芯取样采用劈裂抗拉强度测定方法；每个台班检查 2 处

4. 外观鉴定

裂缝修复后应密实，不得出现裂缝和脱落现象。

（二）粘贴钢板加固混凝土

1. 一般规定

加固混凝土构件的结合面应打磨平整，用钢丝刷将表面刷毛或用喷砂技术处理表面，再用压缩空气清除浮尘。对混凝土表面出现剥落、疏松、蜂窝和腐蚀等现象的部位应予以凿除，面积较大时，在凿除后应用聚合物水泥砂浆修复平整。粘贴前用丙酮擦洗干净。

龄期在三个月内的混凝土构件，应在表面清理后用稀盐酸涂刷至表面起泡为止，20 min 后用清水洗净。对于湿度较大的混凝土构件或龄期在三个月内的混凝土构件，需进行人工干燥处理。

钢板粘贴面应先除锈、打毛，用丙酮擦净后随即安装，粘贴面钢板焊缝应打磨平整，锚固螺栓安装位置应准确。根据设计要求，先在混凝土构件的锚固螺栓安装位置钻孔，然后用压缩空气清孔，填入环氧树脂胶泥，安装锚固螺栓，环氧树脂胶泥达到强度后方可安装钢板。锚固螺栓的钻孔不得碰伤原混凝土构件的受力钢筋。

钢板周围用环氧砂浆或专用材料密封，以防止灌注时渗漏。采用干式粘钢时胶黏剂涂抹应均匀、刮平，避免粘贴时形成气泡，随即将钢板条贴在混凝土面上，进行加压使钢板密贴在混凝土表面。采用灌注式粘钢时胶黏剂应按由下往上的顺序进行灌注，灌注压力应不小于设计要求。

2. 质量验收

钢板、锚固螺栓和胶黏剂应符合设计要求和现行国家或行业材料标准的规定，并附有材料检验合格证明和产品鉴定文件，经抽样检验合格后方可使用。胶黏剂应做到配料准确、拌和均匀，不得混入水、灰尘或其他杂质。胶材经调配后放置时间若超过了使用时限，不得使用。

在胶黏剂的调配过程中，每 100 kg 抽样检测一次，不足 100 kg 按 100 kg 计，钢板有效粘贴面积应大于总粘贴面积的 95%。在混凝土裂缝两侧 10 cm 范围内，钢板不应有顺混凝土裂缝方向的焊缝。钢板安装时，应在锚固螺栓上先安装垫片，保证钢板与混凝土之间的间隙满足设计要求，钢板防腐应满足设计要求。

3. 检查项目

粘贴钢板加固检查项目如表 4-3 所示。

表 4-3　粘贴钢板加固检查项目

项次	检查项目	规定值或允许偏差	检查方法和频率
1	位置 /mm	中心线偏差 ≤ 10	尺量；100%
2	锚栓植入深度 /mm	5	尺量；100%
3	有效黏结面积 /%	不小于 95%	敲击检测法；超声波检测法；红外线检测法
4	胶黏剂强度（A 级）	劈裂抗拉 ≥ 8.5 MPa	试验
5	钢板厚度	≥设计值	尺量；100%
6	混凝土表面平整度	光滑	肉眼观察

4. 外观鉴定

钢板不得有锈蚀，防锈漆均匀。钢板与混凝土梁黏结紧密，不得有空隙。

（三）植筋

1. 一般规定

①钻孔宜用电锤成孔，如钻孔与构件中的原有钢筋相遇，可适当调整孔位避开。

②钻孔的直径为 $d+(4\sim8)$ mm，d 为钢筋直径。

③钻孔完毕后，检查孔深和孔径，如满足要求，用内压缩空气及毛刷等将孔内灰尘清理干净。

④植筋前应保持孔内干燥，混凝土含水量不得超过 5% 或设计要求，且应将孔口临时封闭。

⑤钢筋或螺杆表面的铁锈、油污应清除干净。

⑥施工现场温度低于 5℃时，应使用适用于低温条件下的特殊黏结剂或采取加温处理措施；如果气温长期低于 5℃，应暂时停止施工。

⑦植筋时，应保证孔内植筋胶填充饱满。

2. 质量验收

①胶黏剂应符合设计要求和现行国家或行业材料标准的规定，并附有材料检验合格证明和产品鉴定文件，经抽样检验合格后方可使用。

②胶黏剂性能指标应符合相关规范的规定。

③胶黏剂应做到配料准确、拌和均匀，不得混入水、灰尘或其他杂质。胶材经调配后放置时间若超过了使用时限，不得使用。

④胶黏剂调配过程中，每 100 kg 拌和物应取样检测一次，不足 100 kg 按 100 kg 计。

⑤植入钢筋的外露长度应保证能满足有关规范中关于钢筋搭接长度的要求。

⑥植筋的拉拔强度应满足设计要求。

⑦植筋胶固化前不得扰动钢筋。

⑧钻孔不得切断原结构的钢筋。

⑨植筋的平面位置偏差应满足设计要求，若因无法按照设计位置植筋且调整位置会导致偏差较大，则应进行验算或修改设计。

3. 检查项目

植筋质量验收检查项目如表 4-4 所示。

表 4-4　植筋质量验收检查项目

项次	检查项目	规定值或允许偏差	检查方法和频率
1	抗拔力	≥设计值	抗拔试验仪；每 100 根抽 3 根
2	胶黏剂强度（A 级）	劈裂抗拉≥ 8.5 MPa	试验
3	锚固深度	≥设计值	量测
4	植筋间距	设计值 ±5%	钢尺量测

4. 外观鉴定

不得有废孔。

（四）粘贴碳纤维加固混凝土

1. 一般规定

加固混凝土结构构件的结合面应满足以下要求：①当混凝土构件结合面有松散层时应先凿除，有污物时，应先用非金属砂喷砂吹除，或用硬毛刷粘高效洗涤剂刷除表面油垢，然后对结合面进行打磨，直至露出坚硬面，并用压缩空气吹除粉粒，待完全干燥后再用丙酮擦拭表面；结合面平整度不满足要求时用找平胶整补。②如果混凝土结合面较为干净，可直接打磨结合面，去掉表层，用压缩空气除去粉尘，完全干燥后用丙酮擦拭表面即可。③龄期在三个月内的混凝土构件，由于水泥水化时生成的 Ca（OH）$_2$ 碱性很强，须先用钢丝刷将表面松散浮渣刷去，再用硬毛刷蘸洗涤剂刷洗表面，然后用浓度 10% 左右的稀盐酸涂刷至表面起泡，待 20 min 后再用清水洗净。④对于湿度较大的混凝土构件或龄期在三个月内的混凝土构件，除满足上述要求外，还需进行人工干燥处理。⑤若补强构件结合面有尖锐棱角，须将棱角磨成圆弧面，圆弧半径不小于 20 mm；补强的构件存有凹角时，则需使用不低于补强混凝土强度的环氧树脂砂浆进行修整，使其平整。⑥混凝土表面的孔隙、蜂窝，要用不低于补强混凝土强度的环氧树脂砂浆进行修补，露筋部分要先进行防锈处理。⑦底胶应均匀涂抹于混凝土表面，厚度不宜超过 2 mm，不得有漏刷、气泡。如底胶硬化后有凸起部位，应打磨平整并清理干净。⑧粘贴碳纤维布时，应在碳纤维表面沿同一方向反复滚压，使黏结胶充分浸润碳纤维布并除去气泡，使黏结胶充分浸润碳纤维布。⑨当施工现场气温低于 5℃时，应使用适用于低温条件下的特殊黏结剂或采取加温处理措施；如果气温长期低于 5℃，应暂时停止施工。

2. 质量验收

用于碳纤维加固工程的底胶、整平胶、黏结胶和碳纤维布应符合现行国家材料标准的规定和设计要求，并附有材料检验合格证明和产品鉴定文件，经抽样合格后方可使用。

碳纤维布的力学性能指标应满足表 4-5 中的规定和设计要求。

表 4-5　碳纤维布力学性能指标

项目	抗拉强度标准值 /MPa	弹性模量 /MPa	极限延伸率 / %
规定指标	≥ 3 000 且符合设计要求	≥ 2.1 × 10^5	≥ 1.5

黏结胶性能指标应满足相关规定和设计要求。底胶、整平胶和黏结胶应做到配料准确、拌和均匀，不得混入水、灰尘或其他杂质。胶材经调配后放置时间若超过了使用时限，不得使用。施工过程中，调配好的底胶、整平胶和黏结胶，按碳纤维工程每 $100\ m^2$ 取样制作一组试件，不足 $100\ m^2$ 时按 $100\ m^2$ 计。

粘贴碳纤维前，混凝土表面不得有水渍或灰尘，且不得有较尖锐或较高的隆起。碳纤维应平整顺直，不应有物理划痕。碳纤维与混凝土之间应黏结紧密，如果有效粘贴面积低于总粘贴面积的 95%，则属黏结无效，应重新施工。施工后的 24 h 内，应防止雨淋和灰尘污染。

3. 检查项目

粘贴碳纤维加固实测项目如表 4-6 所示。

表 4-6　粘贴碳纤维加固实测项目

项次	检查项目		规定值或允许偏差	检查方法和频率
1	碳纤维布材粘贴误差 /mm		中心线偏差 ≤ 10	尺量；全部
2	碳纤维布材粘贴数量		≥ 设计数量	计算；全部
3	粘贴质量	空鼓面积之和与总粘贴面积之比 / %	小于 5	小锤敲击法；全部或抽样
		胶黏剂厚度 /mm　板材	2 ± 1.0	钢尺测量；每构件 3 处
		胶黏剂厚度 /mm　布材	< 2	

4. 外观鉴定

碳纤维与梁体黏结紧密、平整。

（五）体外预应力加固法

1. 一般规定

体外预应力施工应由获得有关部门批准的预应力专项施工资质的施工单位承担。施工前，专业施工单位应根据设计图纸，编制预应力施工方案。当设计图纸标准不具备施工条件时，预应力施工单位应予以完善，并经设计单位审核后实施。

预应力筋张拉机具设备及仪表，应定期维护和校验。张拉设备应配套标定，并配套使用。张拉设备的标定期限不应超过半年。当在使用过程中出现反常现象时或在千斤顶检修后，应重新标定。

千斤顶、油表、钢尺等器具应经检查校正。预应力筋展开后应平顺，不得有弯折，保护层完好，表面不应有裂纹、小刺、机械损伤、氧化铁皮和油污。锚具、夹具和连接器的进场检验须进行静载试验，材质、机加工尺寸需按出厂检验报告中所列指标进行核对。

主要金属部件的检查在张拉前进行，预应力筋用锚具、夹具和连接器使用前应进行外观检查，其表面应无污物、锈蚀、机械损伤和裂纹。锚固点、滑块、垫板的放样定位要准确。锚栓孔的孔位必须准确，孔眼顺直。

支撑预应力索的托架安装应牢固，位置准确，为避免由于振动引起托架与预应力索的摩擦，托架与预应力索之间应采用柔软材料隔开。当预应力筋逐根或逐束张拉时，应保证各阶段不出现对结构不利的应力状态；同时宜考虑后批张拉预应力筋所产生的结构构件的弹性压缩对先批张拉预应力筋的影响，确定张拉力。

2. 质量验收

预应力筋、锚具、夹具和连接器应符合国家有关标准的规定及设计要求，并应按要求抽取试件进行力学性能检验。除产品合格证外，还应提供反映预应力筋主要性能的出厂检验报告。预应力筋的涂包质量应符合有关标准的规定。

预应力筋检查数量：每 1 t 为一批，每一批抽取一组试件。预应力筋应采用砂轮锯或切断机切断，不得采用电弧切割，预应力筋的定位应牢固。锚具固定应牢固可靠，植筋应满足相关要求。

张拉过程中预应力钢束断裂或滑脱的数量严禁超过同一截面预应力筋总根数的0.5%，且每束钢丝不得超过一根，预应力钢筋不得出现断裂或滑脱。锚固阶段张拉端预应力筋的回缩量应符合设计要求。转向块和转向管的位置和尺寸必须满足设计要求。

3. 检查项目

体外预应力检查项目如表 4-7 所示。

表 4-7　体外预应力检查项目

项次	检查项目		规定值或允许偏差	检查方法和频率
1	钢索坐标 /mm		±30	全部
			±10	
2	张拉应力值		符合设计要求	查油压表读数；全部
3	张拉伸长率		符合设计要求，设计未规定时为 ±6%	尺量；全部
4	断丝滑丝数	钢束	每束一根，且每断面不超过钢丝总数的 1%	目测；全部
		钢筋	不允许	

4. 外观鉴定

锚具和预应力筋表面应清理干净，防腐层应涂刷完整、均匀。

（六）混凝土表层缺陷处理

1. 一般规定

用混凝土材料进行缺陷修补，应采用比原结构强度指标高一级的混凝土，混凝土粗集料的粒径不宜大于 15 mm。在施工条件受限时可采用自密实混凝土，在修补前应对混凝土表面的蜂窝、空洞进行处理、凿毛，对已经生锈的钢筋进行除锈，并使旧混凝土表面保持湿润、清洁。

对于桥梁构件表面出现的深度较浅、小面积缺陷的修补，可采用水泥砂浆人工涂抹法进行修补，修补材料主要采用普通水泥砂浆或专用修补材料。当桥梁构件表面出现大面积浅层缺陷及破损时，可采用喷浆修补法。

聚合物水泥砂浆适用于混凝土桥梁表面的风化、剥落、露筋及小面积的破损等缺陷的修补。聚合物水泥砂浆修补施工过程中，应避免振动。修补部位的聚合物砂浆终凝前，应采取保护措施，避免其表面受雨水、风及阳光直射的影响，并应及时养护。

涂抹改性环氧砂浆（混凝土）修补前，应先在已凿毛的混凝土表面涂一层改性环氧基液，使旧混凝土表面充分浸润。

立模浇筑改性环氧混凝土的工艺要求与浇筑普通混凝土基本相同，但应防止扰动已涂刷的改性环氧基液；浇筑时应充分插捣，反复压抹平整。改性环氧砂浆施工温度宜为（20±5）℃，高温或寒冷季节应采取有效措施控制施工温度。

处于严重腐蚀环境下的混凝土桥梁，其混凝土表面可进行防腐涂装。选择防腐材料型号时，应综合考虑桥梁所处环境的温度、湿度及养护条件等因素，采用能有效抵抗外部因素与侵害侵蚀的、经检验符合国家有关标准要求的材料。

混凝土桥梁涂装前应除去混凝土表面模板残渣、油污及杂物等，金属外露的锐边、尖角和毛刺应打磨圆顺。涂装前应使混凝土表面保持干燥、清洁。在混凝土表面处理检查合格后 4 h 内进行施工。混凝土表层缺陷处理前应对生锈钢筋进行除锈，缺陷处理后宜在修补范围及周边涂刷渗透型阻锈剂。

2. 质量验收

混凝土修补材料应符合设计要求和现行国家或行业材料标准的规定，并附有材料检验合格证明和产品鉴定文件，经抽样检验合格后方可使用。桥梁混凝土缺陷修补完成后表面应平整，无裂缝、脱层、起鼓、脱落等现象，新旧混凝土界面的黏结应紧密、可靠。对浇筑面积较大的混凝土或砂浆，应预留强度试块。

3. 检查项目

混凝土表层缺陷处理检查项目如表 4-8 所示。

表 4-8　混凝土表层缺陷处理检查项目

项次	检查项目	规定值或允许偏差	检查方法和频率
1	混凝土或砂浆强度	在合格标准内	试压；每个台班取 2 组试件
2	梁体平整度 /mm	5	钢尺丈量；每台班量 2 处
3	阴阳角 / (°)	5	尺量；每台班量 2 处
4	总干膜平均厚度	≥设计厚度	涂装完成 7 d 后进行测定；每 50 m^2 随机检测 1 个点，测点总数不少于 30 个

4. 外观鉴定

桥梁混凝土缺陷修补完成后表面应平整，无裂缝、脱层、起鼓、脱落、漏喷、流挂、针孔、气泡等现象。修补处表面与原结构表面色泽应基本一致。

二、支座和伸缩装置更换

（一）一般规定

更换支座施工应符合现行《公路桥涵施工技术规范》(JTG/T 3650—2020)的相关规定。新支座的构造应符合设计要求及相关行业规定。整体更换支座施工方案，应通过计算确定更换支座的批次，顶、落梁的位移量及工序。

顶升梁体的临时支架应满足强度、刚度及稳定性要求，梁的顶升和落梁应按设计要求进行，宜临时封闭交通，支座更换时应依据环境温度进行支座偏移量的验算，并宜选择在有利的温度和条件下施工。测量原支座和新支座的高度差，调整施工确保梁体、桥面高程符合加固设计要求。

简易支座及橡胶支座的更换如下所述。

1. 简易支座更换

更换支座时，应将梁板顶升脱离墩、台帽并临时支撑。清除破损支座垫片，换成新橡胶支座。当简易支座处出现主梁端部和墩台混凝土裂缝时，应按相关规定处理，宜在支座部位的梁端和墩台顶面布设钢筋网加强。

2. 板式橡胶支座的更换

①检查、处理原支座垫石的缺陷，使结构完好，顶面高程及平整度符合设计要求。
②按设计要求放置橡胶支座，支座中心线应与支承垫石中心线重合。
③弯、坡、斜桥的支座垫石高程应按桥梁纵横坡要求逐个进行核算。

3. 盆式橡胶支座的更换

①支座组装时其底面与顶面的钢垫板应埋置密实。垫板与支座间平整密贴，支座四周不得有 0.3 mm 以上的缝隙。活动支座的四氟板和不锈钢板不得有刮痕、撞伤。氟丁橡胶板块密封在钢盆内，应排除空气，保持紧密。
②活动支座更换安装前，清洗滑移面，在储油槽内注满清洁的硅脂类润滑剂。
③盆式橡胶支座的顶板和底板可用焊接或锚固螺栓安装在梁体底面和墩台顶面的预埋钢板上；采用焊接时，应防止烧坏混凝土；安装锚固螺栓时，其外露杆的高度不应大于螺母的厚度。
④盆式橡胶支座更换工序及要求如下。
顶升梁体，拆除旧支座并清理支座垫石、梁底钢板。
核对支座位置并放样。
若更换或加大原支承垫石，其施工技术要求应符合设计规定。
安装盆式橡胶支座。下支座板四角用钢楔块调整，使支座水平。
在支座底面环氧砂浆或无收缩砂浆硬化后，拆除支座四角临时钢楔块，并用砂浆填塞。
拆除上下支座连接板后，检查支座外观并且及时安装支座防尘围板。
钢筋混凝土摆柱式支座宜用橡胶支座等来替换，由于两种支座的高度不一，与梁、墩（台）的连接方式不同，更换时应重做支承垫石及梁底垫板，其施工技术要求应符合现行

《公路桥涵施工技术规范》（JTG/T 3650—2020）的相关规定。

4. 顶升梁体

（1）顶升准备

①顶升前应对桥梁基础、墩台、主梁、桥面系和附属工程的技术状况逐一进行检查。

②对基础、墩台及上部承重结构的缺陷应先行处置。

③按设计要求解除相关的纵向连接。

④按照不同支座的类型，制订不同的更换顶升方案。

（2）顶升梁体

①搭设临时支架、反力架、工作平台。

②检查、校正顶升设备并就位。

③试顶加载。顶升装置验收合格后进行试顶加载，顶至主梁脱空 2 ~ 5 mm 时停止，停放 5 ~ 10 min 进行观察，无任何异常后方可开始整体顶升。

④同步顶升。千斤顶必须按设计的行程同步顶升，应控制起梁速度在 1 mm/min 左右，同时观测梁体起顶高度和千斤顶的起顶力，施行双控。

⑤支承梁体。顶升到设计高度后应垫实主梁，保证平稳可靠，回落千斤顶使梁板支承于支架上。

（3）更换支座

在顶升梁体的同时，修整或更换支承垫石、梁底钢板和支座。

（4）落梁

支座更换完成后，千斤顶顶起主梁，逐步撤除钢垫板，同步缓慢回落梁板至更换好的支座，详细检查垫石及支座，确认压紧密贴、位置正确后，撤除顶升系统。

（二）质量验收

①支座的材料、质量和规格必须满足设计和有关规范的要求，经验收合格后方可安装。

②支座底板调平砂浆性能应符合设计要求，灌注密实，不得留有空洞。

③支座上下各部件纵轴线必须对正。当安装过程中温度与设计要求不同时，应通过计算设置支座顺桥向预偏量。

④支座不得发生偏斜、不均匀受力和脱空现象。滑动面上的四氟滑板和不锈钢板不得有划痕、碰伤等，位置正确，安装前必须涂上硅脂油。

（三）检查项目

支座更换检查项目如表4-9所示。

表 4-9　支座更换检查项目

项次	检查项目	规定值或允许偏差	检查方法和频率
1	支承面混凝土强度 /MPa	在合格标准内	按《公路工程质量检验评定标准》（JTG F80/1—2017）检查
2	支座中心横桥向偏位 /mm	±2	经纬仪、钢尺；每支座
3	支座顺桥向偏位 /mm	±10	经纬仪或拉线检查；每支座
4	支座高程 /mm	符合设计规定；设计未规定时为 ±5	水准仪；每支座
5	支座四角高差 /mm	承压力 < 500 kN 时为 ±1	水准仪；每支座
		承压力 > 500 kN 时为 ±2	

三、桥梁基础及下部结构加固

（一）盖梁及墩柱加固

1. 盖梁加固应满足的要求

①接长盖梁时应凿除连接部位的混凝土保护层，露出钢筋，新接长的钢筋应与原主筋焊接。

②新旧混凝土连接表面应粗糙，宜做剪力槽，加宽盖梁应植筋。

2. 外包钢加固墩柱应符合的规定

①采用注浆法外包钢加固时，构件表面应打磨粗糙、无油污。注浆压力不应低于 0.1 MPa。灌浆后严禁再对型钢进行锤击、焊接。

②采用干式外包型钢加固时，型钢与构件之间应用水泥砂浆填实。施焊钢板（缀条）时，应用夹具夹紧型钢。用螺栓套箍时，拧紧螺帽后可将螺母与垫板点焊。

③钢板应进行防锈涂装。

（二）墩、台身套箍加固

混凝土套箍施工应符合以下规定：①墩台身裂缝应压浆封闭处理，其缺陷部分应先凿除并清理干净。②应将墩台身表面凿毛，凹凸差不宜小于 6 mm，清除松散颗粒，浇筑混凝土前，用水洗净凿毛的连接表面，并使其充分湿润。

（三）桥台加固

①浆砌片石桥台采用注浆加固的施工技术。

②侧墙及台身前缘采用现浇钢筋混凝土补强，在原石砌台身内植入连接钢筋。

③基础因不均匀沉降产生裂缝，应先加固地基基础再封闭裂缝，必要时根据设计要求加固上、下部结构。

④台后填土不密实时，可采用换填、注浆等方法进行处理。换填施工应重做台后防排水系统。其施工技术要求应符合现行《公路桥涵施工技术规范》（JTG/3650—2020）的相关规定。

⑤桥台加固时应观测台身的稳定性，必要时增加临时支撑防止滑移或倾覆。

（四）增大基础加固

基坑应严格按设计要求开挖，不得超深、超宽，避免基坑坍塌。

应采取措施保护原基础，使其不受基坑开挖、抽排水的影响。

基坑开挖至设计高程后，应检测基底承载力，如达不到设计要求时，应对地基进行加固处理。

增大基础时，应将原基础存在的缺陷清理至密实部位，将结合面凿毛，按设计要求植筋，并与新增的钢筋骨架连成整体，确保新旧混凝土结合牢固。

（五）承台加固

①水中承台的加固方案应综合考虑河宽、桥下净空、原桥永久性结构物、航道等因素，确保技术的可行性及施工的安全性；宜采用围堰施工。

②地面承台加固开挖时应严格控制开挖范围，确保周围土体的稳定。

③结构水下部分加固施工应符合下列规定：①加固材料宜采用水下环氧砂浆、水下不离析混凝土以及其他水下混凝土。②加固前应对原结构结合面进行清理。③加固宜采用立模灌浆法。

④承台增大截面施工应符合下列规定：①应先处理原承台存在的缺陷。②混凝土表面凿毛处理后应冲洗干净，浇筑混凝土前应保持湿润、清洁。③对原有钢筋应进行除锈处理，并应逐根分区分层进行焊接。

（六）桩基加固

（1）增补桩基（灌注桩、静压桩）施工应考虑新增桩基施工过程中对原桩基的影响。

（2）增补灌注桩施工应符合下列规定：①灌注桩成孔方法的选择应综合考虑原桩基深度、地基类型、原桥结构高度等因素，减少施工对原结构的破坏。②在清孔排渣时，必须保持孔内水头高度，防止坍孔。③施工过程中应对原桥的沉降、位移进行观测。④灌注桩施工应按现行《公路桥涵施工技术规范》（JTG/3650—2020）相关规定执行。

（3）增补静压桩施工应符合下列规定：①压桩架应保持竖直，锚固螺栓的紧固应均衡，并应一直保持紧固状态。②就位的桩节应保持竖直，使千斤顶、桩节及压桩孔轴线重合，不得偏心加压。③整根桩应一次连续压到设计高程，当中途必须停止时，桩端应停留在软弱土层中，且停压的时间间隔不宜超过 24 h。④同一基础压桩施工应对称进行，不应数台压桩机在一个独立基础上同时加压。⑤压桩应以压力控制为主，桩长控制为辅。压桩达到设计荷载后应持压稳定 30 min。

（七）基础冲刷加固

1. 抛石防护

抛石防护一般用于深水墩台，施工前时应测量水流流速、流向，以确定抛石的位置。石笼用铅丝、型钢或钢筋相互连接。抛石结束后，应按设计要求进行埋坡。

2. 板桩防护

板桩顶面高程不应高于河床。

3. 块石防护

采用双层或单层块（片）石做平面防护时，若河床面有淤泥杂物，则应清除淤泥回填砂砾，夯实后再砌石。

4. 护坦加固

排干冲坑积水，清理坑内杂物，用圬工砌体或混凝土充填，其表面铺钢筋网、浇筑混凝土护坦，其施工技术要求应符合现行《公路桥涵施工技术规范》（JTG/3650—2020）相关规定。

第五章　隧道与公路交通安全设施养护技术

第一节　隧道养护技术

一、隧道养护内容及要求

（一）隧道养护内容

隧道养护工作必须贯彻"预防为主，防治结合"的工作方针，采取预防性、经常性的养护和维修措施，使公路隧道始终处于良好的技术状况。

1. 土建结构的养护

土建结构的检查（养护）分为四类，即日常检查、定期检查、特殊检查及专项检查。

（1）日常检查

日常检查主要是及早发现早期破损、显著病害，或其他异常情况，并采取处治措施。检查部位为洞口、洞门、衬砌、路面、检修道、排水设施、吊顶、内装、交通标志。

检查内容及养护要点如下：①洞口上方边（仰）坡是否存在落石、积冰、积水，与工体是否有损坏。②洞门与工体是否存在起层、灰缝脱落、渗漏水，是否已妨碍交通。③水泥混凝土路面：是否有滞水结冰现象，伸缩缝内灌缝胶是否有效果，有无断板、错台等病害。④排水设施有无堵塞、积水漫流现象。⑤吊顶及内装是否清洁，伸缩缝处有无内装起层、脱落现象。⑥交通标志的凸起标志是否有损坏，表面有无脏污影响其使用功能，能否有效传递交通信息。

（2）定期检查

定期检查要求对土建结构的基本技术状况进行全面检查。检查内容及养护要点如下。①洞口：仰坡上方山体是否有滑坡，岩石是否有岩崩征兆；挡土墙、截水沟等与工体是否有裂缝、鼓肚、表面风化、下沉等现象。②洞门：墙身有无开裂、块石松动现象；衬砌是否有起层、剥落现象；结构是否有沉陷、断裂现象。③衬砌：是否有起层、剥落现象；洞顶是否有渗漏水；墙身施工缝是否有异常。对于起层、剥落，应及时清除可能影响交通安全的剥落层，并在现场用红油漆做好标记，注明检查日期，以便下次检查时进行对比，并采取行之有效的措施，消除行车安全隐患。④洞内路面：路面伸缩缝内灌缝胶功效是否正常，路面是否有拱起、错台、断板现象。⑤排水设施：排水沟内是否有沉沙、淤堵现象，地漏等各部件完好情况。⑥吊顶及内装：吊顶有无漏水，内装表面脏污程度。⑦交通标志、标线：检修道内衬墙上的凸起路标，有无锈蚀、老化失效、缺损的标志；隧道内的标线是否有脏污、破损或脱落现象，要及时更换或补充、维修或重新施画。

（3）特殊检查

特殊检查是在隧道受到自然灾害、墙体受到外力碰撞事故、火灾等异常事件后，对受影响的结构立即进行检查，及时掌握结构受损情况。检查内容参照定期检查内容。检查结束后，针对受损部位及结构要有专门的检测报告，制订合理的改进措施。

（4）专项检查

专项检查是根据定期检查和特殊检查的结果，在进一步查明破损或病害的详细情况后进行的更深入的专门检测。

检查内容如下：①由于外载荷作用造成结构性破坏，如衬砌变形、沉降、起层、剥落、突发性坍塌等。②材料劣化导致结构破损，如衬砌断面强度降低，衬砌起层、剥落，钢筋腐蚀等。③由于渗漏水导致结构破损，如从衬砌裂缝处渗水，渗漏水导致结冰，沙土伴随流出。

2. 机电设施的养护

机电设施的养护重点为供配电设施、照明设施、消防设施、监控设施等的养护。

（1）供配电设施的养护

由持有电工证的专业人员，配备专门的电工检修工具，针对变压器、高低压配电柜、变电室内相关设备的外观，观察有无异常、异响、发热、火花、气味等现象，及时消除设备故障。

（2）照明设施的养护

隧道管理人员要每天通过步行或养护巡查车对照明设施外观进行一般性检查。

（3）消防设施的养护

针对消防器材柜的使用功能，即检查锁具有无异常、柜体是否锈蚀，柜内灭火器有无失盗现象。检查灭火器有无锈蚀、软管是否损伤，是否过期。检查洞口防火砂是否码放整齐，有无妨碍行车现象。

（4）监控设施的养护

监控设施是指烟雾浓度探测仪、CO检测仪、交通量检测仪、车高仪、电视监控设施、波音设施、可变信息板、限速标识设施、信息处理设施以及控制软件等。定期对监控设施的使用功能进行一般的外观巡检，发现异常应立即处理。

（二）隧道养护要求

根据《公路隧道养护技术规范》（JTG H12—2015）规定，公路隧道养护工作应满足以下技术要求：①公路隧道养护的范围应包括土建结构、机电设施以及其他工程设施。②公路隧道养护工作应划分隧道养护等级，并按照等级实施养护。③应对公路隧道进行定期检查，根据检查结果对隧道技术状况进行评定，并根据隧道交通运营状况、结构和设施技术状况以及病害程度、围岩地质条件等，制订相应的养护计划和方案。④隧道内养护作业不中断交通时应采取措施，保障安全并减少对交通的干扰。⑤公路隧道接养时，应建立隧道养护技术档案，并宜纳入公路信息化养护管理系统。⑥公路隧道养护应贯彻"预防为主，防治结合"的方针，加强预防性养护，保持公路隧道正常的使用状态。⑦应积极而慎重地采用新技术、新材料、新设备与新工艺，使养护维修达到安全实用、质量可靠、经济合理、技术先进的要求。

二、隧道的技术状况评定及养护对策

（一）隧道技术状况评定

公路隧道技术状况评定包括隧道土建结构、机电设施、其他工程设施和总体技术状况评定。公路隧道技术状况评定采用分层综合评定与隧道单项控制指标相结合的方法，先对隧道各检测项目进行评定，然后对隧道土建结构、机电设施和其他工程设施分别进行评定，最后进行隧道总体技术状况评定。评定指标如图 5-1 所示。

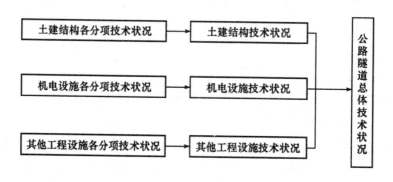

图 5-1　公路隧道技术状况评定指标

公路隧道检查及技术状况评定工作流程如图 5-2 所示。

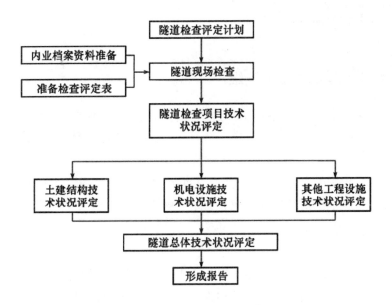

图 5-2　公路隧道检查及技术状况评定工作流程

（二）隧道的养护对策

公路隧道总体技术状况评定应分为 1 类、2 类、3 类、4 类和 5 类，评定类别描述及养护对策见表 5-1。

表 5-1　公路隧道总体技术状况评定类别

技术状况评定类别	评定类别描述		养护对策
	土建结构	机电设施	
1 类	完好状态：无异常情况，或异常情况轻微，对交通安全无影响	机电设施完好率较高，运行正常	正常养护
2 类	轻微破损：存在轻微破损，现阶段趋于稳定，对交通安全不会有影响	机电设施完好率较高，运行基本正常，部分易耗部件或损耗部件需要更换	应对结构破损部位进行监测或检查，必要时实施保养维修；机电设施进行正常养护，应对关键设备及时修复
3 类	中等破损：存在破坏，发展缓慢，可能会影响行人、行车安全	机电设施尚能运行，部分设备、部件和软件需要更换或改造	应对结构破损部位重点监测，并对局部实施保养维修；机电设施需进行专项工程
4 类	严重破损：存在较严重破坏，发展较快，已影响行人、行车安全	机电设施完好率较低，相关设施需要全面改造	应尽快实施结构病害处治措施，对机电设施应进行专项工程，并应及时实施交通管制
5 类	危险状态：存在严重破坏，发展迅速，已危及行人、行车安全	—	应及时关闭隧道，实施病害处治，特殊情况需进行局部重建或改建

三、隧道土建结构的养护

（一）隧道土建结构的清洁维护

土建结构主要是指隧道的各类土木建筑工程结构物，如洞门、衬砌、路面、防排水设施、斜（竖）井、检修道、风道等结构物，以及与隧道安全关系紧密的围岩、洞口边（仰）坡等。

土建结构清洁维护的工作内容主要包括扫除隧道内垃圾、清除结构物脏污、清理（疏通）排水设施，以经常保持结构物外观的干净、整洁。

1. 隧道内路面清洁

①应保持干净、整洁，无垃圾和杂物，两侧边沟不应有残留垃圾等物品。

②高速公路和一级公路应以机械清扫为主，其他等级公路可以机械和人工相结合进行清扫。清扫时，应防止产生扬尘。

③在日常巡查过程中，发现隧道路面上有较大散落物应予以清捡。

④当发现路面被油类物质或其他化学品污染时，应采取必要的措施清除。

2. 隧道的顶板、内装饰和侧墙清洁维护

①应保持干净、整洁，无污垢、污染、油污和痕迹，交通事故造成的墙面痕迹应予以清除。

②顶板、内装饰和侧墙的清洁宜以机械作业为主，以人工作业为辅。

③采用湿法清洁时，应注意保护隧道内机电设施的安全，防止水渗入设施内，腐蚀设备，防止路面积水和结冰。清洗用的清洁剂，可根据实际效果选择确定，应尽可能选用中性清洁剂，清洁剂应冲洗干净。

④采用干法清洁时，应避免损伤顶板、内装饰和侧墙，以及隧道内机电设施。清扫时应采取必要的降尘措施。对于清扫不能去除的污垢，可用清洁剂进行局部特别处理。

⑤洞门墙的清洁按照侧墙要求执行。

3. 隧道的排水设施清洁维护

①在汛前、汛中和汛后以及极端降雨天气后，应对排水设施进行检查和清理疏通工作。在冰冻季节，应增加对排水沟的清理频率。

②对纵坡较小的隧道或隧道的洞口区段，应增加清理和疏通工作的频率；对于窨井和沉沙池，应将其底部沉积物清除干净。

4. 隧道的标志、标线、诱导灯和轮廓标的清洁维护

①应保持清晰、醒目。当标志牌面、路面标线或诱导灯表面有污秽，影响其辨认性能

时，应及时清洗。清洗标志、标线和诱导灯时，应避免损伤其表面覆膜或涂层。

②隧道轮廓标应保持完整、清洁、醒目，应及时清洗脏污的轮廓标等。

（二）隧道土建结构的检查

土建结构的检查工作分为经常检查、定期检查、应急检查和专项检查四类：①经常检查是对土建结构的外观技术状况进行的定性检查。②定期检查是按规定频率对土建结构的技术状况进行的全面检查。③应急检查是在隧道遭遇自然灾害、发生交通事故或出现其他异常事件后，为了查明缺损状况、采取应急措施，而对遭受影响的结构进行的详细检查。④专项检查是根据经常检查、定期检查和应急检查的结果，或者通过其他途径，对于需要进一步查明缺损或病害详细情况的隧道进行的更深入的专门检测、分析等工作。

1.经常检查

按照公路隧道养护等级进行管理时，土建结构的经常检查频率应不低于表5-2规定的频率，且在雨季、冰冻季节或极端天气情况下，或发现严重异常情况时，应提高检查频率。

表5-2　公路隧道结构经常检查频率表

检查分类	养护等级		
	一级	二级	三级
经常检查	1次/月	1次/2月	1次/季度

经常检查宜采用人工与信息化手段相结合的方式，配以简单的检查工具进行，以定性判断为主，检查内容和判定标准宜按表5-3执行。经常检查破损状况判定分三种情况：情况正常、一般异常、严重异常。

表5-3　经常检查内容和判定标准

项目名称	检查内容	判定描述	
		一般异常	严重异常
洞口	边（仰）坡有无危石、积水、积雪；洞口有无挂冰；边沟有无淤塞；构造物有无开裂、倾斜、沉陷等	存在落石、积水、积雪隐患；洞口局部挂冰；构造物局部开裂、倾斜、沉陷，有妨碍交通的可能	坡顶落石、积水漫流或积雪崩塌；洞口挂冰掉落路面；构造物因开裂、倾斜或沉陷而致剥落或失稳；边沟淤塞，已妨碍交通
洞门	构造开裂、倾斜、沉陷、错台、起层、剥落；渗漏水（挂冰）	侧墙出现起层、剥落；存在渗漏水或结冰，尚未妨碍交通	拱部及其附近部位出现剥落；存在喷水或挂冰等，已妨碍交通

续表

项目名称	检查内容	判定描述	
		一般异常	严重异常
衬砌	结构开裂、错台、起层、剥落	衬砌起层，且侧壁出现剥落状况，尚未妨碍交通，将来可能构成危险	衬砌起层，且拱部出现剥落状况，已妨碍交通
	渗漏水	存在渗漏水，尚未妨碍交通	大面积渗漏水，已妨碍交通
	挂冰、冰柱	存在结冰现象，尚未妨碍交通	拱部挂冰，形成冰柱，已妨碍交通
路面	落物、油污；滞水或结冰；路面拱起、坑槽、开裂、错台等	存在落物、滞水、结冰、裂缝等，尚未妨碍交通	拱部落物，存在大面积路面滞水、结冰或裂缝，已妨碍交通
检修道	结构破损；盖板缺损；栏杆变形、损坏	栏杆变形、损坏；盖板缺损；结构破坏，尚未妨碍交通	栏杆局部毁坏或侵入建筑限界；道路结构破损，已妨碍交通
排水设施	缺损、堵塞、积水、结冰	存在缺损、积水或结冰，尚未妨碍交通	沟管堵塞，积水漫流，结冰，设施缺损严重，已妨碍交通
吊顶及各种预埋件	变形、缺损、漏水	存在缺损、漏水，尚未妨碍交通	缺损严重，或从吊顶板漏水严重，已妨碍交通
内装饰	脏污、变形、缺损	存在缺损，尚未妨碍交通	缺损严重，已妨碍交通
标志、标线、轮廓标	是否完好	存在脏污，部分缺失，可能会影响交通安全	基本缺失或严重缺失，影响行车安全

在经常检查中发现隧道存在一般异常情况时，应进行监视、观测或做应急检查；在经常检查中发现隧道存在严重异常情况的，应直接采取措施进行处治，若对其产生原因及详细情况不明，还应做专项检查。

2. 定期检查

定期检查的周期宜根据隧道技术状况确定，宜每年1次，最长不得超过3年1次。在经常检查中发现重要结构分项技术状况评定状况值为3或4时，应立即开展一次定期检查。定期检查宜安排在春季或秋季进行。新建隧道应在交付使用1年后进行首次定期检查。

定期检查需要配备必要的检查工具或设备，进行目测或量测检查。检查时，应尽量靠近结构，依次检查各个结构部位，注意发现异常情况和原有异常情况的发展变化；对有异常情况的结构，应在其适当位置做出标记；另外，检查结果宜量化。当定期检查中出现状况值为3或4的项目，且其产生原因及详细情况不明时，应做专项检查。

3. 应急检查

应急检查的内容和方法原则上与定期检查相同，但主要针对发生异常情况或者受异常事件影响的结构或结构部位做重点检查，以掌握其受损情况。通过应急检查，应及时掌握结构受损情况，为采取对策措施提供依据。

4. 专项检查

专项检查的项目、内容及其要求，应根据经常检查、定期检查或应急检查的结果有针对性地确定。检查人员应对有关的技术资料、档案进行调查，并对隧道周围的地质及地表环境等展开实地调查，以充分掌握相关的技术信息，寻找土建结构发展变化的原因，探索其规律，确保专项检查结果的准确性。对严重不良地质地段、重大结构病害或隐患处，宜开展运营期长期监测，对其结构变形、受力和地下水状态进行长期观测。

检查完成后，应编制专项检查报告，报告的内容应包括：

①检查的主要经过，包括检查的组织实施、时间和主要工作过程等。

②检查结构的技术状况，包括检查方法、试验与检测项目及内容、检测数据与结果分析以及对缺损状态的评价等。

③对缺损或病害的成因、范围、程度等情况的分析，以及其维修处治对策、技术以及所需工程量和费用等建议。

通过专项检查，应完整掌握缺损或病害的详细资料，为其是否实施处治以及采取何种处治措施等提供技术依据。

（三）隧道土建结构的保养

土建结构的保养维修工作主要包括经常性或预防性的保养以及轻微缺损部分的维修等内容，以恢复和保持结构的良好使用状况。应对土建结构经常检查和定期检查发现的一般性异常和技术状况值为 2 以下的状况，进行保养维修。

及时清除洞口边（仰）坡上的危石、浮土，冬季还应清除积雪和挂冰，保持洞口边沟和边（仰）坡上截（排）水沟的完好、畅通；修复洞口挡土墙、洞门墙、护坡、排水设施和减光设施等结构物的轻微损坏、开裂、变形；维护洞口花草树木的完好。

当明洞上边坡出现危石或有崩塌可能时，应及时清除或加固，也可进行保护性开挖或采取打抗滑桩等抗滑措施。明洞顶的填土厚度和地表线，应保持原设计状态，当遇边坡塌方形成局部堆积，或原填土遇暴雨、洪水大量流失时，应及时采取措施调整到原有状态，以免产生严重偏压导致明洞结构变形、损坏。明洞的防水层失效或损坏时，应及时修复。

对飘落到半山洞内的雨雪、泥草杂物以及洞顶坠落的石块，应及时清除，并保持边沟畅通。应及时修复、添补缺损的护栏、护墙。适时检查半山洞周围山体、洞顶围岩及外侧挡墙、边坡的稳定性。半山洞围岩破碎和危石等病害，应本着"少清除、多稳固"的原则进行处治。

洞身分为无衬砌隧道洞身和有衬砌隧道洞身。无衬砌隧道出现的碎裂、松动岩石和危石，应本着"少清除、多稳固"的原则加以处理；围岩的渗漏水，应开设泄水孔接引水管，将水导入边沟排出；冬季应及时清除洞顶挂冰。有衬砌隧道出现的衬砌起层、剥离或错台，应及时加以清除或加固；对衬砌裂缝应及时加以修补，并设立观测标记进行跟踪观测；对衬砌的渗漏水，可采取封堵或引排的方法进行处治；冬季应及时清除洞顶挂冰等。

隧道路面要求无坑洞、无鼓包、无开裂。及时清除隧道内外路面及边沟、中心排水沟上的塌（散）落物和堆积物。及时修复、更换损坏的窖井盖或其他设施盖板。当路面出现渗漏水时，应及时处理，将水引入边沟排出，防止路面积水或结冰。横通道内严禁存放任何非救援用物品；应及时清除散落杂物，修复轻微破损结构；定期保养横通道门，及时修复横通道内照明设备，确保横通道清洁、畅通。

及时清除斜（竖）井内可能损伤通风设施或影响通风效果的异物；保持井内排水设施的完好，保持水沟（管）的畅通；对井内的检查通道或设施进行保养，防止其锈蚀或损坏。清理送（排）风口的网罩，清除堵塞网眼的杂物；定期保养风道板吊杆，防止其锈蚀或损坏；及时修复风口或风道的破损，更换损坏的风道板。

保持隧道内外排水设施的完好，发现破损或缺失应及时修复；排水管堵塞时，可用高压水或压缩空气疏通。及时清理排水边沟、中心排水沟、沉沙池等排水设施中的堆积物，不定期检查排水沟盖板和沟墙，及时修复破损、翘曲的盖板。寒冷地区应及时清除排水沟内结冰堵塞。排水的金属管道应定期做好防腐处理。

吊顶和内装饰应保持完好和整洁、美观，如有破损、缺失应及时修补恢复，不能修复的应及时更新。保持人行道或检修道的平整、完好和畅通，人行道或检修道不得有积水，道板如有破损、翘曲或缺失时，应及时进行修复和补充；定期保养人行道或检修道护栏，防止其锈蚀、损坏。栏杆和护栏应保持完好、清洁、坚固，立柱正直、无摇动现象，横杆连接牢固，如有缺损应及时恢复。

寒冷地区隧道还应进行如下保养维护：①寒冷地区隧道的防冻保温设施应做好保养维护，如有损坏及时维修，确保其正常使用功能。②洞口设有防雪设施的隧道，应做好防雪设施的保养维护，并在大雪降临前完成设施的维修加固；冬季应及时清除洞口处积雪。

隧道的交通标志应保持外观完整，信息清晰、准确，保持位置、高度和角度适当，确保交通信息传递无误：①及时清洗标志牌面的脏污，清除遮挡标志的障碍。②及时修补变形、破损的标牌，修复弯曲、倾斜的支柱，紧固松动的连接构件。③对损坏的限高及限速设施应及时维修。

隧道的交通标线应保持完整、清洁和醒目。及时清洗脏污的标线，对破损严重和脱落的标线应及时补画。清除凸起路标的脏污和杂物，及时紧固松动的路标，发现损坏或丢失的，应及时修复或补换。隧道的诱导灯、轮廓标应保持完整、清洁和醒目。

（四）隧道常见病害的原因及处治

隧道病害发生较多的地段，从地质情况看，一般发生在断层破碎带、风化变质岩地带、裂隙发育的岩体、岩溶地层、软弱围岩地层等；从地形情况看，多发生在斜坡与滑坡构造地带、岩堆崩坍地带。隧道内各种病害一般不是单独存在的，而是互相影响、互相作用的。其中，最常见的病害形式是水害。隧道水害不仅会增加隧道内湿度，造成电路短路等事故，危及运输安全，还会引发其他病害。隧道由于渗漏水、积水，将会造成衬砌开裂或使原有裂缝发展变大，加重衬砌裂损；当地下水有侵蚀性时，会使衬砌混凝土产生侵蚀，并随着渗漏水的不断发展，使混凝土侵蚀日益严重。在寒冷地区，水是影响隧道围岩冻胀的重要因素，衬砌水害严重，必然导致冻害严重。衬砌裂损病害主要表现为衬砌的变形、开裂和错台。而衬砌一旦开裂，将会给地下水打开一条外渗的通道，引发隧道严重水害，进而就会产生衬砌混凝土的侵蚀。

1.隧道水害

隧道水害是指在隧道的修建或运营过程中遇到水的干扰和危害。水害是隧道中常见的一种病害。水害不仅本身对隧道结构产生危害，降低衬砌结构的可靠性，导致衬砌失稳破坏，还会引发其他病害，对隧道整体结构的稳定影响很大。

（1）水害的种类

①隧道漏水和涌水：

隧道漏水和涌水主要是指运营隧道中围岩的地下水和地表水直接和间接地以渗漏方式或涌出的形式进入隧道内。隧道漏水和涌水造成的危害受漏水、涌水规模以及隧道结构、地质条件等的影响。

其产生的危害主要有：一是使电绝缘失效，发生短路、跳闸等事故，危及行车安全。二是使洞内空气潮湿，影响养护人员身体健康，使洞内设备(通信、照明、钢轨等)锈蚀。三是使混凝土衬砌风化、腐蚀、剥落，造成衬砌结构破坏。四是涌水病害造成衬砌破坏，道床翻浆冒泥，中断行车。

②衬砌周围积水：

主要是指运营隧道中地表水或地下水向隧道周围渗流汇集，如果不能迅速排走会引起危害。

其产生的危害主要有：一是水压较大时会导致衬砌破裂。二是使原先完好的围岩及围岩的结构面软弱，夹层因浸水而软化或泥化，失去承载力，使衬砌压力增大而导致衬砌破裂。三是使膨胀性围岩体积膨胀，导致衬砌破裂。四是在寒冷地区发生冰胀和围岩冻胀，加速导致衬砌破坏。

③潜流冲刷：

主要是指由于地下水渗流和流动而产生的冲刷和溶蚀作用。

其危害有：一是使衬砌基础下沉，边墙开裂或者仰拱、整体道床下沉开裂。二是使围岩滑移错动，导致衬砌变形开裂。三是使超挖回填不密实或未全部回填引起围岩坍塌，从而导致衬砌破坏。

（2）水害产生的原因

水害产生的原因很多，归纳起来可分为以下几种：

①勘测与设计：

设计人员在设计时往往只重视建筑和结构上的要求，而忽视了防排水的设计要求。在防水设计前，对其工程地质及水文地质情况了解得不够仔细，对衬砌周围地下水源、水量、流向及水质勘察不全，有时还缺乏反映防水材料性能的室内试验数据，对结构抗渗、抗腐蚀未做具体要求。

②施工：

施工中的许多隧道和地下工程由于其光面爆破效果不佳，喷射混凝土面难以吻合，加上防水板接缝采用电烙铁，焊缝不均匀、不牢固，使防水板很容易产生空鼓、开裂。又因局部超挖过量，回填不实，使塑料防水板的防水效能无法发挥。有的施工单位一味追求施工速度，忽视二次衬砌质量，造成混凝土内部空隙、衬砌表面粗糙不光滑。另外，对施工中排水设施不按规范要求操作等，也会使地下水丰富地区的隧道产生严重的渗漏水。

③材料：

目前国内许多生产防水材料的厂家设备陈旧，原材料选择不当，工艺落后，产品质量较差，达不到国家质量标准，如果选用这样的防水材料也是导致隧道渗漏水的原因之一。

④监理：

隧道及地下工程的施工监理是近几年才开始的，缺乏防水施工工艺等方面的监理规程。以前只是由施工单位把关，防水概预算定额较低，对防水材料的选择和使用过问较少。因此，要做到确保速度及地下工程的防水质量，施工监理不可忽视。

⑤验收：

工程竣工后，从衬砌表面往往看不出问题。管理单位缺乏检验手段，有时又因接近运营期限，对交验前渗水情况缺少进一步查验，只好按竣工报告及施工总结，勉强验收，导致运营后渗漏水逐渐严重。

⑥防水技术匹配：

防水技术的匹配是指防水设计、防水材料和防水施工工艺与防水工程相适应的问题。从工程实例来看，不少工程渗漏水是由于防水材料与基面黏结不良或不适应造成的，因而搞好防水技术的匹配近年来引起了人们的广泛关注。

防水施工方法有喷射、涂刷、抹压、注浆、粘贴等。防水材料可分为沥青、橡胶、塑料、水泥及聚合物等，不论采用何种施工工艺和何种材料，都会产生与建筑物基面的接触问题。所以，从这一角度考虑，防水效果的关键是防水层与基面的黏结和适应问题。

2. 衬砌侵蚀

（1）衬砌侵蚀的种类及危害

隧道内金属构件的锈蚀、混凝土衬砌的侵蚀破坏，都属于腐蚀病害。一般混凝土具有较好的耐久性、耐腐蚀性和较高的强度。但是，一旦地下水侵入，衬砌受到侵蚀介质的经常作用，就会出现起毛、酥松、蜂窝、麻面、起鼓、剥落、孔洞露石、集料分离等材质破坏的现象，导致材料强度降低，衬砌厚度变薄，渗漏水严重，降低其使用寿命。隧道内混凝土衬砌的侵蚀按其种类不同，可分为水蚀、冻蚀及集料溶胀等。

①水蚀：

水蚀是指衬砌受到地下水的作用而产生的腐蚀。一般发生在隧道的拱部、仰拱、排水沟和电缆槽等各部位。水蚀一般分为以下三种侵蚀：

一是溶出型侵蚀，主要是指水泥石中的生成物被水分解溶失造成的侵蚀，表现为外观尚完善，常有白色沉淀物，内呈多孔状，强度降低。

二是硫酸盐侵蚀，主要是指环境水中含有的硫酸根离子对混凝土的侵蚀。

三是镁盐和氨化物的侵蚀。

②冻蚀：

冻蚀是指在严寒地区的隧道，混凝土衬砌由于冻融交替产生的侵蚀。

③集料溶胀：

集料溶胀是指衬砌混凝土中的粗、细集料中含有遇水溶解和膨胀的材料而造成的对衬砌的侵蚀。

（2）病害处治方案的技术要求

①一般情况下不应降低隧道原有技术标准。

②应按照安全、经济、快速、合理的原则，进行多方案技术、经济比选确定。

③处治设计应体现信息化设计和动态施工的思想，制订监控量测方案。

④应尽量减少施工对隧道正常运营的影响，不能中断交通时应制订保通方案。

⑤应采取相应措施减小处治施工对既有结构、排水设施、机电设施及附属设施的影响。

⑥处治施工应遵守国家和行业的安全生产、生态保护、环境保护法律法规，制订切实可行的安全制度和保障措施。

四、隧道机电设施的养护

（一）隧道机电设施的清洁维护

机电设施应根据隧道规模、交通量大小、交通及污垢对机电设施功能影响程度、清洁方式和环境条件等因素进行清洁维护。

机电设施采用湿法清洁时，应注意保护人员安全和机电设施内部电气元件安全，并应防止污水渗入设施内腐蚀设备。采用干法清洁时，应采取必要的降尘措施。对清扫不能去除的污垢，经判别可用湿法清洁时，可用清洁剂进行局部特别处理。机电设施清洁维护应保持设备外观干净、整洁、无污垢，并保证机电设施完好。

公路隧道机电设施清洁频率不应低于表5-4的规定。公路隧道机电设施清洁设备见

表 5-5。

表 5-4　公路隧道机电设施清洁频率

清洁项目	养护等级		
	一级	二级	三级
供配电设施	1 次 / 月	1 次 / 季度	1 次 / 半年
照明设施	1 次 / 季度	1 次 / 半年	1 次 / 年
通风设施	1 次 /2 年	1 次 /3 年	1 次 /4 年
消防设施	1 次 / 季度	1 次 / 半年	1 次 / 年
监控与通信设施	1 次 / 季度	1 次 / 半年	1 次 / 年

表 5-5　公路隧道机电设施清洁设备

设施名称	设备名称
供配电设施	配变电所内电力设备、箱式变电站、外场配电箱、插座箱、控制箱
照明设施	隧道灯具、洞外路灯
通风设施	轴流风机、射流风机
消防设施	消火栓及水泵接合器、灭火器、火灾报警设施、水喷雾控制阀及喷头、气体灭火设施、电光标志等
监控与通信设施	各类检测仪、闭路电视、有线广播、紧急电话、横通道门、交通控制和诱导设施、控制器（箱）、光端机、交换机等

（二）隧道照明设施的养护

照明设施包括灯具、托架、洞外路灯和照明线路等为隧道运营提供照明服务的设施。

照明设施日常检查内容为目测照明设施使用及损坏情况。照明设施经常性检修、定期检修主要项目及其检修频率可按表 5-6 的要求进行。

表5-6　照明设施经常检修、定期检修主要项目及其检修频率

设施名称	检查项目	主要检查内容	经常性检修 1次/（1～3月）	定期检修 1次/年
隧道灯具	总体	1. 电压是否稳定，灯的亮度是否正常	√	
		2. 灯泡的损坏与更换	√	
		3. 引入线检查，电磁接触器、配电箱柜是否积水	√	
		4. 开关装置定时的准确性与动作状态有无异常	√	
		5. 脱漆部位补漆及灯具修理更换		√
		6. 补偿电容器、触发器、镇流器、接触器是否损坏		√
		7. 绝缘检查		√
	各安装部位	有无松动、腐蚀		√
	密封性	灯具内是否有尘埃、积水，密封条是否老化		√
	检修孔、手孔	有无积水		√
	照度测试	超过灯具寿命周期后应进行照度测试	√（1次/半年）	
洞外路灯	灯杆	1. 外观有无裂纹、焊接及连接部位状况		√
		2. 有无损伤及涂装破坏		√
		3. 接地端子有无松动		√
	基础	1. 设置状况是否稳定		√
		2. 有无开裂、损伤		√
		3. 锚具、螺栓有无生锈、松动		√
	灯体	1. 有无损坏，亮度目测是否正常	√	
		2. 防护等级检查	√	
照明线路*	总体	1. 线路工作是否正常	√	
		2. 有无腐蚀及损伤		√
		3. 托架是否松动及损伤		√
		4. 对地绝缘检查		√
注：带"*"的设备为该设施中的关键设备。				

照明设施养护工具除必备的电工工具、高空作业车、清洁卫生用具外，还应配备照度仪、亮度仪等相关设备。

（三）隧道通风设施的养护

通风设施主要包括轴流风机、离心风机、射流风机及其配套设施等。通风设施的日常检查内容为观察设备运转有无异常，确定设备是否存在隐患。通风设施应按各种设备的操作规程和养护要求进行，并使主要性能指标，如风速、推力、功率、噪声及防护等级等符合产品说明书的要求。

通风设施养护应配备专用电工工具和机修工具，必要时配备风压计、风速计、声级计等相关设备。

进行通风设施养护时，应根据隧道交通流量和通风能力，对交通进行必要的组织和限制。在进行定期检修和专项工程后，应对隧道通风设施的效率进行全面的测试。通风设施经检修后应使其通风能力满足设计要求。

（四）隧道其他机电设施的养护

供配电设施包括高压负荷开关、电力变压器、高低压熔断器、高低压电力电容器柜、低压开关柜、信号屏、电力电缆、控制电缆、金属构件、自备发电机等各种为隧道用电设施服务的供配电及辅助设施。供配电设施养护应严格执行相关设备的检修规程和国家的有关规定。

供配电设施日常检查内容为观察变压器、高低压配电柜及变配电室内相关设备的外观及一般运行状态，判断是否有外观破损、声响、发热、气味、放电等异常现象。供配电设施养护人员应持有特殊工种上岗证书，并配备专门的电工检修工具。

监控与通信设施主要包括光强检测器、能见度检测器、CO 检测器、风速风向检测器、车辆检测器、闭路电视监控设施、紧急电话及有线广播、车道控制标志、信息处理设施以及监控软件等监视隧道运营状态、设备运转情况及控制相关设备运转的各种设施。

监控与通信设施的日常检查内容为巡检隧道内各种监测控制设备、情报板及信号标志、监控室的各类监视设备外观和主要功能并判断有无异常。

高速公路长、特长隧道监控系统的软件维护应不少于每年 2 次，其余公路隧道监控系统的软件系统维护应不少于每年 1 次。维护时应注意软件的修改完善，并保证联动运行功能的实现和软件可靠性各项技术措施的落实，严格按操作规程或使用说明进行。

消防设施是指用于预防隧道火灾和进行必要救援的设施，包括火灾报警装置、灭火设施、电光标志等。消防设施的标志应保持完好、醒目。消防设施日常检查内容为巡视消防设备、报警设备、洞外消防设施的外观并判断有无异常。

第二节　公路交通安全设施养护技术

一、公路交通安全设施养护内容及要求

（一）公路交通安全设施养护内容

公路交通安全设施应遵循"保障安全、提供服务、利于管理"的原则，保持完整、齐全和良好的工作状态。各种设施应加强养护，及时维修和更换损坏部件。设施不全或设施设置不合理的，应根据公路性质、技术等级和使用要求，有计划、有步骤地补充和完善。

（二）公路交通安全设施养护要求

公路交通安全设施的养护包括检查、保养维护和更新改造。检查包括经常检查、定期检查、特殊检查和专项检查。平时应加强日常巡查。经常检查的频率不少于 1 次 / 月；定期检查的频率不少于 1 次 / 年；遭遇自然灾害、发生交通事故或出现其他异常情况时，应及时进行附加的特殊检查；设施更新改造之后，应进行全面的专项检查。

应结合设施特点，加强对交通安全设施的养护维修和更新改造。交通安全设施的养护应满足设施完整和外观质量、安装质量、技术性能等各项质量的要求。因交通事故、自然灾害或其他原因造成的设施损伤应及时进行修复。对于事故多发路段和一些特殊路段，应结合公路安全保障工程的技术内容，及时改造完善各种交通安全设施。

二、标志、标线的养护

（一）交通标志的养护

1. 标志的养护要求

公路交通标志的养护应符合下列要求：
①交通标志应设置合理、结构安全，版面内容整洁、清晰。
②标志板、支柱、联结件、基础等标志部件应完整、无缺损且功能正常。
③标志应无明显歪斜、变形，钢构件无明显剥落、锈蚀。
④标志面应平整，无明显褪色、污损、起泡、起皱、裂纹、剥落等病害。

⑤标志的图案、字体、颜色等应符合相关标准要求。

⑥反光交通标志应保持良好的夜间视认性。

2. 标志的检查

（1）日常巡查

对沿线交通标志进行日常巡查，并且每月夜间巡查一次，检查其是否受到沿线树木等障碍物的遮挡以及标志牌、支柱是否牢固，标志反光效果是否下降，反光膜是否有脱落、不平整现象。

（2）临时检查

遇有暴风雨等异常气候及洪水、地震等自然灾害或交通事故，应及时进行事前及事后的检查。

检查内容如下：①标志牌、支柱的变形、损坏、污秽及腐蚀情况。②油漆及反光材料的褪色、剥落情况。③标志牌设置的角度及安装情况。④基础或底座情况。⑤反光标志的反射性能（必须在夜间巡查）。⑥标志牌缺乏情况。

3. 标志的更换

①由于腐蚀（生锈）、破损而造成辨认能力下降或夜间反光标志反射能力降低的标志牌，应予更换。

②缺失的应及时补充。

③更换材料必须与原材料保持一致或提高标准等级。

4. 标志的清洗

①交通标志每年必须清洗一次，保证所有标志清洁、醒目。

②有树木等遮挡时，必须清除阻碍视线的物体。

5. 标志的质量控制

因自然灾害、交通事故造成标志牌的损坏、缺失，应及时进行维修、补充或加固。维修后的标志牌应恢复至原样。采用材料及结构形式同原标志，质量不得低于原标志。

（二）路面标线的养护

1. 标线的养护要求

路面标线的养护应符合下列要求：

①具有良好的可视性，边缘整齐、线形流畅，无大面积脱落。

②颜色、线形等应符合相关标准要求。

③反光标线应保持良好的夜间视认性。

④重新划设的标线应与旧标线基本重合。

2. 标线的养护与维修

路面标线养护可视路面标线损坏情况采用补画或重画两种养护方式，但不能局限于以上两种方式。经养护后的路面标线必须具有正常使用功能，其颜色、宽度、厚度应与原路面标线一致，材料、级配、工艺同原标线，施工质量不低于原标线。

路面标线的养护对策：

①标线污秽，影响美观及使用功能时，应及时进行补画。

②标线反光不均匀或反光效果差，应铲除后重新画线。

③标线磨损严重或脱落，影响使用功能时应重新画线或修复。

④标线局部缺损或被覆盖时，应在路面修复完工后予以重新画线。

⑤重新画线及修补时应注意与原标线的接头平顺、线形一致。

（三）凸起路标及轮廓标的养护

1. 凸起路标

凸起路标的养护应符合下列要求：

①凸起路标应无严重的缺损。

②破损的凸起路标应不对车辆、人员等造成伤害。

③凸起路标应无明显的褪色。

④凸起路标的光度性能应保持良好的夜间视认性。

2. 轮廓标

轮廓标的养护应符合下列要求：

①轮廓标应进行表面清洗。

②轮廓标应无缺损。

③轮廓标应无明显的褪色。

④轮廓标的光度性能应保持良好的夜间视认性。

三、防护设施的养护

（一）护栏的养护

1. 波形梁钢护栏

①保持波形梁钢护栏的结构合理、安全可靠。

②护栏板、立柱、柱帽、防阻块（托架）、坚固件等部件应完整、无缺损。

③护栏质量符合相关标准要求。

④护栏的防腐层应无明显脱落，护栏无锈蚀。

⑤护栏板搭接方向正确，螺栓坚固。

⑥护栏安装线形顺畅，无明显变形、扭转、倾斜。

2. 水泥混凝土护栏

①保持水泥混凝土护栏线形顺畅、结构合理。

②水泥混凝土护栏应无明显裂缝、掉角、破损等缺陷。

③水泥混凝土护栏使用的水泥、砂、石、水、外加剂、钢筋等材料质量应符合相关标准、规范及设计要求。

④水泥混凝土护栏的几何尺寸、地基强度、埋置深度，以及各块件之间、护栏与基础之间的连接应符合设计要求。

3. 缆索护栏

①缆索护栏各组成部件应无缺损。

②缆索护栏各组成部件应无明显变形、倾斜、松动、锈蚀等现象。

③缆索护栏使用的缆索、立柱、锚具等材料质量应符合相关标准、规范及设计要求。

（二）隔离栅的养护

隔离栅的养护应符合下列要求：①隔离栅应完整无缺，功能正常。②隔离栅金属网片、立柱、斜撑、连接件、基础等部件无缺损。③隔离栅质量应符合相关标准要求。④隔离栅应无明显倾斜、变形，各部件稳固连接。⑤隔离栅防腐涂层应无明显脱落、锈蚀现象。

（三）防眩设施的养护

防眩设施的养护应符合下列要求：①防眩板、防眩网等防眩设施应完整、清洁，具有良好的防眩效果。②防眩设施应安装牢固，无缺损。③防眩设施应无明显变形、褪色或锈蚀。④防眩设施的质量应符合相关标准要求。

（四）其他交通安全设施的养护

应保持里程碑、百米桩、道口标柱、公路界碑、防落网、锥形交通路标、公路防撞桶、减速垫、安全岛、平曲线反光镜、声屏障、示警柱等交通安全设施的清洁完整和功能正常。

应选择恰当和可行的方法对里程碑、百米桩、道口标柱、公路界碑、防落网、锥形交通路标、公路防撞桶、减速垫、安全岛、平曲线反光镜、声屏障、示警柱等交通安全设施进行养护。

保持示警柱（护柱）位置正确、颜色鲜明、醒目，立柱垂直，保持良好的线形。养护人员应对全线的护柱进行经常性巡查，发现问题应及时予以处理，无法处理的应及时上报。管养单位应对全线护柱每年清洗一次并刷油漆，遇有局部不清洁部分要及时清洗。管养单位应及时更换、维修损坏的护柱，所有材料应与原护柱材料协调一致。

第六章 公路绿化养护技术

第一节 公路绿化养护内容及要求

一、公路绿化养护内容

公路绿化是国土绿化的重要组成部分，也是公路建设的组成部分。绿化的目的是稳固路基、保护路面、美化路容、改善环境、减小噪声、舒适旅行、诱导行车视线。同时绿化也是防沙、防雪、防水害的主要措施之一。

所有公路养护管理部门，都应配备专职人员负责公路绿化工作，合理地利用公路两侧边坡、分隔带和沿线空地等一切可绿化的公路用地范围，种植乔木、灌木、草皮、花卉和营造小型园林等。

公路绿化按其栽植位置、作用和性质，主要划分为防护林带、风景林和美化沿线景观的小型园林、花圃、草坪等。进行公路绿化时应根据公路等级及对绿化的功能要求、所在区域的环境、气候条件，及沿线地形、土质等情况，进行栽培设计，选择绿化植物种类，做好乔木与灌木、针叶与阔叶、常青与落叶、木本与草本花卉的结合，并结合沿线自然景观，布设景点，达到防护与观赏相结合的目的，增加公路绿化美化效果，丰富公路景观。

在山区，应发展具有防护效能的绿化工程，如防护林带、灌木、草皮护坡等，以储蓄水分，滞缓地表径流，减轻水土流失，起到固土防坍的作用。

在平原区，应配合农田水利建设和园林化的总体规划要求，一般可栽植 2～3 行防护林带，以减轻或消除风、沙、雪、水等危害；在平交路口、桥梁、立交、环岛及分隔带、服务设施区等地，应配植观赏灌木、矮林、花木或多年生宿根物，以美化路容。

在草原区，应在线路两侧，栽植以防风、防雪为主的防护林带，以阻挡风、雪侵蚀危害公路。

在风沙危害地区，应选择固沙、耐干旱、根系发达的树种，以营造公路防风、固沙林带为主。

在盐碱区，应选择耐盐碱、耐水湿的乔木、灌木树种，配植行数较多的林带，以降低地下水位，改善土壤的结构。

在旅游区，如通往名胜古迹、风景疗养区及重要港口、水库、机场等的公路，应以美化为主，营造风景林带，配植有观赏价值的果树、常绿树、灌木、花卉绿树等，美化设施，创建常年有花、四季常青的优美舒适环境。

二、公路绿化养护要求

公路绿化对于保持景观效果、发挥生态效能、保障行车安全等具有重要作用。由于公路特定的环境条件，栽植的各种花草树木要实现正常生长，体现绿化效果，必须加强养护管理工作。否则不论选种、栽植多好，也达不到美化效果。因此，在公路绿化越来越受到重视的情况下，进一步重视和研究绿化养护的管理技术，进而建立一整套行之有效的措施，显得十分必要。

（一）水分管理

目前，公路绿化带尤其是中央分隔带战线长、数量多，无自然喷灌系统设施，土壤持水量小，土质多为修建公路时遗留的杂质土，花草树木所需水分主要靠人工补给。

在日常养护中，浇水次数多少，根据天气状况和旱情而定，以能保证各种植物正常生长为原则。在自然降雨量少的情况下，特别容易出现旱情，必须掌握好生长期的浇水，即4～10月的浇水次数；休眠期的浇水，即11月上、中旬的封冻水，2月中、下旬至3月上旬的解冻水。如因坑小水量不足可连浇两次，不可水量过小，不能只浇表皮。

浇水应依次进行，以防漏浇。浇水必须适时，不能等旱情特严重时进行。在有条件的情况下，浇水后要适时松土除草，既减少土壤水分蒸发，又减少杂草与树木争水争肥，以利于保墒、通气和根系发达。立交草坪应见干即浇，而中央分隔带的草皮一般随浇树时进行。

（二）养分管理

在水分正常供应的情况下，要保证植物的正常生长发育，必须有相应的营养元素和养分物质的供应。对于中央分隔带，由于树木数量多、战线长，若用农家肥，其用量太大，最好施用叶面肥。立交匝道、广场等面积集中，土质较好，施肥量及次数可相应减少。

基肥一般在深秋和初冬进行，此时树木从根茎以上均处于休眠期，而地下部分还处于高峰期，有利于根伤愈合，增加土壤孔隙度，有利于保墒。

施肥的季节应根据植物的生长特点决定。由于公路里程较长，施肥的次数一年两次为宜，最好与灌溉工作有机结合。施肥的时间一般在6月底前进行，不宜太晚，否则易引起树木抽条，不利越冬。肥料成分应以N、P、K为主，施肥后最好跟上浇水，以免肥效散失。

（三）整形修剪

公路上行车速度快、空间封闭，必须确保绿化植物不影响司机的行车安全，因此要及时对中央绿化带、边坡、立交等区域的绿化植物进行定期修剪。

花灌木在修剪时间上应注意，凡先开花后出叶的，如榆叶梅、紫荆等，应在春季开花后压缩修剪老枝，适当疏剪弱枝，以促发壮枝，利于次年开花。对乔、灌木的修剪主要是为了提高成活率和注意培养树形，同时减少自然伤害。因此，应在树冠不影响美观的前提下适当重剪，其生长期修剪一般在 5 ~ 6 月份，休眠期修剪一般在 10 ~ 11 月份。但注意中央分隔带的刺柏、龙柏类由于生长相对比较缓慢，一般每年 10 ~ 11 月份修剪一次；黄杨每年在生长期和休眠期均要修剪。

立交区、收费广场等树木的整形修剪，要本着"造型各异，美观大方"的原则，根据环境中的建筑物、地形地貌确定方法，还应保持原有设计图案形状，描绘出具有不同风格的园林艺术图案。修剪时尽可能添枝着色。

（四）病虫害防治

由于公路绿化战线长，面积大，养护管理难度大，所以病虫害应以防为主，防治结合。因此要经常巡视，发现病虫害应及时防治，若不及时防治就会迅速蔓延。

在设计上注重绿地植物配置的合理性，设计时应注重混交，防止因配置不当而造成病虫害的发生。平时做好测报工作，做到早发现早治疗。这样能收到事半功倍的效果。

预防性打药在每年的 3 月、10 月各进行 1 次。喷药时间应在晴天、无风的早晨或下午进行；使用农药时要"巧、准、狠"；不能长期使用某一种农药；要对症下药，不能盲目用药；使用农药时的浓度要适度；喷药时要从叶上部和背部均匀喷洒，不得有遗漏。在实际工作中，要合理选用生物农药和化学农药，扬长避短，充分发挥农药的优越性；秋季在地面至 1 m 左右高的树干上涂刷一次细石灰浆，这样不仅可以防止菌染腐烂，还可以增加美观效果。

第二节 公路树木的栽植与管护

一、公路树木的栽植

公路植树位置，要按规定栽植，在公路路肩上不得植树。

公路上植树，乔木及灌木的株行距一般要根据不同树种和冠帽大小来确定：速生乔木，株距 4 ~ 5 m，行距 3 ~ 4 m；冠大慢生的株距 8 ~ 10 m，行距以 4 ~ 6 m 为宜；灌木的株行距以 1 m 为宜，灌木球的株距以 6 ~ 8 m 为宜。

各类树木的行间，应以品字形交错栽植，同一树种的路段不宜过长。具体的栽植横断面可按规范选取。

行道树、防护林及风景林等，不宜全线（段）采用单一树种，要根据情况有计划地配置适宜树种，分段轮换栽植（每段至少 1 km）。

栽植公路树木，应按公路绿化工程设计及任务大小，合理安排和组织劳力，做好整地、画线、定点、挖坑；及时选苗、起苗、运苗，在春秋适当时期，进行栽植。

行道树和风景林，一般用明坑栽植；属于无性繁殖的树种，可埋干栽植。

防护林的栽植，应按因地制宜、因害设防的原则进行。一般防洪、防雪林带应密植；防风、防沙林带，应留有适当通风空隙；防护路基边坡的灌木丛、经济林，一般应密植或与乔木混栽。

选苗工作，应适合当地土壤、气候，选择速生和经济价值较大的树种及健壮优良的树苗。树苗要发育正常，有良好顶牙；根系发达，有较多的须根；苗茎、苗根未受虫害，没有影响生长的机械损伤等。坑栽树木，挖坑坑径应比根幅大 5 cm 以上，坑深比根长大 5 cm 以上，以使苗根充分舒展。

移栽树木，应带原土栽植，土球直径一般为树木底径的 8 ~ 12 倍，尽量将土球削剪整齐，以保成活。

二、公路树木的管护

公路树木的管护是绿化工作中的一项重要工作，也是实现公路绿化的成败关键。检验公路绿化的指标有三项：成活率、保存率和修剪管护状况。成活率是指栽植后发芽、长叶至少在一个生长季节以上的苗木占总栽植量的百分数；保存率是指成活两年以上树木占总栽植量的百分数；修剪管护状况是指修剪整齐美观，病虫害及时防治。

要做好公路树木的管护，应着重做好以下几项工作：①幼树要加强抚育管理，应及时检查、灌溉、除草、松土、施肥、修剪、防治病虫害和补植等。②成林要及时修剪、抚育，以促进树木发育健壮，树形优美，透光通气，减少病虫害发生，适时开花结果。修剪应在秋季落叶后、春季萌芽前进行。修剪主要是把乔木、灌木的枯枝、病枝、弯曲畸形枝、过密的分枝，以及侵入公路净空、遮挡交通标志、影响视距的树枝，及时剪除。③交通比较繁忙以及风景游览区的行道树或风景带，要根据不同树种及特性进行修剪，使树木冠形相同，整齐美观。④每年秋季或春季，可在树干上距地面 1.0 ~ 1.5 m 处，涂刷稀石灰浆、石灰硫黄浆或黏土硫黄浆，以防菌染腐烂并提高美观性。⑤在靠近村镇、风景游览区和风沙较大路段的各种新植树木，应设置支撑架、杆、护栏架和包扎树干等，防止人畜损坏，以保证成活率和保存率。但注意所采用的各种保护措施，都应与环境协调。⑥防治树木病虫害，应以预防为主，开展生物化学防治与营林措施相结合的综合防治方法，要严格检疫制度，保持林地卫生，消灭越冬虫卵、蛹，烧毁落叶虫婴、虫茧，及时清除衰弱木、病虫木等。

（一）植物管护的一般方法

1. 植物灌溉

水是植物各种器官的重要组成部分，也是植物生长发育过程中必不可少的物质。依据园林植物在一年中各个物候期的需水特点、气候特点和土壤的含水量等情况，采用适宜的水源适时适量灌溉，是植物正常生长发育的重要保证措施。灌溉的主要内容包括，灌溉时期、灌溉量、灌溉次数、灌溉方式与方法以及灌溉用水。

（1）灌溉时期

①早春季灌溉：

随着气温的升高，植物进入萌芽期、展叶期、抽枝期，即新梢迅速生长期，此时北方一些地区干旱少雨多风，及时灌溉显得相当重要。早春季灌溉不仅能补充土壤中水分的不足，使植物地上部分与地下部分的水分保持平衡，还能防止春寒及晚霜对树木造成的危害。

②夏季灌溉：

夏季气温较高，植物生长处于旺盛时期，开花、花芽分化、结幼果都消耗大量的水分和养分，因此，应结合植物生长阶段的特点及本地同期的降水量，决定是否进行灌溉。对于一些进行花芽分化的花灌木要适当控水，以抑制枝叶生长，从而保证花芽的质量。灌溉时间应选在清晨和傍晚时进行，此时水温与地温相近，对根系生长活动影响小。

③秋季灌溉：

随着气温的下降，植物的生长逐渐减慢，要控制浇水以促进植物组织生长充实和枝梢充分木质化，加强抗寒锻炼。但对于结果植物，在果实膨大时，要加强灌溉。

④冬季灌溉：

我国北方地区冬季严寒多风，为了防止植物受冻害或因植物过度失水而枯梢，在入冬前，即土壤冻结前应进行适当灌溉（俗称灌"冻水"）。随着气温的下降，土壤冻结，土壤中的水分结冰放出潜热从而使土壤温度、近地面的气温有所回升，植物的越冬能力也相应提高。灌溉时间应在中午前后进行。

另外，植株移植、定植后的灌溉与成活关系较大。因移植、定植后根系尚未与土壤充分接触，移植又使一部分根系受损，吸水力减弱，此时如不及时灌水，植株会因干旱使生长受阻，甚至死亡。一般来说，在少雨季节移植后应间隔数日连灌 2～3 次水。但对大树、大苗的栽植应注意：不能灌水过多，否则新根未萌，老根吸水能力差，易导致烂根。

（2）灌溉量

木本植物相对于草本植物较耐旱，灌溉量要小。植物生长旺盛期，如新梢迅速生长期、果实膨大期，灌水量应大些。质地轻的土壤如沙地，其保水保肥性差，宜少量多次灌溉，以防止土壤中的营养物质随灌水流失而使土壤更加贫瘠。黏重的土壤，其通气性和排水性不良，对根系的生长不利，灌水量要适当多些；盐碱地灌溉量每次不宜过多，以防返碱或返盐。

应根据植物需水期的大气状况来确定灌溉量。春季干旱少雨时期，应加大灌溉量；夏季降雨集中时期，应少浇或不浇。

掌握灌溉量大小的一个基本原则是保证植物根系集中分布层处于湿润状态，即根系分布范围内的土壤湿度达到田间最大持水量的 70% 左右。

（3）灌溉次数

一、二年生草本花卉及球根花卉（如凤仙花、大花三色堇、郁金香、仙客来、马蹄莲等）容易干旱，灌溉次数应较宿根花卉和木本花卉（如万年青、大花君子兰、荷苞牡丹、茉莉、变叶木等）为多。

北方地区露地栽培的花木，入冬土壤封冻前要浇一次透水，以防止冬寒及春旱，春夏季植物生长旺盛期，一般每月浇水 2 ~ 3 次，阴雨或雨量充沛的天气要少浇或不浇，秋季要减少浇水量，如遇天气干燥时，每月浇水 1 ~ 2 次。

疏松的土质如沙土，灌溉的次数应比黏重的土质多。晴天风大时应比阴天无风时多浇几次。原则是只要水分不足就要立即灌溉。

（4）灌溉方式与方法

一般根据植物的栽植方式来选择。灌溉的方式与方法多种多样，在园林绿地中常用的有以下几种：

①单株灌溉：

对于露地栽植的单株乔、灌木，如行道树、庭荫树等，先开堰，利用橡胶管、水车或其他工具，对每株树木进行灌溉。灌水应使水面与堰坡相齐，待水慢慢渗下后，及时封堰与松土。

②漫灌：

适用于在地势平坦的地方群植、林植的植物。这种灌溉方法耗水较多，容易造成土壤板结，注意灌水后及时松土保墒。

③沟灌：

在列植的植物如绿篱等旁边开沟灌溉，使水沿沟底流动浸润土壤，直至水分渗入周围土壤为止。

④喷灌：

用移动喷灌装置或安装好的固定喷头对草坪、花坛等用人工或自动控制方式进行灌溉。这种灌溉方法基本不产生深层渗漏和地表径流，省水、省工、效率高，且能减免低温、高温、干热风对植物的危害，提高了植物的绿化效果。

（5）灌溉用水

以软水为宜，避免使用硬水。自来水、不含碱质的井水、河水、湖水、池塘水都可用来浇灌植物。在灌溉过程中，应注意灌溉用水的酸碱度对植物的生长是否适宜。北方地区的水质一般偏碱性，对于某些要求土壤中性偏酸或酸性的植物种类来说，容易出现缺铁现象。

2.植物施肥

（1）施肥方式与方法

①环状沟施肥法：

在树冠外围稍远处挖 30～40 cm 宽环状沟，沟深视树龄、树势以及根系的分布深度而定，一般深 20～50 cm，将肥料均匀地施入沟内，覆土填平灌水。随树冠的扩大，环状沟每年外移，每年的扩展沟与上年沟之间不要留隔墙。此法多用于幼树施基肥。

②放射沟施肥法：

以树干为中心，从距树干 60～80 cm 的地方开始，在树冠四周等距离地向外开挖 6～8 条由浅渐深的沟，沟宽 30～40 cm，沟长视树冠大小而定，一般沟长的 1/2 在冠内，1/2 在冠外，沟深一般为 20～50 cm，将充分腐熟的有机肥与表土混匀后施入沟中，封沟灌水。下次施肥时，调换位置开沟，开沟时要注意避免伤大根。此法适用于中壮龄树木。

③穴施法：

在有机肥不足的情况下，基肥以集中穴施最好，即在树冠投影外缘和树盘中，开挖深 40 cm、直径 50 cm 左右的穴，其数量视树木的大小、肥量而定，施肥入穴，填土平沟灌水。此法适用于中壮龄树木。

④全面撒施法：

把肥料均匀地撒在树冠投影内外的地面上，再翻入土中。此法适用于群植、林植的乔、灌木及草本植物。

⑤灌溉式施肥：

结合喷灌、滴灌等形式进行施肥，此法供肥及时，肥分分布均匀，不伤根，不破坏耕作层的土壤结构，劳动生产率高。

⑥根外施肥：

根外施肥又称为叶面追肥，指根据植物生长需要将各种速效肥水溶液，喷洒在叶片、枝条及果实上的追肥方法，是一种临时性的辅助追肥措施。叶面喷肥，简单易行，用肥量小，发挥作用快，可及时满足植物的需要，同时，也能避免某些肥料元素在土壤中的固定作用。尤其在缺水季节、缺水地区和不便施肥的地方，都可采用此法。叶面喷肥主要通过叶片上的气孔和角质层进入叶片，而后运送到植株体内和各个器官，一般幼叶比老叶吸收快，叶背比叶面吸收快。喷肥时一定要把叶背喷匀，叶片吸收的强度和速率与溶液浓度、气温、湿度、风速等有关。一般根外追肥最适温度为 18～25℃，湿度较大些效果好，因此最好的时间应选择无风天气的上午 10：00 以前和下午 16：00 以后。

（2）施肥深度和范围

施肥主要是为了满足植物根系对生长发育所需各种营养元素的吸收和利用。只有把肥料施在距根系集中分布层稍深、稍远的部位，才利于根系向更深、更广的方向扩展，以便形成强大的根系，扩大吸收面积，提高吸收能力。因此，从某种角度来看，施肥深度和范围对施肥效果来说显得很重要。

施肥深度和范围要根据植物种类、年龄、土质、肥料性质等而定。木花卉、小灌木如茉莉、米兰、连翘、丁香、黄栌等和高大的乔木相比，施肥相对要浅，范围要小。幼树根系浅，分布范围小，一般施肥较中、壮龄树浅、范围小。沙地、坡地和多雨地区，养分易流失，宜在植物需要时深施基肥。

氮肥在土壤中的移动较强，浅施也可渗透到根系分布层，从而被树木所吸收；钾肥的移动性较差，磷肥的移动性更差，因此应深施到根系分布最多处。由于磷在土壤中易被固定，为了充分发挥肥效，施过磷酸钙和骨粉时，应与厩肥、圈肥、人粪尿等混合均匀，堆积腐熟后作为基肥施用，效果更好。

（3）施肥量

施肥量受植物的种类、土壤的状况、肥料的种类及各物候期需肥状况等多方面影响。施肥量根据不同的植物种类及大小确定，喜肥的多施，如梓树、梧桐、牡丹等；耐瘠薄的可少施，如刺槐、悬铃木、山杏等。开花结果多的大树较开花结果少的小树多施；一般胸径 8 ~ 10 cm 的树木，每株施堆肥 25 ~ 50 kg 或浓粪尿 12 ~ 25 kg；10 cm 以上的树木，每株施浓粪尿 25 ~ 50 kg；花灌木可酌情减少。

3. 植物除草松土

除草松土一般同时进行。在植物的生长期内，一般要做到见草就除，除草即松土。

除草松土的次数要根据气候、植物种类、土壤等而定。如乔木、大灌木可两年一次，草本植物则一年多次。具体的除草松土时间可以安排在天气晴朗或雨后、土壤不过干和不过湿时，以获得最大的除草保墒效果。

除草松土时应避免碰伤植物的树皮、顶梢等。生长在地表的浅根可适当削断。松土的深度和范围应视植物种类及植物当时根系的生长状况而定，一般树木范围在树冠投影半径的 1/2 以外至树冠投影外 1 m 以内的环状范围内，深度 6 ~ 10 cm；对于灌木、草本植物，深度可在 5 cm 左右。

4. 露地植物越冬

（1）覆盖法

在霜冻到来前，覆盖干草、落叶、草席、牛粪等，直至翌年春天晚霜过后去除。此法常用于两年生花卉、宿根花卉，以及可露地越冬的球根花卉和木本植物幼苗。

（2）灌水法

北方一些地区，在土壤冻结前，可利用水热容量大的特点进行冬灌来提高地面的温度，保护植物不受冻害。

（3）培土法

结合灌冻水，在植物根茎处培土堆或壅埋、开沟覆土压埋植物的茎部来进行防寒，待春季萌芽前扒开培土即可。此法多用于花灌木、宿根花卉、藤本植物等。

（4）涂白或喷白

用石灰加石硫合剂对树干涂白，不但可减少树干的水分蒸腾，还可防止因昼夜温差大引起对植物的危害，并兼有防治病虫害的作用。对一些树干怕日灼和不能埋土防寒的落叶乔木适用此法。

（5）包扎法

对一些大型的观赏植物，在气温很低的时候或地方，用稻草绳密密地缠绕树干来防寒，晚霜过后及时拆除。

（6）设风障

对一些耐寒能力较强，但怕寒风的观赏植物，在来风的方向用高粱秆、玉米秆等材料捆编成的篱设风障防寒，也可用编织袋和竹竿、木棍搭成风障。

5. 园林绿地养护管理措施

一月份，矮灌木配合冬剪，剪去病枯枝。

二月份，是草坪早春管理的月份，检查草坪萌芽返青情况。

三月份，全面检查草坪土壤的平整情况，如低洼处适当增添薄层土，铺平后浇水、镇压，对成片空秃或返青较差的部位及时补种。

随气温回升，一些害虫开始活动，及时施药，做好对蚜虫、地老虎等害虫的防治。

加施春肥，促进花蕾的形成和发育，对树木进行返青后的浇灌。

四月份，绿地进入复苏阶段，防止踩踏。根据草坪高度，进行第一次剪草。本月份是防治害虫的关键时期，应密切注意并有针对性地施药、灭虫、浇水。

五月份，是植物旺盛生长期，要及时修剪并进行防旱浇水，苗木扶正。应对早春开花的灌木进行整形修剪。

六月份，地被进入夏季养护管理阶段，应加强对春花植物施花后肥。注意蚜虫和红蜘蛛等害虫的防治，及时打药灭虫，并做好防大风和防汛准备工作。

七月份，重点进行常规修剪，使用除草剂，对草坪的杂草进行剔除。继续防治红蜘蛛等植物病虫害。

八月份，草坪、地被、乔木管理同七月份。

九月份，草坪、地被、乔木管理同七月份，对秋花地被进行施肥。

十月份，提升草高度，对地被进行整理，去徒长枝、竖向枝。做好植物防寒越冬准备。

十一月份，施加冬肥、浇灌越冬水。对苗木进行整形修剪，清除杂草、落叶、枯枝，继续加强植物防寒越冬准备。

十二月份，养护管理同十一月份。

（二）树木的修剪与整形

1. 树木修剪与整形的意义

狭义的修剪是指对树木的某些器官（如枝、叶、花、果等）加以疏除或短截，以达到调节生长、开花结实的目的；广义的修剪包括整形。所谓整形是指用剪、锯、捆扎等手段，使树木长成栽培者所期望的特定形状。现习惯将二者统称为"整形修剪"。

（1）整形修剪的意义

①促进生长：

剪去不需要的部分，使养分、水分集中供应留下枝芽，促使局部的生长，但修剪过重，则对整体又有削弱作用，这被称为"修剪的双重作用"。

②培养树形，调节矛盾：

因园林艺术上的需要，将树整修成规则或不规则的特种形体。公路旁一些企业设施复杂，常与树木发生矛盾。例如上有架空线，下有管道、电缆等，有些树触挂电线，这就要靠修剪来解决。

③减少伤害：

通过修剪可以剪去生长位置不当的密生枝、徒长枝及带有病虫的枝条，以保证树冠内部通风、透光，也可避免相互摩擦而造成的损伤。

④促使开花结果：

对于观花、观果或结合花、果生产的花树种，可以通过修剪，调节营养生长与花芽分化，促使其提早开花结果，获得稳定的花果产品或提高观赏效果。

（2）整形修剪的原则

树木整形修剪受树木自身和周围环境等许多因素的制约，是一项理论与实践结合性很强的工作。整形修剪首先要"符合自然规律原则"，适应树木的自然树形及其分枝习性，还要符合"艺术原则"，使树木的姿态、形状符合景观的需要。

2. 树木修剪整形的方法及注意事项

（1）时期

修剪分为休眠期修剪与生长期修剪。休眠期修剪应在树液流动前进行。除常绿树和不宜冬剪树木外，都应在休眠期内进行一次整形修剪。其中有伤流的树应避开伤流期。抗寒力差的，宜在早春修剪。易流胶的树种，如桃、槭等，不宜在生长季修剪。

（2）方法及注意事项

①剥芽：

在树木萌芽的生长初期，徒手剥去树干无用的芽叫剥芽（又叫抹芽、摘芽）。剥芽时，应注意选留分布和方向合适的芽。对有用的芽进行保护，不可损伤。为了防止留下的芽受到意外的损伤，影响以后发枝，每枝条应多保留 1～3 个后备芽，待发芽后，再次选择疏剪。

②去蘖：

除去主干或根部萌发的无用枝条叫去蘖。在蘖枝比较幼嫩时，可徒手去蘖。已经木质化的，则应用剪子剪或平铲铲除，但要防止撕裂树皮或是留枯桩。去蘖应尽早。

③疏枝：

把无用的枝条齐着生部位剪去，称疏枝。乔木疏枝，剪口应与着生枝干平齐，不留残桩；丛生灌木疏枝应与地面平齐。簇生枝及轮生枝需全部疏去者，应分次进行，即间隔先疏去其中的一部分，待伤口愈合后，再疏去其他的枝条，以免伤口过大影响树木生长。

④短截：

截去枝条的先端的一部分或大部分，保留基部枝段的剪法叫"短截"。剪去的部分与保留部分比例，根据不同需要而定，剪口的位置应选择在适合的芽上约 0.5 cm 处，空气干燥地区应适当长留；湿润地区可短留。剪口应成斜面并要平齐光滑。选择的剪口芽一定要注意新发枝条适合的方式。剪口下第一芽发枝弱，而剪口下第二芽发枝强，以后芽发枝依次减弱。在树木生长时期，除去枝条先端嫩梢，称"摘心"，也属于短截范围。

⑤锯截大枝：

对于比较粗大的枝干，进行短截或疏枝时，多用锯进行，锯口应平齐，不劈不裂。在建筑及架空线附近，截除大枝时，应先用绳索，将被截大枝捆吊在其他生长牢固的枝干上，待截断后，慢慢松绳放下，以免砸伤行人。基部突然加粗的大枝，锯口不要与着生枝平齐，而应稍向外斜，以免锯口过大。较大的截口，应抹防腐剂保护，以防水分蒸发或病虫及腐朽滋生。

⑥抹头更新：

对一些无主轴的乔木，如柳、槐等，若发现其树冠已经衰老，病虫严重，或因其他损伤已无发展前途，而主干仍很健壮者，可将树冠自分枝点以上全部截除，使之重新发枝，叫"抹头更新"。此方法不适用于萌发力弱的树种。

3.树木修剪整形的时间

花灌木整形必须根据树木花芽分化类型或开花类别、观赏要求来进行。

春季在隔年生枝条上开花的灌木（分夏秋分化型），如梅花、樱花、迎春、海棠、丁香、榆叶梅等，其花芽在上年夏秋分化，经一定累积的低温期于今春开花。应在开花后 1~2 周内适度修剪。果树多在休眠期修剪。观花兼观果灌木，如枸骨应在休眠期轻剪。

夏秋在当年生枝条上开花的灌木，如紫薇、绣球、木槿、玫瑰、月季等，其花芽当年分化，当年开花，应于休眠期（花前）重剪，有利于促发枝条，促使当年花芽分化，并开好花。

4.树木整形的形式

（1）自然形修剪

自然形能体现自然美。以树木分枝习性、自然生长形成的冠形为基础，进行的修剪叫自然形修剪。一般只对扰乱树形的枝条、病虫枝、枯枝、过密的枝做些修剪，适合松柏类树种。

（2）造型修剪

为了达到造园的某种特殊目的，不使树木按自然形态生长，而是人为地将树木修剪成各种特定的形态，称为造型修剪。修剪形式有悬挂式、棚架式、圆球式，剪成各种整齐的几何形体（正方形、球形、圆锥体等）或不规则的人工形体，如鸟、兽等动物造型。

5. 松柏类植物的修剪整形

松柏类大多孤植于草坪，或用作行道树。而为使树干形成上下完整圆满的树体，对下部枝条一般不进行修剪，只对一些病虫枝、枯死枝以及影响树形的枝条进行修剪。对于主干明显，有中央领导枝的单轴分枝树木，修剪应注意保护顶芽，防止偏顶而破坏冠形；如果作为灌木培养，在距离地面 30 cm 处去尖修剪。

对自然铺地生长的沙地柏、鹿角松、爬地柏等采用匍匐式修剪方法。

行道树以道路遮阴为主要功能，所处的环境比较复杂，首先多与车辆交通有关系；有的与地下管线、架空线有矛盾，在所选树种合适的前提下，必须通过修剪来解决这些矛盾，达到冠大荫浓等功能效果。

为便利车辆行驶，行道树分枝点一般应在 2.5 ~ 3.5 m 之上。其上有电线者，为保持适当距离，其分枝点最低不得低于 2 m，主枝应是斜上生长，下垂枝一定要保持在 2.5 m 以上，以防树枝刮坏车辆。同一条街的行道树分枝点要整齐一致；相近树木间的差距不要太大。

为解决狭窄街道、高层建筑及地下管线等造成的行道树倾斜、偏冠，遇大风雨易倒伏造成危险的问题，应尽早对倾斜方向枝条适当重剪；而对另一方向枝条，只要不与电线、建筑有矛盾，就应轻剪，以调节生长趋势，使倾斜度得到一定的纠正。

总之，行道树通过修剪，应做到：叶茂形美遮阴大，侧不堵窗，不扫瓦，不妨碍车人行路，不妨碍管线、架空线。

6. 花灌木的修剪整形

（1）新栽花灌木的修剪整形

花灌木一般都采用棵树移植，为保证成活，一般应重剪。一些带土球移植的珍贵灌木树种可适当轻剪。移植后的当年，如果开花太多，则消耗养分，影响成活和生长，故要在开花前尽量剪除花芽。有主干的灌木或小乔木，如榆叶梅修剪时应保留较短主干，选留方向合适的主枝 3 ~ 5 个，其余的应疏去，保留的主枝短截 1/2 左右，较大的主枝上如有侧枝，也应疏去 2/3 左右的弱枝，留下的也应短截。修剪时注意树冠枝条分布均匀，以便形成圆满的冠形。无主干的灌木如玫瑰、黄刺梅、连翘，常自地下长出很多粗细相近的枝条，应选留 4 ~ 5 个分布均匀、生长正常的丛生枝，其余全部疏去，保留的枝条一般短截 1/2 左右，并剪成内膛高、外缘低的圆头形。

（2）灌木养护修剪

应使丛生枝均衡生长，使植株保持内高外低、自然丰满的圆球形。对灌丛中央枝上的外枝应疏剪，外边丛生枝及其外枝应短截，促使多生斜生枝。

定植时间较长的灌木，如果灌丛中老枝过多时，应有计划地分批疏除老枝，培养新枝，使之生长繁茂。

经常短截凸出灌丛外的徒长枝，使灌丛保持整齐均衡，但对一些具拱形枝的树种（如连翘）所萌生枝条则例外。

植株上不用作留种的残花、废果应及时剪去。

（三）树体的保护与修补

1. 树体的保护与修补原则

树体的保护必须贯彻以"预防为主"和"治早、治小、治了"的原则，采取慎重的科学态度，对症下药，综合防治，以保证树木不受或少受病虫害。

2. 树干伤口及树洞的处理

树干伤口，多是碰撞、鼠害、虫咬造成的，对于这些伤口多用塑料薄膜扎好伤口，以防风干，促进愈合。

一些古树干上会发生空洞，特别是古槐最为常见，树洞内藏污纳垢，不但影响树木生长发育，而且对于观瞻和游人安全都会产生妨碍。所以发现树木空洞，除有观赏价值外，一般应及时填补，时间最好在愈合组织迅速活动之前进行。填补树洞的材料主要是由麻刀灰砌补。先清除已腐朽的部分，并利用利刀刮净空洞的内壁涂以防腐剂，太深的洞，里面可以填砌砖石，但对腐朽严重的应改内钉木等，外抹麻刀灰，最外抹青灰或水泥。

3. 大树的支撑保护

有些大树树姿奇特，枝干横生。但由于树冠生长不平衡，容易引起根部负荷不平衡，发生倾斜或倒伏的问题。因此对生长不均衡的树木主干，延伸较长的枝杈，都应加设立支柱或在树干适当部位打桩，以防风折。

第三节　草皮的种植及管护

一、草皮种植技术

草皮在高等级公路及城市道路绿化中应用较多，主要应用于路肩、边坡、路堤、分隔带、交通岛及沿线空地等。公路种植草皮能防尘固沙，防止水土流失，巩固路基，调节气候，吸附有害物质，达到绿化、美化、净化公路环境的效果，从而有助于提供安全、舒适、优美的行车环境。

（一）草种选择

草种选择是种植草皮的关键。公路绿化草种的选择要因地制宜，宜路适草。一般来说，本地草种适应能力强，故应首选本地草种；如需从外地调用草种，则应尽量选用生态形式相同或相近的草种，但要先进行引种试验，待引种试验成功后再推广。

通常适合公路种植的草种应具有易繁殖、耐修剪、耐践踏、生长迅速、生长期较长、抗旱、抗热、耐寒、耐潮湿等特点。

（二）种植技术

目前种植草皮的方法有三种，即播种法、播茎法和铺植法。

1. 播种法

草皮种子（或种子与细土混合均匀）采用撒播或条播，一般在春季或秋季进行。播种量可根据经验确定，如狗牙根每亩 0.5 kg，假俭草每亩 5 ~ 7 kg，结缕草每亩 6 ~ 7 kg。

2. 播茎法

凡根茎发达的草种，如细叶结缕草、狗牙根等，可采用播茎，就是将草皮铲起、抖落或用水冲掉根部附土，分开根部，用剪刀剪成小段，每段至少具有一节，一般每小段长为 4 ~ 10 cm，将茎的小段均匀撒播，覆压 1cm 厚的细土，稍予填压，及时喷水，以后每天早晚各喷一次，待生根后，逐渐减少喷水。播茎一般在春季发芽开始时进行。

3. 铺植法

铺植草皮在公路绿化中较为常见，主要有密铺、间铺、条铺、点铺，基本步骤是：掘起草皮，取一定宽度（根据一定宽度而定）的木板放于草皮上，沿木板边缘切取草皮，厚度一般为 3 ~ 5 cm，同时，将草皮卷起捆扎好。运输草皮时，要用湿布覆盖草皮。按设计要求铺植草皮，草皮铺植完毕后，在草面上用木板或滚轴压紧压平，使草面与四周土面齐平，这样可使草皮与土壤密接，以防干旱。在铺植草皮前或铺植后应充分浇水。草皮的铺植一般在春秋两季进行，雨季铺植最易成功。

二、草坪的施工与管理

（一）草坪整地

草坪整地主要操作内容包括挖（刨）松土、清理、防虫、施底肥、必要时还要换土等。对于有特殊要求的草坪，如运动场草坪，还应设置地下排水设施。

1. 土壤准备

草坪植物根系分布的深度一般为 20 ～ 30 cm。如果土质良好，有时草根可以深入地下 1 m 以上，在这种条件下，地上部分自然表现良好。种植草坪的土壤，厚度不宜少于 40 cm，必须耕翻疏松，为草坪植物的生长创造良好的生活条件，并要把影响草坪建植的岩石、碎砖、瓦块等清除掉。

2. 施底肥

在土壤养分贫乏和酸碱度不适时，为提高土壤肥力，在种植前要施用底肥和土壤改良剂。底肥主要包括磷肥和钾肥，有时也包括其他中量和微量元素，最好使用优质有机肥料做基肥。

施肥量：每亩可施农家肥 2 500 ～ 3 000 kg，或麻渣 1000 ～ 1 500 kg。如需施磷肥可每亩施过磷酸钙 10 ～ 15 kg，无论施何种肥料，都应粉碎，撒匀或与土壤搅拌均匀，撒后翻入土中。

3. 防虫

为防治地下害虫，保护草根，可于施肥的同时，施以适量农药。必须注意撒施均匀，避免药粉成团块状，影响草坪植物成活。

4. 整平

完成以上工作以后，按设计标高将地面整平，并注意保持一定排水坡度（一般采用 0.3% ～ 0.5% 的坡度）。场地当中，千万不可出现坑洼之处，以免积水。最后用碾子轻轻碾压一遍。

体育场草坪对于排水的要求更高，除应注意做好地表排水（坡度一般采用 0.3% ～ 0.7%）以外，还应设置地下排水系统。有些地段采用盲沟排水法。

整地质量好坏，是草坪建植成败的关键之一，要认真对待。

（二）草坪播种

大部分冷季型草能用种子建植法建坪。暖季型草坪草中，假俭草、野牛草和普通狗牙根等均可用种子建植法建植。种子建植法比其他繁殖方法快；缺点是杂草容易侵入，养护管理要求较高，形成草坪的时间比其他繁殖方法要长。

1. 播种时间

主要是根据草种与气候条件来决定。播种草籽，自春季至秋季均可进行。冬季不过分寒冷地区，以早秋播种为最好；此时土温较气温高，根部发育好，耐寒力强，有利于过冬。以北京地区为例，以夏末秋初（8 月下旬至 9 月上旬）播种最适合，此时雨季刚过，土壤墒情较好，气温尚高，有利于草籽发芽，而且一般杂草都已发芽。可于播种前清除野草，以免和草坪竞争；草籽出芽后还有一段生长时间，次年开春就能迅速萌发盖满地面，增强了与野草的竞争能力，可以很快形成草坪，而其他时间都有些不易解决的问题。春季天气干旱，土壤湿度小，气温低，不利于草籽发芽，且和野草共生，管理非常费工；雨季高温多雨，虽有利于草籽发芽，但遇暴风雨会冲刷草籽造成出苗不匀的现象；播种过晚（迟于 9 月中旬），因生长期太短，不利于越冬，影响来年的生长发育。由于各地气候条件不同，应因地制宜地选择本地区最适宜的播种时间。草坪在冬季越冬有困难的地区，只能采用春播。但春播苗多易直立生长，播种量应稍多些。

2. 播种量

播种所遵循的一般原则是要保证足够量的种子发芽，每平方出苗应在 10 000 ~ 20 000 株。影响种子播种量的因素有种子的发芽率、幼苗的活力、所播草坪草的生长习性、要求的建坪速度、种子价格、杂草竞争能力、潜在的病害和建坪后的栽培管理制度。一般草坪的播种量在 25 ~ 40 g/m²，可以参考种子的说明书。

3. 播种

草坪草播种的要求是把大量的种子均匀地播撒于种床上，并把它们混入 6 ~ 10 mm 深的表土中。播得深或者没把它们混入土壤中都会导致出苗减少。如播得过深，在幼苗进行光合作用和从土壤中吸收营养元素之前，胚胎内储存的营养不能满足幼苗的营养需求而导致幼苗死亡。播得过浅，没有充分混合时种子会被地表径流冲走，或发芽后干枯。

表土疏松，播种后易于把种子混入土壤中，发芽出苗均匀一致。播种后，应对坪床滚压，以便使种子与土粒接触。如不进行滚压，应覆盖地面覆盖物，以减少水分损失，防止发生土壤和种子侵蚀。

播种的关键技术是把种子均匀地撒于坪床上，只要能达到均匀播种，用任何播种方法都可以。很多草坪是采用人工播种的方法建成的，这要求播种者技术熟练。这种方法适宜小面积的播种。大面积播种时应用机械完成，这样质量才能得以保证，效率才能得以提高。

由于下落式播种机播种时受风及种子的影响小，因而优于旋转式播种机，但效率低于旋转式播种机。大面积的播种最好使用大型播种机。不但效率高，播种质量高，还能实现播种、滚压一次完成。

4. 喷播

喷播是一种把草坪种子加入水流中进行喷射播种的方法。喷播机上安装有大功率、大出水量单嘴喷射系统，把预先混合的种子、黏结剂、覆盖材料、肥料、保湿剂、染色剂和水的浆状物，通过高压喷到土壤表面。施肥、覆盖与播种一次操作完成，特别适宜陡坡场地如高速公路、堤坝等大面积草坪的建植。该方法中，混合材料选择及其配比是保证播种质量效果的关键。喷播使种子留在表面，不能与土壤混合和进行滚压，因此通常需要在上面覆盖秸秆或无纺布才能获得满意的效果。当因气候干旱土壤水分蒸发太大、太快时，应及时喷水。

5. 植生带

草坪植生带是指把草坪草种子均匀固定在两层无纺布或纸布之间形成的草坪建植材料。有时为了适应不同建植环境，还加入不同的添加材料，例如保水的纤维材料、保水剂等。生产植生带的材料为天然易降解有机材料，如棉纤维、木质纤维、纸等。植生带具有无须专门播种机械、铺植方便、适宜不同坡度地形、种子固定均匀、防止种子冲失、减少水分蒸发等优点，但费用会增加；小粒草坪种子（例如剪股颖种子）出苗困难；运输过程中可能引起种植脱离和移动，造成出苗不齐；种子播量固定，难以适应不同场合等。某些生产厂家为了降低成本、降低种子量，使草坪草基本苗数难以保证，造成了草坪质地变粗、杂草增加等问题。

（三）草坪营养体建植

用于建植草坪的营养繁殖方法包括铺草皮、直栽法、插枝条和匍茎法。除铺草皮外，以上方法仅在强匍匐茎和强根状茎生长习性的草坪繁殖建坪中使用。营养体建植与播种相比，其主要优点是见效快。无论是种子建植还是无性建植，草坪草的健壮生长都要求良好的土壤通气条件、水分和矿物质。因此，无论采用何种建植方法都应细心准备坪床。

1. 铺草皮

铺草皮是最昂贵的建植草坪方法，它在一年中任何时间内都能生成"瞬时草坪"。新铺的草坪不能承受踏踩或娱乐活动，需要几周或几个月的时间重新扎根生长。

铺草皮时，要求坪床潮而不湿。如果过于干燥，特别是在高温下，即使铺后立即灌水，草坪草根系也会受到伤害。草皮应尽可能薄，以利于快速扎根。搬运草皮时要小心，不能把草皮撕裂或过分拉长。

铺设时应把所铺的草皮块调整好，使相邻草皮首尾相接，并轻轻压实，以便与土壤均匀接触。当把草皮铺在斜坡上时，要用木桩固定，等到草坪草充分生根，并能够固定草皮时再移走木桩。

在草皮之间和各暴露面之间的裂缝用过筛的土壤填紧，这样可以减少新铺草皮的脱水问题。填缝隙的土壤应不含杂草种子，这样可以把杂草减少到最低限度。

2. 直栽法

直栽法是种植草坪块的方法。最常用的直栽法是栽植正方形或圆形的草坪块。另一种直栽法是把草皮切成大小的草坪草束，按一定的间隔尺寸栽植。还有一种直栽法是采用在对草坪通气打孔过程中得到的多匍匐茎的草坪束（如狗牙根和匍匐剪股颖）来建植草坪。把这些草坪束撒在坪床上，经过滚压使草坪束与土壤紧密接触，使坪面平整。由于草坪束上的草坪草易于脱水，因而要经常保持坪床湿润，直到草坪草长出足够的根系为止。

3. 插枝条法

插枝条法不像直栽草块和铺草皮那样，草坪草枝条上不带土，因此它们在干、热条件下易于脱水。插枝条法主要用来建植有匍匐茎的暖季型草坪草，但也能用于匍匐剪股颖。通常，把枝条种在条沟中，相距 15 ~ 30 cm，深 5 ~ 7 cm。每根枝条要有 2 ~ 4 个节，栽植过程中，要在条沟中填土后使一部分枝条露出土壤表层。插入枝条后要立刻滚压和灌溉，以加速草坪草的恢复和生长。也可用上述直栽法中使用的机械来栽植枝条，它能够把枝条（而非草坪块）成束地送入机器的滑槽内，并且自动地种植在条沟中。有时也可直接把枝条放在土壤表面然后用扁棍把枝条插入土壤中。

4. 匍茎法

匍茎法是指把无性繁殖材料（草坪草匍匐茎）均匀地撒在土壤表面，然后覆土和轻轻滚压的建坪方法。一般在撒匍匐茎之前应先喷水，使坪床土潮而不湿。接着用人工或机械把打碎的匍匐茎均匀地撒到坪床上，然后覆土，使草坪草匍匐茎部分覆盖，或者用圆盘犁轻轻耙过，使匍匐茎部分插入土中。轻轻滚压后立即喷水，保持湿润，直至匍匐茎扎根。

（四）草坪速植的覆盖

覆盖是为了减少土壤和种子冲蚀，为种子发芽和幼苗生长提供一个更为有利的条件，而把外来物覆盖在坪床上的一种措施。在灌溉条件良好、有喷灌设施时，可以不进行覆盖，但在斜坡地上或依靠天然降水的场合必须铺覆盖物。

好的覆盖材料要具有以下几种功能：①使土壤和种子免受风和地表径流的侵蚀；②调节土壤表层温度变化，保护已发芽的种子和幼苗不受温度急剧变化的伤害；③减少土壤表层水分的蒸发，并提供土壤内或土壤表层较湿润的微环境；④缓冲来自降水和灌溉下降水水滴的能量，以减少土壤表层结壳，从而使之具有较高渗透率；⑤夏季可起到遮阴作用，使表层土壤保持凉爽，在冬季覆盖可起保温和减少冻融的影响。

并非所有的覆盖材料都具有上述各项功能，只是某些比另一些效果好而已。具体选择覆盖材料时，要根据地点的特定要求、费用和能否就地取材而定。常有人用草帘作为覆盖材料用在建植草坪上，覆盖快速方便，可连续使用两三次，但比秸秆价格高，透光率一般较低并且不稳定。另外，还应密切监测草坪草的出苗情况，如揭开草帘的时间晚了，柔弱的幼苗会被强的太阳光灼伤或被热风损伤。

在诸如陡坡和排水沟这些关键的地方可通过放置麻布网来稳固坪床。由麻制成的麻袋片效果也非常好。但为了避免使幼苗过分遮阴，在种子发芽后要把它们去掉。

在小型场地上，可用人工来铺秸秆和干草。在多风地区，可用绳网来稳固覆盖物。在大型场地上，通常要用专门的机械来完成铺覆盖材料的工作，这种机械可把覆盖材料铡碎并吹到坪床上。为了使坪床上的覆盖材料稳固，在覆盖之后，还要把一种乳化沥青喷到覆盖材料上。对于松散的木质覆盖材料和有机残留物也可采用上述同样的方法来进行固定。

（五）草坪的植后管理

播种或栽植后，必要时应加覆盖材料，然后灌溉，使坪床充分湿透。除铺草皮法之外，其他的无性建植法在灌水前应覆土，以防止草坪草脱水。同时频繁轻轻喷水，以防止草坪草干枯脱水，促进幼苗发育成长。在此期间应禁止践踏，等到草坪草完全覆盖地面成坪后才能够允许人员进入。

随着草坪草开始生长，为了确保草坪的正常生长发育，要加强包括修剪、施肥、灌溉、表层覆土和病虫及杂草的控制等管理措施。

1. 修剪

依据草坪的种类和计划管理强度，新枝条至少长到 2 cm 或更高时再开始修剪。修剪高度即留茬高度，每次修剪时，剪掉的部分不能超过草坪草茎叶自然高度的 1/3，这就是草坪修剪必须遵守的 1/3 原则。

2. 施肥

在某些情况下，为了使幼苗、枝条和匍匐茎能快速成坪，少量多次的施肥方法非常有效，也是非常重要的。每次施用少量的化肥，可确保氮素和其他营养物质的充分供应，又不会因施氮肥太多而直接损伤植株或者阻碍根的生长和侧枝的形成。对于出苗期草坪草来讲，适宜的施用量大约是每亩 1.6 kg 速效氮肥或者每亩 3 kg 缓效氮肥。对于无性繁殖的草坪草，施用量可以高些。第一次苗期施肥应在第一次剪草之前进行，它对于补充幼苗根部表层土壤中的养分起重要作用。

3. 灌溉

对刚播种或栽植的草坪，灌溉是一项重要的措施。无论降水是否充足，它都有利于种子和无性繁殖材料的扎根和发芽。水分供应不足是造成草坪建植失败的主要原因。随着新建草坪草的逐渐成长，灌溉次数应逐渐减少，强度也应逐渐加强。在建坪后期，土壤表层有时需要足够干燥，这样才能支撑住修剪、施肥等机具的重量。

随着灌溉次数的减少，土壤通气状况得到改善，当水分蒸发或排出时，空气进入土壤中。生长发育中和成熟的草坪植物根区都需要有较高的氧浓度，以便于呼吸。

4. 表层覆土

并非所有的新建草坪都需要覆土。这项措施主要是用来促进具匍匐茎的草坪草的生长。覆土有利于根的发育和促进由匍匐茎长出的地上枝条的生长，覆土对形成光滑、平整的草坪表面起着非常重要的作用。地表覆土施用土壤的质地应与草坪土壤的质地相同。否则，土壤会形成一个妨碍根区内空气、水和营养物质运动的分层现象。

由于土壤沉实深度不同，常造成草坪表面不平整，对草坪的使用和修剪质量产生不利影响。不断地覆土具有填充凹坑的效果。操作时要仔细，避免土壤过分地把植物组织盖住，从而使它们因得不到充足的光线而受到损伤。

5. 病虫及杂草的控制

在新建植的草坪中，通常杂草是最大的问题。要确保草坪草种子、无性繁殖材料和覆盖材料中无杂草种子，这对建坪后杂草的控制是非常重要的。大部分除草剂对幼苗的毒性比对成熟草坪草的毒性大。某些除草剂能够抑制或减慢无性繁殖材料(包括草皮)的生长。因此，大部分除草剂要推迟到绝对必要时才能施用，以便留下充足的时间使草坪成坪。由于阔叶杂草幼苗期对除草剂比成熟的草敏感，使用正常量的一半就可以了，并且对草坪草的危险性也小。对于控制马唐和其他夏季一年生杂草，施有机砷化物时要推迟得更晚一些（第二次修剪之后），并且也要施用正常量的一半。在新铺的草坪中，必须施用苗前除草剂来防治在春季和夏季出现于草坪卷之间缝隙中的马唐。但是，为了避免抑制根系的生长，要等到种植后 3 ~ 4 周才能施用。如果有恶性多年生杂草出现，但不成片时，在这些地方就要尽快地用草甘膦点施。如果蔓延范围直径达到 10 ~ 15 cm 时，必须在这些地方重新播种。在亚热带气候下，用冷季型草坪草品种来覆播暖季型草坪草。

过于频繁地灌溉和太大的播种量造成的草坪群体密度太大，易引起病害。因而，控制灌溉次数和控制草坪群体密度可避免大部分苗期病害。在某些情况下，建议使用拌种处理过的种子。一般是用甲霜灵处理过的种子来控制枯萎病病害。当存在有利于诱发病害产生的条件时，可于草坪草萌发后施用农药来预防或抑制病害发生。

在新建草坪中，发生虫害的可能性不大。但是，蝼蛄常在幼苗期危害草坪。当这种昆虫处于活动期时，可把苗株连根拔起，或挖洞导致土壤干燥，严重损毁草坪。蚂蚁的危害主要限于移走草坪种子，使蚁穴周围缺苗。常用的方法是播种后立即掩埋草种或撒毒饵驱赶。

第七章　公路养护管理组织机构与工作内容

公路的管理对公路交通的安全、畅通、经济十分重要。公路管理主要分为公路基础设施养护管理、路政管理和交通管理三方面。其中，基础设施养护管理和路政管理由公路部门负责，而交通管理则由公安交通警察部门负责。不同的管理部门担负不同的管理任务。同时，各个部门在实际管理工作中需要相互协调和配合，有时甚至需要一同工作。本章主要介绍公路养护管理的组织机构、公路养护的技术管理、公路养护生产管理、公路养护质量管理等。

第一节　公路养护管理的组织机构

经过多年的实践与发展，我国各省市都已建立起一套行之有效的公路养护管理的组织机构。目前，我国大多数省市采用将高速公路和其他等级公路分开管理的组织模式。高速公路管理基本采用省级设高速公路管理局，一条或几条高速公路一起设高速公路管理处的组织模式，见图7-1。其他等级公路基本采用省级设公路管理局（各省市的名称略有差别）、地（市、区）设管理处（或公路分局）、县（包括县级市）设公路段三级公路养护管理机构，见图7-2。随着市场经济的不断发展，在不影响公路养护管理组织机构大框架的前提下，很多省市还探索了不同的公路养护管理模式。

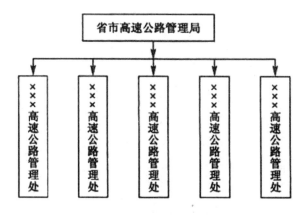

图 7-1　高速公路养护管理组织机构

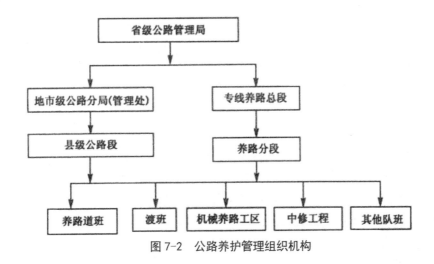

图 7-2　公路养护管理组织机构

尽管我国公路养护管理实现了三级管理，但随着经济的发展以及我国开展的管理体制改革，目前的管理工作范畴和具体内容也发生了与时俱进的变化，例如，取消养路费（费改税）之后，养护资金的申请与使用要纳入国家或地方财政预算管理。非政府财政投资建设的公路的养护资金来源于投资方。因此，在养护管理工作源头——养护资金方面发生了很大的变化，这也使得组织管理机构内部要进行相应的调整等。

公路养护管理的基本流程是：下一级公路管理部门进行公路技术状况检查与评定，根据公路技术状况和工程规模，提出下一年度公路养护与管理的年度计划安排，并向上一级公路管理部门提交计划申请；上一级派技术人员进行现场考察、评估与完善后，将计划申请再向其上一级申报，直至省级公路养护管理部门派技术人员对各地市的计划申请逐项进行评估，进而提出省级公路网下一年度养护项目计划和养护资金预算方案，并向省级财政部门申请下一年度的养护资金；获得批复后，按财政部门实际拨款额度实施年度养护计划（按法律法规要求进行招投标）。

我国公路养护将逐步向市场化方向发展，养护工程将逐步实现全面招投标制（包括日常维护）。因此，目前的管理组织机构将来还会逐步发生变化，其主要职能将是公路技术状况管理、养护计划管理、养护维修方案审查、养护工程招投标、养护工程质量过程管理、养护工程质量验收等。

第二节　公路养护的技术管理

公路养护必须加强技术管理，严格贯彻国家有关公路建设和养护的技术政策、标准规范、办法和相应的操作规程，以提高公路养护质量。公路养护技术管理包括公路养护信息化管理、养护工程管理、公路检查和档案管理等，具体包括交通调查、公路路况登记与档案管理、养护工程的技术管理、公路定期检查。技术管理应健全制度，依靠科学养护，实行规范化管理，逐步推广应用评价管理手段，巩固、改善和提高现有公路的技术状况和服务水平。

一、交通调查

（一）调查的目的及内容

公路交通调查为公路建设总体布局与规划、公路建设项目可行性研究、旧路技术改造、公路工程设计、制订养护计划及交通管理措施等提供重要的基础数据，同时，为交通工程学基础理论研究和其他公路科学研究提供基础资料。

公路交通调查主要指交通流特征的调查或观测，主要通过对原始数据的计算分析获得交通流密度、速度、起讫点、轴载、车头时距、车辆横向分布及服务水平、通行能力、交通事故等特征参数。

各级公路管理部门，应采用先进的观测技术和数据处理手段确保调查数据准确可靠，应按照长期观测和档案管理的有关要求，将调查数据及时逐级上报，并归档长期保存。

（二）交通量观测

目前交通量观测主要分为下列两种。

间隙式观测：按预先确定的观测日期，对交通量进行定期观测与统计。

连续式观测：全年分小时连续不断地对交通量进行观测与统计。

1. 交通量观测方法

用人工或仪器将通过规定观测断面的各种类型车辆分车型记录在表格或计数器具上，每小时终了，将记录结果进行整理并登记于规定的表格上。采用现代化观测仪器设备能够增加观测内容，提高观测精度，真正实现连续观测。

2. 观测站（点）的设置原则

凡列入管养范围的路段，原则上都应进行交通量观测。观测站（点）的设置应从全局出发，根据公路网布局和所划定的调查区间，分别由省、地（市）级公路管理机构决定。

各观测站（点）应进行统一编号，并确定其代码。观测站代码结构应与交通运输部路面管理系统中路段编码一致。观测站（点）位置一经设置，不得随意变动。

连续式观测站应设在主要干线和重要旅游公路交通量有代表性的适当地点，并应注意分布均匀、合理，避免集中在大城市周围。间隙式观测站应设在调查区间范围内能代表所在路段交通量的地点。每个调查区间只设一个观测站。当需要对特定地点，如交叉口、渡口及隧道出入口等进行交通量观测时，可根据使用目的，设立临时补充观测站（点），待完成观测任务后撤销。

各类观测站（点）应选择在视线开阔且具备观测条件的地点，并应离开市区适当距离，以免受城市交通量的影响。高速公路的交通量观测可结合收费站(点)或监控设施实施观测。

观测站（点）的数量可根据公路里程、路线交通量变化情况，由各省自行决定，并划定调查区间。每省(自治区、直辖市)应在国道上设立若干个连续式观测站。各观测站(点)均应配备固定的观测人员：连续式观测站每站或每一个观测断面配 10 ~ 20 人，间隙式观测站（点）每站配 4 ~ 6 人，具体人数可视交通量大小确定。补充观测站人数可视观测断面的个数及交通量大小确定。

连续式观测站应设立固定的观测房，配备必要的观测设备和工具。间隙式观测站(点)和补充观测站（点）可设置简易观测房（棚）或流动观测车，配备必要的观测设备和工具。

3. 观测时间

观测时间应符合下列规定：①连续式观测站的观测时间可从建站开始，连续不断地长期进行。②间隙式观测次数因地区而异，一般情况下应每月观测 2 ~ 3 次。每个观测日连续观测 24 h，观测时间一般定为观测日 6 时起至次日 6 时止。为了避免观测资料的偶然性，在确定观测日时，应尽量避开法定节假日。③在间隙式观测中，观测日若遇地方性集会或一般的雨雪天气，仍应照常进行，但应在附注栏内说明。遇大雪、暴风雨等特殊气候，应改期观测。改期不应超过 3 日，3 日内仍无法补测者，可取消本次观测。由于公路施工等原因阻断交通，短期内不能恢复通车的路段，可停止观测，直到恢复通车后再继续观测，但应在附注栏内说明。④夜间交通量稀少的路段及北方严寒季节，在充分积累资料取得昼夜交通量换算系数的情况下，可观测白天 12 h 或 16 h 的交通量。观测时间一般为 6 时至 18 时或 6 时至 22 时，但应计入推算的夜间交通量。

4. 数据处理

交通量观测站（点）对取得的原始观测资料，应及时进行整理、汇总、计算和分析，上报规定的各类报表和图表，以便资料的积累和应用。

（三）车速调查与观测

车速调查与观测的主要目的是通过调查，取得通过地点的车速分布状况，掌握车速变化时态和车速发展变化趋势，研究、分析公路通阻情况、服务质量、通行能力及运营管理水平，为交通规划、交通管理、公路几何设计提供依据，为提高公路通行能力、改善公路质量、改善运营管理提供重要的基础资料。

车速调查与观测包括车辆通过公路较短区间的地点车速调查和较长公路区间（或整条路线）的区间车速调查。

1. 地点车速观测方法

（1）人工观测
在拟观测车速公路的某观测地点，选定一段 30 ~ 50 m 的直线路段（相当于车辆通过时间为 2 ~ 3 s 的车程），记录车辆进入与驶出该路段的时间差，并计算车速。此方式适用于交通量较小的情况。

（2）雷达测速仪测速

利用雷达测速仪观测时，应选择地势平坦、视野开阔、线形平直的观测路段，使仪器能够从正面接收到被反射回来的雷达波，以提高观测精度。

（3）车辆检测仪测速

车辆检测仪一般由检测器（感应器式、气压式、地磁式、电磁式、超声波式、红外线式等）、数字处理机与记录显示装置构成，可自动记录交通量，计算车辆速度和部分统计特征，能够进行长期、连续的交通量观测。

（4）摄像法

当交通量较大时，可采用现场摄像的方式，记录观测点的 12 ~ 24 h 交通流，然后利用计算机回放录像，记录固定长度路段内同一车辆进入与驶出的时间差，并计算车速。

2. 区间（路段）车速观测方法

（1）跟车法

观测时由观测人员乘车跟随被测车辆，记录被测车辆在路段上的行驶时间、停车时间、停车原因及经过的路段长度，计算出行驶车速和综合（路段）车速。跟车法观测车速时，宜在同一路段往返重复 4 ~ 6 次。

（2）记车号法

本方法只适用于综合车速的观测。观测时，在观测路线的两端，由观测员分别记录通过观测断面的车辆牌号和车辆通过该点的时间，计算同一车牌号的时间差和两端距离而得到综合车速。为确保资料准确，数据宜达 50 组以上。对中途交叉口多或中途停车多的路段，本方法不宜采用。

（3）浮动车观测法

本方法宜用于交通流稳定、岔道较少且交通量较小的路段。观测前，自备一辆观测车，选定观测路段并丈量其长度。观测时，观测车自观测路段的起点向终点行驶，观测员分别记录与观测车对向行驶的车辆数和同向超越观测车的车辆数、被观测车超越的车辆数以及观测车行驶于该路段的行程时间。到达终点后，观测车立即掉头反向行驶，仍做同样观测。应行驶 6 个往返，即可计算路段的车流量及路段平均车速、平均运行时间。

（四）四类公路交通量比重调查

为了掌握公路交通流量的地区分布和路线分布特征，分析和评价国道、省道、县道、乡道四类公路的使用功能，论证和探讨现有公路网的合理性，应开展四类公路交通比重调查。通过调查，为公路规划、可行性研究、技术经济分析论证、设计、改造等提供依据。

1. 调查的范围、内容、时间和观测点的设置

调查的范围为辖区内的各条国、省、县、乡道，调查内容为辖区内机动车保有量、四类公路的里程、各条公路的交通量。

调查日宜选择在运输旺季中的某一天，一般选择间隙式交通量观测日作为调查日。调查日应避开节假日。调查时段可根据需要选定，可为调查日的 6 时起的连续 24 h 或 16 h，或 7 时起的连续 12 h。

按区域路网交通量调查的规定要求，每条路线划分调查区间并设定一个代表性观测站。一般均利用路网中设置的交通量常规调查的观测站，可不再重新设站。

2. 观测的内容、方法和车型分类

观测的内容、方法和车型分类与交通量常规调查的规定相同，分小时、分车型记录通过观测断面的机动车交通量。

在取得比重调查资料后，应对资料进行整理汇总。计算每个观测站日机动车交通量和日汽车交通量（均为绝对值）、每条路线的交通量和日交通量、调查区域内行政区的四类公路里程比重、路线交通量所占比重、日交通量及年路线总交通量。

（五）轴载调查

轴载调查是为了预测某一时期内行车对路面的破坏作用，科学地确定公路养护对策、合理地分配公路养护和改造资金。

为确保轴载调查的质量，有效地利用现有交通量调查资料，轴载调查的车辆分类可在现行交通量分类的基础上，对每类车辆再分成若干档次。调查时，应按分类分档记录。

对每档车辆选取一种车型为该档车辆的代表车型。根据该代表车型的轴载和作用次数，换算成标准轴载的当量轴次。再根据每类车辆中若干档代表车型换算成标准轴载的当量轴次的总和，即可计算得到各类车辆的当量轴次换算系数，然后利用现有的交通量调查资料，换算成标准轴载的当量轴次。

轴载调查时宜同时进行客、货车装载情况抽样调查。如无条件，则可利用交通量调查中现有的实载率资料。轴载调查以每年一次为宜。每次调查天数可根据每类车辆的代表当量轴载换算系数稳定性而定，每次不宜少于 3 天。调查时间应具有代表性。

随着科技的进步，目前已经有成熟的技术可以同时进行车速、轴载、车头时距、车辆横向分布等的检测与计算分析系统。

二、公路路况登记与档案管理

公路路况登记、调查与评定是公路养护的重要基础工作，其资料是公路技术档案的主要部分。它反映各条公路及沿线构造物的全面技术状况，是制订公路规划、安排改建项目、编制年度养护计划等的重要基础资料，也是路产管理、资产评估的重要凭据，对实现公路科学化管理、提高养护质量具有重要作用。

（一）公路路况登记

公路路况登记一般包括以下内容：①公路基本资料。②路况平面略图。③路况示意图。④构造物卡片：桥梁、隧道、渡口、过水路面、房屋等。⑤登记表：涵洞、挡土墙、绿化等。

进行路况登记时，应以公路现况调查资料、设计文件、施工记录、竣工文件、技术总结等为依据；资料不全的应进行补充调查和测绘工作。路况登记时，必须按表、卡所列内容逐项认真填写。

进行路况登记的路线，应在每年年终将变更部分同时更新、补充到纸质资料和电子版资料中。变更登记的范围包括公路被毁、修复、大修和改建等。变更登记应根据工程竣工验收文件、图表和实地测量的结果进行。当变更内容较多或变化较大，致使登记图表难以继续使用时，应重新绘制路况登记图表，并与原资料并列保存。

路况登记资料应按路线性质（行政等级）实行分级管理：地（市）级公路管理机构和县（市）级公路管理机构保管所管辖公路的全部资料；省公路管理局保管全省县级以上公路的资料、卡片。

县级以上公路都应建立分线登记图表。乡级公路可只填写公路技术状况汇总表，供各级公路部门存查。县（市）级公路管理机构应在每年年底前完成路况登记资料的修改；地（市）级公路管理机构应在次年一月底前完成资料修改的汇总；省公路管理局应在次年三月底完成全部资料的整理，并将国道部分资料报交通运输部备案。

新建公路的路况登记，按公路分级管理规定，应在竣工验收接养后三个月内由接养单位完成。

公路路况登记资料应逐步做到用电子计算机进行数据处理和储存。在采用电子计算机建立数据库时，所有数据应按《公路路况数据处理系统编目编码规范》执行。编目名称包括公路路线、公路路基、公路路面、公路桥梁、公路涵洞、公路渡口、公路工区（站）房屋、公路隧道、综合部分和图例式样十部分。

近年来，随着路面管理系统和桥梁管理系统的推广应用，公路路况管理数据库越来越完善，已实现了国、省、市、县分级管理、分级统计、数据共享的目标。

（二）公路技术档案管理

加强公路技术档案的管理，是公路养护部门生产技术管理的重要环节，必须按照集中统一管理技术档案的基本原则，建立、健全技术档案，使之达到完整、准确、系统、安全和有效利用的要求。

省公路管理局、地（市）级公路管理机构和县（市）级公路管理机构都应建立、健全技术文件的形成、积累、整理、归档制度，做到每一项科研、工程等活动都有完整、准确、系统的技术文件材料归档。

省公路管理局应成立技术档案室并配备专人管理；地（市）级公路管理机构也应成立技术档案室或综合档案室，配备专人管理；县（市）级公路管理机构要逐步建立综合档案室，配备专职或兼职人员管理。

在工程竣工验收时，技术档案部门应派员参加点检、接收竣工资料，并按专业系统的技术档案分类大纲进行分类、编号、登记、统计和加工整理，编制检索工具和参考资料。

对重要的技术档案应当复制副本，分别保存，以保证在非常情况下技术档案的安全。

借阅、复制或销毁技术档案要有一定的批准手续，防止遗失和泄密。保管技术档案应有专用库房，库房内应保持适当的温湿度，并应有防盗、防火、防晒、防虫、防尘等安全措施。应定期检查技术档案的保管状况，对于破损或变质的档案，要及时修补和复制。

为提高技术档案工作管理水平，增强技术档案信息资源的开发能力，宜有计划、有步骤地实现技术档案资料的计算机管理、微缩复制技术以及其他现代化保管技术的应用，逐步实现技术档案管理手段的现代化。

三、养护工程的技术管理

养护工程中的公路改善和大中修是技术管理的重点，主要内容包括公路路况调查与评定结果分析、养护维修方案审查、养护工程招投标、养护工程质量过程管理、养护工程质量验收等。

（一）公路路况调查与评定结果分析

各级公路管理部门对所管辖的公路的技术状况进行定期检测与评定，对评定结果进行分析，对照《公路技术状况评定标准》（JTG　5210—2018）、《公路养护技术规范》（JTG H10—2009）以及其他相关规范中规定的标准，进行公路设施养护维修方案的初步确定，提出养护维修计划，并提出养护资金需求计划。

对于突发事件引起的养护维修需求，要及时进行技术鉴定与评价，提出维修技术方案和计划。

（二）养护维修方案审查

对于公路改善和大中修工程项目，要及时组织技术人员进行设计会审。主要审查技术方案是否合理、图纸及说明是否齐全、技术可行性和可靠性、施工工艺是否合适、预算是否合理等。

由于公路改善和大中修工程项目采用一阶段施工图设计，设计单位对设计质量负责，施工图预算严格限定在审批的资金限额之内，所以设计文件经过主管部门审批后，不能随意修改和变更。项目实施过程中确实出现与设计不符的情况需要设计变更时，必须按程序办理变更设计手续。

（三）养护工程招投标

按照相关法律法规规定，公路改善和大中修工程项目的设计与施工采用工程招投标，公路管理部门应做好招投标的前期准备工作，项目交由有相应资质的工程招标中心进行招投标。

（四）养护工程质量过程管理

为了确保日常养护、中修、大修、改善工程的质量，应对养护工程实施过程进行质量管理，即进行工程检查。

工程检查分为日常作业检查、定期检查、中间检查等，并应分别符合下列要求。

1. 作业检查

由施工单位的现场技术负责人对施工作业班组的每个施工环节、每道工序、工程位置及各部尺寸、所用材料、操作程序、安全质量等通过班组自检后进行检查，填写原始记录，并经工地监理工程师查验核实、签证。

2. 定期检查

省公路管理局每年由总工程师负责组织全省重点改善工程检查；地（市）级公路管理机构每半年由主任工程师负责组织本地区工程检查；担负有工程任务的县级公路管理机构每月由主管工程师负责辖区内工程检查。工程检查的内容包括：施工组织及设备的适应程度及合理与否；工程进度及质量情况；材料计量及规格质量是否符合要求；技术安全措施是否得当；技术操作是否符合规程；各项原始记录中完成的指标与实际是否符合，与设计要求相符程度等，以及岗位责任及存在问题。

3. 中间检查

包括隐蔽工程和工局部工程的工程检查。

（1）隐蔽工程的检查

检查内容：路基填土前的原地面处理；路面铺筑前的基层、垫层和路槽；基础施工前的基底土质、高程和各部尺寸；浇筑混凝土前的埋设钢筋规格、数量、位置；隧道衬砌前的围岩开挖质量以及其他隐蔽部分的检查。

（2）局部工程的检查

检查内容：路基、路面、桥梁、涵洞、构造物等部分工程或已完工的分部、分项工程的检查。

中间检查后应做好检查记录，必要时还应对隐蔽工程拍照留存。中间检查应经驻地或上级监理工程师检查、签证。

（五）养护工程质量验收

为了确保中修、大修、改善工程质量，应严格执行工程验收制度。

竣工验收检查：当工程已按施工合同及设计文件的要求建成，并已按规定编制完成工程竣工文件，由施工单位提出验收申请，经建设单位核实确已具备验收条件时，可报请主管部门或投资建设单位组织验收。

养护工程项目原则上采用一阶段竣工验收。工程竣工验收前，由竣工验收领导小组组织几个检查组，对全部施工资料、竣工图表、工程决算、财务决算、上级批准的有关文件、工程总结等进行审查并检验评定工程各部的质量；对比各项技术经济指标和使用指标，提出存在的问题及改进措施。竣工验收参照现行《公路工程竣工验收办法》执行，检验评定标准按现行《公路工程质量检验评定标准》执行。工程竣工验收应根据工程规模大小，由上级主管部门或设计文件批准单位，负责组织设计单位、施工单位、养护单位代表和监理工程师等组成验收委员会或领导小组对工程进行竣工验收。

四、公路定期检查

为掌握公路质量的变化情况，考核公路养护生产和管理工作效果以及为计划编制提供依据，应定期对公路养护生产和管理工作进行检查。

县（市）级公路管理机构每季检查一次；地（市）级公路管理机构每半年检查一次；省公路管理局每年检查一次；全国性的公路检查，一般每5年由交通运输部组织或委托组织一次大检查。

（一）公路定期检查的一般内容

公路养护质量；大中修、改善工程；养路机械化水平与管理；路政管理；执行公路养护技术政策情况；市（地）、县（市）公路管理；工区（站）管理。县（市）级公路管理机构的公路养护管理工作检查的内容可适当减少。

各级公路管理机构可结合本地区的养护里程、自然条件、路况、管理水平等实际情况，组织专线、专项公路检查。

工区（站）应坚持每天巡回检查路况。危桥、险路和易出现病害地段应列为检查的重点。巡查后应进行记录，内容包括路段桩号、公路状况（病害名称及数量、损害程度）、对策措施（修复方法及期限、责任人）等。县道以下公路或交通量很小的省道公路，可适当减少巡查次数。

公路遭受洪水、暴雨、台风、流冰、风沙和积雪等自然灾害毁坏和人为破坏，影响车辆安全通行或阻车时，工区（站）应立即查明情况，迅速向县（市）级公路管理机构报告，对于国、省道应逐级向省公路管理局报告，对于重要国道，省公路管理局应上报交通运输部。

经公路管理机构批准，超过公路限载、限高、限宽、限长的超限运输车辆通行后，县（市）级公路管理机构应及时组织检查。发现公路损坏时，应将损坏的路段桩号、程度、数量等情况向地（市）级公路管理机构报告。

（二）全国性公路大检查

全国性公路大检查（简称国检）由交通运输部组织实施。检查内容包括路况检查和管理规范化检查两部分，检查范围为全国所有干线公路，检查对象为地方各级公路管理机构和收费公路经营管理单位。

1. 公路路况检查

分别对高速公路和普通干线公路的路况进行检查，对高速公路检测路面平整度、路面损坏和路面车辙三项指标，对普通干线公路检测路面平整度和路面损坏两项指标。按评分组成、组织方式、抽检里程和比例、抽检路线和形式、施工段顺延方式、现场抽检与数据提交等顺序，逐项确定具体内容和方法。

2. 管理规范化检查

重点检查交通运输部相关政策的贯彻落实情况和养护管理工作的规范化程度等，主要内容包括综合评价、养护管理、路政管理、收费管理、路网服务与应急、技术保障等。按检查资料准备、确定现场检查地市（区、县）和高速公路路段管理单位、初步评分、检查受检省级交通主管部门或公路管理机构、检查受检地市（区、县）或高速公路管理单位、检查评分、检查组与受检省（自治区、直辖市）交换意见等顺序，确定检查内容和方法。

第三节　公路养护生产管理

公路养护生产管理是对公路养护生产活动的计划、组织、实施、控制以及与养护工程项目相关的管理工作的总称。公路养护生产管理的任务是公路管理部门利用在计划、组织、控制等方面的职能，将养护生产各种要素和环节有效地结合在一起，形成一个有机的生产体系，按照最佳方式完成生产任务，达到养护质量要求和最佳的经济效果。

一、公路养护生产的组织方式

随着我国基本建设越来越规范化和市场化，公路养护也将逐步向市场化方向发展。不同规模的养护工程项目实行不同的生产组织方式。

公路改建、大修、中修等工程项目一般由省级公路或高速公路管理部门组织项目立项、申请、设计等，设计和施工实行招投标制。这类养护生产过程中，公路管理部门的主要任务是工程项目各个环节的管理，进行不同生产环节的质量控制，不参与工程项目的具体设计和施工工作。

小修保养工程由于具有工作路线长、点多、面广、作业分散、无法形成规模等特点，一般由省级公路或高速公路管理部门核定养护计划，实行固定定额、各县区公路管理部门或高速公路管理处具体组织实施等管理方式，有条件的可实行分段包干等方式，由民营养护公司承担养护生产作业工作。

目前，我国有些省份在公路养护工作中不断探索新的养护工作组织模式，向着完全市场化方向发展，精简养护管理机构，提高养护工作效率和质量，提高养护资金使用效率。实行公路养护总承包制，即对某段公路在一个较长的时间段内的养护工程进行招标。公路管理部门制订养护计划、申请养护资金，在这个时间段内的养护工程全部由中标的养护公司负责工程施工，公路管理部门负责养护工程施工过程的质量检查和竣工验收的质量检查，最后由公路质量监督检验部门进行验收。

二、公路养护工程的计划管理

（一）公路养护工程计划管理的任务与作用

公路养护工程的计划管理是指从事公路养护的各级部门，根据公路养护相关技术规范、国家财政政策、养护资金来源、养护资金使用程序、养护工程实施法律法规等，进行养护计划编制、养护资金申报、养护计划下达、养护资金使用监督等综合性管理工作。做好计划管理工作可以提高公路养护资金的使用效率，提高公路网服务水平，取得显著的经济效益。

公路养护计划管理的主要任务：①做好养护计划编制、养护资金申报、养护计划下达、养护资金使用与管理等工作。②确保完成养护计划所下达的公路小修保养、大中修、改善工程的任务，提高路网服务水平等级，不断提高公路技术标准，完善公路沿线设施。③合理组织生产，包括养护技术力量协调、养护新技术应用与推广、采用先进的管理方法和手段等。④依据公路技术状况和其他因素，养护计划安排应遵循先重点路线、后一般路线，先小修保养、后大中修和改善的原则，做到养护计划安排的科学化。

（二）养护计划编制的内容

按照计划内容可分为公路小修保养计划、大中修计划、改善工程计划、公路绿化计划、养护经费收支计划等。通过计划的编制，能够使各级公路养护部门明确各个时期的任务、确定工作量的大小、掌握工作进度，并按计划要求提前做好各项准备工作，保证养护工作的顺利进行。

以小修保养为例，其养护计划主要内容包括：①工程量指标。公路养护里程和小修保养工程项目及其工程数量和工作量。②质量指标。按照《公路技术状况评定标准》规定的指标和方法，确定公路小修保养后应达到的技术评定不同等级的比例，以及各单位工程质量标准和要求。③公路小修保养工程年公里成本和单项工程成本。④主要材料消耗，如沥青、集料、矿粉、水泥等。⑤主要机械台班消耗，如灌缝车、修补车、小型压路机等。⑥人工数量，如需要技术人员、管理人员、操作人员等的数量。⑦为完成任务、实现进度、保证质量、降低成本所采取的技术组织措施和安全生产措施。

（三）公路养护计划编制的方法

公路养护计划包括制订长远规划，编制、执行并检查年度、季度、月（旬）计划。不同公路养护管理部门编制计划的详尽程度有所不同。

1. 长远规划

公路管理部门根据公路技术状况现状、技术状况预测、未来技术状况目标、养护资金投入预期、经济发展水平等，制订未来（一般 5 年）的公路养护规划。

2. 年度计划

年度计划即全年养护任务计划，可根据各基层养护部门所管辖公路的技术状况，结合公路网整体规划和养护资金情况，按照先重点路线、后一般路线，先小修保养、后大中修和改善的原则，由各基层养护部门在前一年年底提出下一年度计划建议书，报上一级管理部门审核并逐级上报。省市公路管理部门对全省的养护计划进行审核、协调、汇总，上报省市交通主管部门审核后，向省市财政部门申请养护资金计划。

3. 季度计划

由公路段或公路管理处按照批复的年度计划编制季度计划，可根据实际情况在年度计划内做出适当的计划调整。季度计划应按时间要求上报，待批准后实施。大、中修和改善工程等实施招投标的养护工程，由临时成立的项目管理机构负责编制，并报省市公路管理部门批准后实施。

4. 月度计划

月度计划即实施性生产计划，由承担养护工作任务的单位负责编制并实施。

由于养护资金来源和资金使用的法律法规不断向适应市场经济的方向发展，公路养护管理体制也在发生变化，使得公路养护计划管理也在发生局部变化，在实际工作中应当不断调整工作内容，以适应公路养护工作不断向前发展的需要。

第四节　公路养护质量管理

公路养护质量的基本要求是：保持路面整洁、横坡适度、行车舒适；路肩整齐、边坡稳定、排水畅通；桥梁、隧道、涵洞等构造物维护完好；安全设施鲜明；沿线设施完善；绿化协调美观。要使公路的养护质量水平达到一定的高度，必须建立和完善与之相适应的养护质量管理体系和制度，采用先进的管理方法和手段，也只有这样，才能够使养护质量有高的标准。

公路养护质量管理，是通过对公路养护维修施工单位、工程监理单位和监督管理部门的科学管理实施的。应当按照"质量第一"的方针和全面质量管理要求，采取有效的技术管理措施，不断提高养护质量管理水平，建立和健全"政府监督、社会监理、企业自检"的质量管理体系，严格执行质量审核制度。

一、施工单位自检

施工单位的质量管理是工程质量的基础和保证，因此，施工单位必须按照公路工程建设法律、法规、规章、技术标准和规范的规定，结合公路工程质量管理的特点，按照设计文件、施工合同和施工工艺的要求组织施工。

施工单位应制订和完善相应的岗位规范、质量责任考核办法，加强施工的自检、自查和交接验收工作，建立有效的质量自检体系，推行全面质量管理，落实质量责任制，做好工程质量的全过程控制，确保工程养护质量。

养护工程施工质量控制，应包括所用材料的质量检验、修筑试验段、施工过程中的质量控制和工序之间的检查验收。

施工前，应对沥青材料按照规定的技术标准进行各项技术指标的测试，在施工过程中，也要抽样检查，根据实际情况做针入度、软化点、延度的试验；对石料、砂、石屑以及矿粉也应进行质检。

石料的测试项目有抗压强度、磨耗率、磨光值、压碎值等。

砂、石屑则要测定其相对密度、级配组成、含水量、含土量等。

而矿粉则要测定其相对密度和含水量并要进行筛析试验。

在施工过程中，应对沥青混凝土性能进行抽样调查，其项目有马歇尔稳定度、流值、空隙率、饱和度、沥青抽提试验、抽提后的矿料级配组成等。

为了确保工程质量，避免返工现象，施工单位应指定专人进行下列工作：①量测并记录沥青混凝土到达工地、摊铺、初压、复压和终压时的温度和摊铺层厚度。②加强测量工作，确保基准线的准确，并利用允许误差调整横坡度，以保证各结构层厚度，满足设计要求。③初压后及时检查平整度、路拱，进行必要的修整，坚决消除沥青混凝土摊铺时的离析现象，保证结构层的稳定度和密实度这两项重要指标达到设计要求。

在完成沥青混凝土面层施工后，施工单位应及时提供自检资料，并会同其他基础资料提交驻地监理工程师，作为面层验收的依据。

二、监理单位检查

对公路养护质量应采取有效的社会监理制度。质量监理是监理工程师受业主的委托，在委托权限的范围内，按照合同条件、设计条件及技术规范的规定和要求，对工程施工全过程实施的全面的质量控制和管理，质量监理不同于政府部门的质量监督，也不同于施工单位的质量自检，它是监理工程师以合同条款、设计条件和技术规范为依据，建立相应的组织系统，执行规定的工作程序，运用各种有效的手段和方法，对影响工程质量的各环节、各部位进行全方位、全天候、全过程的监督和管理。

监理工程师的质量检查工作主要如下：①检查施工单位的施工工艺是否符合技术规范的规定，是否按开工前监理工程师批准的施工方案进行施工。②检查施工中所使用的原材料、混合料是否符合经批准的原材料质量标准和混合料配比要求。③对每一道工序完工后进行严格的质量验收，合格后才能允许施工单位进行下一道施工工序。④对施工过程中产生的工程缺陷或质量事故进行调查、处理。达到设计要求后才允许施工单位继续施工。

监理工程师应尽可能地增加检查时间，加密检查点，使得检查工作达到足够的深度和广度，从而尽可能早地发现问题，做到防患于未然，对已发生的质量问题，应及时责令其进行处理。

三、管理部门监督

公路工程质量监督管理部门，是对公路工程质量进行监督管理审核的专职机构，它依据国家的有关法规和交通运输部颁布的技术规范、规程和质量检验评定标准，对公路工程质量进行强制性的监督管理。因而，建设、设计、监理和施工单位在工程实施阶段必须自觉接受政府质量监督部门的监督。对于公路的各项工程，应按此要求接受公路管理部门的工程质量审核，以保证高速公路的养护质量。

公路养护质量工作实行统一管理、统一规划、统一制度、统一标准、分级负责、分类实施的质量管理体系。高速公路养护质量管理体系一般采用以下模式：高速公路公司负责编制养护中长期发展规划；制定各项管理制度和办法；制订下一年度养护计划；负责检查、监督养护工程建设市场管理情况；审批大修工程或个别技术难度很大的专项工程的技术方案、预算、决算和招标评标方案，并组织交工验收和竣工验收工作；定期检查、评定、考核养护质量和养护管理情况，并做出奖惩决定。

分公司依据公司的养护发展规划、年度计划，负责编制本公司的养护发展规划和年度计划，并制订季度计划；根据公司各项管理办法，制订具体的实施细则并认真抓好落实；负责组织管理大修工程项目或个别技术难度很大的专项工程项目；审批专项工程的技术方案、预算、决算和招标评标方案，并组织交工验收和竣工验收工作；按季进行养护质量和养护管理的检查、评定、考核和奖惩。

管理处（管理中心）作为公司的业主代表对所辖路段的养护工作负全责。它根据分公司、子公司的养护发展规划和计划，负责编制本单位的发展规划和年、季度计划，并应制订月度计划加以组织实施；负责管理经常性的保养维修工作和组织管理专项工程项目；按照分公司、子公司的各项管理实施细则，落实各项养护措施；按月进行养护质量和养护管理的检查、评定、考核和奖惩。

养护经费的使用应建立分级、分类、分项支出的核算制，维修保养经费，公司按月全额拨付，由管理处（管理中心）管理使用，按季办理决算报分公司审查，分公司每半年汇总1次报公司备查；养护专项、大修工程经费，公司依据工程预算按工程进度拨付，管理处（管理中心）、分公司按监理工程师的计量进行支付，工程完工后编制决算，分级审批，分公司对已完专项工程按季汇总决算上报公司备查。

控股子公司的养护发展规划和年度计划，大修工程的预算、决算、技术方案以及招标、评标方案的审批工作，考核养护质量的奖惩办法，养护经费的拨付使用等，按本公司的章程规定执行，但发展规划应符合公司发展规划的总体要求。大修工程的技术方案须征得公司同意，年度计划、预算、决算和招标、评标工作接受公司的指导、监督，并报公司备案。

四、公路养护质量管理制度

建立完善的养护质量管理制度，对于确保工程质量是至关重要的。

对于公路管理部门而言，需要做好以下工作：①建立技术管理体系，养护技术管理主要包括交通情况调查、公路路况登记、养护检查与质量评定、工程检查与验收、路面管理系统和桥梁数据库开发与应用、计划统计与科研、档案管理等工作。按实际需要配足养护工程技术人员，加强业务培训，提高养护人员的管理水平。②建立三级路桥检测机构，对所属公路进行检测。各级检测机构配备必要的技术人员和检测设备，取得相应资质。③积极采用现代化管理手段和先进养护技术，大力推广应用新技术、新材料、新工艺、新设备，吸取和借鉴国内外高速公路养护的先进经验和技术成果，不断提高养护管理水平。

对于施工单位而言，养护质量管理制度的建设主要有以下工作：①建立由项目经理负责、技术负责人主持的工程质量组织体系。工程质量组织体系包括质检室、工地实验室、技术室及各单位工程中的质检组。其职责是组织、实施工程项目，对进场材料进行质量检验和试验，提出技术方案措施。②加强全员质量思想意识，树立正确的质量观。坚持"预防为主"的方针，强化质量意识，落实质量责任。③认真编制施工组织设计，严格、科学地组织施工；经常检查施工的组织设计与施工方案的落实情况。④建立健全工程材料进场检查验收和取样送检制度，保证工程材料按质、按量、按时的供应。⑤在项目负责人和技术负责人的领导下，质检室设立专职工程师负责日常质量管理工作，定期组织质量检查。如出现问题，质检人员有权制止，必要时可向主管领导提出暂停施工进行整改的建议。⑥加强施工人员的技术培训，提高工种岗位的实践技能，提高人员素质。⑦施工中坚持自检、互检、交接检制度，所有工序坚持标准化操作。⑧建立质量责任制，明确落实施工人员的质量责任，提高施工人员自我控制施工质量的意识。⑨坚持工前有交底、工中有检查、工后有验收的操作管理制度，做到施工操作程序化、标准化、规范化。⑩处理好质量与进度的关系，摆正"进度服从质量"思想，坚持好中求快、好中求省，严格按照标准、规范和设计要求组织、指导施工。

五、公路大修质量控制

为确保公路大修质量目标的实现，应根据全面质量管理的要求，建立健全有效的质量保证体系，实行严格的目标管理、工序管理与岗位责任制度，对施工各阶段的质量进行检查、控制、评定，达到所规定的质量标准，确保养护施工质量的稳定性。

不同的工作部门，可根据本部门的特点，严格按照规范的要求进行把关，确保工程实施过程中质量完成的万无一失。

（一）项目部的质量控制

增强质量意识，更新质量观念，严格按照 ISO 9000 质量体系的要求，开展各项质量管理工作，记录施工详况，使工作流程完全书面化。建立员工技能、素质培训制度，不定期集中学习，聘请有关专家或高级工程师，有针对性地对员工进行专业技能培训，提高员工的综合能力和素质。

建立内部事务讨论制度，全员参与问题的讨论和决策，集思广益，增强企业内部凝聚力和感召力。建立项目责任制度，层层落实质量目标。结合工程特点及详细的工程质量管理细则，推行工程质量责任制，对项目部成员定岗定责，采用逐层分解质量目标的模式，将施工质量与各作业班组质量责任人联系起来，将质量目标的完成情况作为责任人的考核指标，与各责任人签订目标责任书，使质量管理落实到人。

加强对各部门管理，全面控制施工环节。采购材料时，进行市场调查，多中求好，好中求廉。进场材料必须检验，合格后方能进场，对不合格材料坚决清退。材料堆放整齐且有醒目标志，防止错倒混料。严格按计划进行设备安装调试，建立机械设备日常保养、检查修理制度，防止质量或安全隐患出现。

（二）工程部的质量控制

对各部门技术人员进行技术交底，熟悉设计文件及施工工艺要求。每周对施工班组进行技术质量检查，对存在的质量隐患提出整改方案，并书面传达。不定期召开质量专题会议，分析解决施工中存在的问题。推行质量管理"二检制"，班组自检合格后，专职质检员进行全面检查验收，然后请监理工程师验收，任何一环不合格，坚决要求返工。每月向经理部上报当月工程质量报表，进行质量分析，建立工程质量台账，收集整理各种工程质量资料。进行技术总结，针对每一个问题，进行书面传达。

（三）试验室的质量控制

从原材料选定、进场到施工配合比设计、成品料铺筑，进行全面质量控制，实行质量一票否决制。任何一道工序或环节出现不合格，试验室有权要求清退返工。依据一定的检测频率对原材料进行检查评定。施工过程中的质量数据应及时反馈给作业班组，为作业班组提高施工水平、改进施工工艺提供技术依据。在资料整理上，实行动态管理，以试验检测为基础建立工程质量数据库，将试验结果逐次绘制管理图，供有关人员随时检查，一旦发现变化较大，及时分析原因，研究对策。

（四）拌和厂的质量控制

严格按试验中心提供的混合料设计配合比生产，禁止一切主观性的操作，并对所生产的成品料进行自检，保证成品料出厂合格率达到100%。根据当日气候条件、运距、混合料类型及温度对成品料采取有效的保温措施。合理组织混合料运输车辆，并在装料前对车况进行检查，禁止可能影响运料时间的车辆运料。

（五）铣刨过程中的质量控制

为彻底处理深层次病害，对各结构层按照设计文件进行逐层铣刨，逐层分析，并提出合理的处理方案，对存在的软弱土基，坚决处理，力求将各结构层的病害一次性处理完成，消除质量隐患。要求专人收听天气预报，掌握天气变化动态，避免雨天施工。雨季时，对开挖的路槽进行保护，并根据实际情况及时排水。铣刨后路槽的各平面尺寸应符合设计文件要求，且工作面无软弱松散层。

（六）基层施工的质量控制

摊铺前对路槽两侧的松散层进行彻底处理，并在摊铺时将细料填于接缝处，重点控制接缝处的压实度，保证接缝密实。对到场混合料水泥剂量及含水量进行观察检测，对确定不合格的混合料有权拒绝使用。严格按照试验段确定的施工方案和碾压组合进行作业，不得随意改变。严格按照施工规范对基层进行养护，在养护期内保证基层处于湿润状态。

（七）面层施工的质量控制

摊铺前对作业面进行彻底清扫，保证摊铺底层的清洁，严防摊铺底层有泥土和浮料的存在，确保各结构层间的黏结。对混合料级配、油石比及到场温度进行观察检测，对不合格的混合料拒绝使用。

严格按照试验段确定的施工方案和碾压组合进行作业，不得随意改变。

按照混合料的供给情况调整好摊铺机的摊铺速度，保持连续、稳定的摊铺作业。正确指挥自卸车给摊铺机卸料，防止碰撞摊铺机，以免影响摊铺质量。

摊铺和碾压是保证沥青路面平整度和密实度的两个重要环节，首先要摊铺得均匀、平整，要求摊铺机要有自动找平装置，首选的纵向找平基准方式是钢丝绳基准，后面的摊铺也可采用浮动、移动式均衡梁、拖杠或滑靴。特别在上面层施工时，应及时对摊铺作业面进行测量，对沉陷路段实行挂线摊铺，保证其平整度。

按照铺层料温控制压实过程，及时检测压实后的平整度和密实度，发现问题及时采取补救措施。

第八章　公路管理系统与公路路政管理

公路管理系统包括公路养护与管理的全部内容，由路面管理系统、桥梁管理系统、隧道管理系统、路基管理系统、交通安全设施管理系统、绿化管理系统、养护人员管理系统、养护设备管理系统、养护生产组织管理系统组成，最近逐渐发展成为公路资产管理系统。本章重点介绍目前应用较广的路面管理系统、桥梁管理系统、高速公路绿化管理系统三个分项系统和公路资产管理系统。

第一节　路面管理系统

一、路面管理系统的构成

所谓路面管理系统（Pavement Management System，PMS）就是采用现代技术手段，根据路面现状和未来的使用需求，以一系列评价与分析模型为基础的投资决策过程。路面管理系统一般由数据采集、数据管理、统计评价、对策设定、优化决策、报表输出等子系统构成。

（一）数据采集

数据采集包括公路几何信息、路面损坏状况、路面行驶质量、路面结构强度、路面抗滑性能、路面车辙、交通量、车速、轴重、轴载谱等内容。公路几何信息源于设计文件，路面损坏状况、路面行驶质量、路面结构强度、路面抗滑性能、路面车辙等数据由道路自动化检测设备提供，交通量、车速、轴重、轴载谱等数据依赖于交通量连续观测站、车速采集装置和收费站称重装置。

（二）数据管理

数据管理按几何属性、路面状况、交通信息、养护历史分为四大类，其功能有数据编辑、打印、检索、查询等。数据管理作为路面管理系统的最终结果之一，它还必须为网级路面管理系统提供决策数据并为项目级路面管理系统提供工程分析数据。

（三）统计评价

统计评价包括评价标准设定、多指标权重管理，路面损坏状况指数 *PCI*、路面行驶质量指数 *RQI*、路面抗滑性能指数 *SRI*、路面结构强度系数 *PSSI*、路面车辙深度指数 *RDI* 等指标的计算以及根据评价标准的统计分析等内容。

（四）对策设定

对策设定包括被选对策、对策使用性能模型、费用模型、各评价指标分级的实施对策、各种病害的养护对策等内容的管理。

（五）优化决策

优化决策采用各种优化方法，求得满足目标函数和约束条件要求的资金优化方案，以及满足一定养护目标的最小资金量。

（六）报表输出

对原始数据、各种统计结果、优化决策结果等进行规范化报表输出，报表格式满足相应的规范要求。

路面管理系统按其适用范围又分为网级路面管理系统和项目级路面管理系统。二者既有区别又有联系。二者的区别在于网级路面管理系统主要完成路网的路况分析、路网规划、计划安排、预算编制、资源分配等任务，侧重于财政规划；而项目级路面管理系统重点在于提供满足对策目标、费用目标和使用性能目标的养护方案，侧重于技术方案的比选与优化。二者的联系在于项目级路面管理系统所确定的最优养护对策构成网级路面管理系统进行决策分析的前提条件。

二、数据库

数据库由各种基本数据表、中间结果生成表、最终结果数据表等不同功能的数据表组成。基本数据表是存放各种原始数据或基础数据的，如路线、路面结构、交通量、弯沉、平整度、路面病害、摩擦系数或构造深度、养护历史、养护对策、评价标准等基本数据；中间结果生成表主要是存放评价、统计、优化计算过程中的最基本单元的分类统计量或中间计算量，是进一步统计、优化分析的基础数据，从而可以省去很多对原始数据库的重复统计、分析计算，提高了最终结果的计算速度；最终结果数据表主要是按照相应规程对统计报表的规范性要求，或优化决策的结果输出格式要求，与最终报表输出内容完全一致的结果数据表。三类数据表之间是有密切关联的。如果表与表之间的关联性不清晰，就会严重影响数据库的整体效率。

三、基本模型

基本模型分为评价模型、预测模型、费用模型、经济分析模型和优化模型等几方面。

（一）评价模型

评价模型可完全遵照相应规范的技术要求进行设定，如《公路技术状况评定标准》《公路养护技术规范》等，有技术能力的单位也可以根据本地区的实际情况独立建立。

1.PSI

PSI，现时服务能力指数是美国国家公路与运输（AASHTO）协会于 20 世纪 60 年代根据其著名的大型环道试验路的试验结果，建立的路面使用性能状况与各主要破损指标间的数量关系式，采用 5 分制，考虑了路面平整度、裂缝、修补、车辙等对路面使用性能的综合影响，是一个综合评价指标。当 PSI < 2.5 时，认为路面的服务能力不能满足交通需求，需采取不同程度的维修措施进行养护维修。

$$PSI = 5.03 - 1.911g(1+sv) - 0.01\sqrt{c+p} - 1.38RD^2 \qquad (8\text{-}1)$$

$$PSI = 5.41 - 1.801g(1+sv) - 0.5\sqrt{c+3.3p} \qquad (8\text{-}2)$$

式中：sv ——轮迹处纵向平整离散度；

c ——裂缝度（$m^2/1\ 000\ m^2$）；

p ——修补度（$m^2/1\ 000\ m^2$）；

g ——重力与质量的比值；

RD ——平均车辙深度（cm）。

$$PSI = 4.53 - 0.5181g\sigma - 0.371\sqrt{c} - 0.174D^2 \qquad (8\text{-}3)$$

式中：σ ——纵向平整度标准偏差（mm）；

c ——裂缝率（%）；

D ——平均车辙深度（cm）。

2.PCI

PCI 由美国空军工兵部队于 20 世纪 70 年代创立，主要用于评价机场道面使用状况。由于其物理概念明确，后来被多个国家的交通部门所采纳。该方法采用百分制，认为刚刚竣工投入使用前的路面 PCI 为 100 分。当进行路面评价时，将路面已发生的损坏分为若干类，每一类又分为若干种严重程度，根据专家咨询的结果，确定每一类损坏、每一种严重程度的单位损坏密度的扣分值，并绘制成图，以便于使用者查阅。

$$PCI = 100 - \sum_{i=1}^{n} \sum_{j=1}^{m(i)} a\left(T_i, S_j, D_{ij}\right) F(t,q) \tag{8-4}$$

式中：$a(T_i, S_j, D_{ij})$——损坏类型T_i、严重程度S_j、损坏密度D_{ij}时的扣分值；

i——损坏类型下标；

j——严重程度下标；

n——总损坏类型数；

$m(i)$——第i种损坏的严重程度数；

$F(t,q)$——重复损坏修正系数，是累计扣分数t和扣分次数q的函数。

3.MCI 养护状况指数

$$MCI = 10 - 1.48C^{0.3} - 0.29D^{0.7} - 0.47\sigma^{0.2} \tag{8-5}$$

$$MCI_0 = 10 - 1.51C^{0.3} - 0.30D^{0.7} \tag{8-6}$$

$$MCI_1 = 10 - 2.23C^{0.3} \tag{8-7}$$

$$MCI_2 = 10 - 0.54D^{0.7} \tag{8-8}$$

式中：σ——纵向平整度标准偏差（mm）；

C——裂缝率（%）；

D——平均车辙深度（cm）；

MCI、MCI_0、MCI_1、MCI_2—考虑不同参数的养护状况指数。

（二）预测模型

预测模型一般需要结合本地区长期的观测数据积累，建立某一类路面结构在某一养护对策下的路面使用性能（PCI、$PSSI$、RQI、SRI、RDI）与使用年限或累计标准轴次之间的关系。预测模型一般有两种基本形式，即确定型和概率型。所谓确定型的预测模型是指给定一个自变量，一定会给出一个与之一一对应的因变量，而概率型的预测模型则是给定一个自变量，一定会给出一个因变量的概率分布来与之对应。前者反映了路面使用性能的总体变化规律，而后者则能更好地反映出路面使用性能变化的随机性。目前，使用确定型的预测模型的案例较多，而概率型的预测模型还仅限于对PCI和路面残余寿命的预测上。

1. 路面使用性能的衰变

　　路面使用性能在车辆荷载和环境荷载的反复作用下，随着路龄的增长而发生衰变。根据国内的研究成果，在使用期内不采取养护维修措施的情况下，路面使用性能的一般衰变曲线可以概括为如图 8-1 的四种衰变形式。在使用期内采取养护维修措施的情况下，其衰变曲线不能简单地概括为图 8-2 的四种衰变形式，其衰变形式可能十分复杂，需要进行路面长期使用性能观测才能建立起真实的衰变曲线。

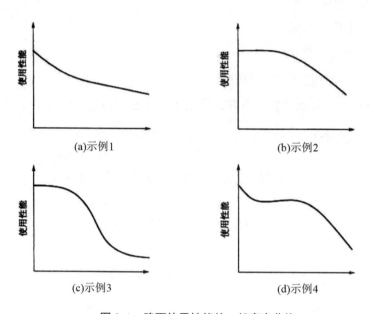

图 8-1　路面使用性能的一般衰变曲线

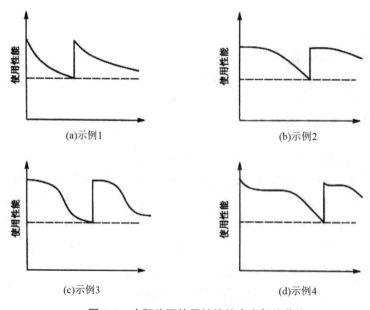

图 8-2　实际路面使用性能的衰变规律曲线

2. 确定型预测模型

确定型预测模型包括基本反应模型（如弯沉、应力、应变随时间的变化等）、结构性能模型（如路面单一损坏或综合损坏状况的预测）、功能性能模型（如行驶质量指数 RQI 或抗滑性能指数 SRI）、使用寿命模型（如预测路面达到某一损坏状况或服务水平时的使用寿命）等几类预测模型。

该类预测模型可采取典型路段调查的方式，综合考虑各主要影响因素后，通过回归分析建立起路面使用性能与路龄或累计标准轴次的定量关系式。同济大学孙立军教授经过多年研究，建立了路面使用性能的标准衰变方程，见式（8-9）。

$$PPI = PPI_0 \left[1 - \mathrm{e}^{-(\alpha/y)^{\beta}} \right] \tag{8-9}$$

式中：PPI ——路面使用性能指数（PCI，RQI，或者二者综合）；

$\quad PPI_0$ ——路面使用性能初值；

$\quad y$ ——路龄（年）；

$\quad \alpha$、β ——回归系数，α 称为规模参数 =3 ～ 15，表示路面使用寿命；β 称为形状参数 =0.2 ～ 1.8，表示达到使用寿命的过程；当 $y = \alpha$ 时，PPI/PPI_0=0.632，故 α 为 PPI 衰变到初值的 63.2% 时的路龄。

3. 概率型预测模型

概率型预测模型包括马尔可夫（Markov）随机过程、半马尔可夫随机过程、残存曲线等几类预测模型，主要用于网级路面管理系统。较为常用的是马尔可夫（Markov）随机过程。它有三个基本假设：①路面使用性能指标存在有限个状态。②路面使用性能从某一状态转移到另一状态的概率只与当前的状态有关，而与以前的状态无关，即无后效性。③转移过程是静态的，即转移概率不随时间变化。

设路况状态分为优、良、中、次、差五个等级，用 i，j=1 ～ 6 表示，则各状态之间相互转移的可能性 $\tilde{p}\{p_{ij}\}$ 即为转移概率矩阵。其中，p_{ij} 表示路况状态 i 向路况状态 j 转移的概率，可通过对路况多年的连续观测结果进行统计分析获得。

若定义路网在 y、$y+1$ 年的路况状态矩阵为 $\tilde{P}_y$、$\tilde{P}_{y+1}$，则根据假设，有：

$$\tilde{p}_{y+1} = \tilde{p}_y \cdot \tilde{p}$$

$$\tilde{p}_{y+2} = \tilde{p}_{y+1} \cdot \tilde{p} = \tilde{p}_y \cdot \tilde{p} \cdot \tilde{p} = \tilde{p}_y \cdot \prod_{i=1}^{2} \tilde{p}$$

以此类推，$y+n$ 年后：

$$\tilde{p}_{y+n} = \tilde{p}_y \cdot \prod_{i=1}^{n} \tilde{p}$$

（8-10）

4. 建模过程

①明确建模目标，定义路况状态，选择路面使用性能变量。

②分析影响建模的主要影响因素，确定数据收集范围。

③选择典型路段，收集所需数据。一般包括路面结构的设计数据、竣工验收数据、路基路面养护与改建数据、历年路面使用性能检测数据、交通组成及轴载谱分布数据、环境因素（温度、降水量、路基湿度、冻深、冻融、太阳辐射）等方面数据。

④初步分析数据，包括路面使用性能的计算、累计轴次计算、数据分类、单因素分析等，构建模型所需要的基本数据。

⑤选择模型结构形式，一般常用的包括一元线性、指数、幂函数、对数、抛物线、多元线性等几种形式。

⑥建立模型，确定模型参数，明确模型的物理意义。

⑦扩大试验路段范围，对模型进行检验和标定。

⑧对试验路段进行长期跟踪观测，不断完善模型。

（三）费用模型

费用模型主要是用来计算各种养护对策的费用，包括管理费用和用户费用。管理费用一般包括设计费、初期修建费、各类养护费用、管理人员工资等，因其有各种定额作为依据，所以比较容易建立起计算模型。用户费用包括车辆运营费、延误费、行程时间费、事故费、环境污染治理费用等，涉及道路线形、路况、气候环境、车辆类型、车龄、驾乘人员等众多复杂的影响因素，建立模型的过程非常繁杂。有条件时，建立符合本地区实际的模型当然最好，但也可以采用世界银行的模型，比较省事，只需要对其中的某些参数进行标定即可。

（四）经济分析模型

经济分析方法主要包括等额年费用法（AC）、净现值法（NPV）、收益率法（IRR）、效益费用比法（BCR）四种常用的方法。这些方法与道路工程经济中的国民经济评价方法一致。

除此之外，寿命周期成本分析法也是项目级路面管理系统中常用的方案必选的分析方法。寿命周期成本是指在一定的分析期内（一般 5 ~ 10 年）、一定的折现率（国家发改委公布的数据）情况下的各对策方案现值总费用。该现值总费用应该包括管理费用和用户费用在内，计算起来相当复杂。有时，为了简化计算，从管理者的角度仅计算管理费用，但其分析结果可能与考虑用户费用在内的结果之间存在本质的不同。

（五）优化模型

优化模型主要有线性规划、动态规划、近似规化等优划方法。线性规划法用起来比较简单，基本条件比较容易满足，得到的结果是静态环境下的最优结果。动态规划法虽然能很好地反映出路况变化的动态性和随机性，但进行动态规划的基本条件不容易满足，对预测模型的要求更高，因此更难以实现。近似规划法虽然得不到最优结果，但可以得到次优结果，也能够满足工程需要，实现起来相对简单。

线性规划法是比较常用的优化方法。一般采用多目标优化模型，目标函数以社会效益最大、路况最好、日常养护工作量最小或它们组合的数学表达为主，以修复资金投入额度、需修复的路面面积、规划期内重复维修的次数等作为约束条件。

四、养护对策表

根据路面技术状况各指标的评定结果给出了基本养护对策，该养护对策是原则性的。而各地区在长期的养护实践中，形成了具有区域特色的、经过时间检验过的、切实有效的养护维修对策，包括各种病害的处理、罩面、加铺层、大修路面结构等，在路面管理系统中，都要将当地成功的养护对策作为备选对策列入养护对策表中，其形式如表8-1所示。

表8-1　备选养护对策表

对策分类	沥青路面养护对策	水泥路面养护对策
病害处理	A1：坑槽处治 A2：龟裂处治 A3：松散处治 A4：车辙处治 A5：拥包、推移处治 A6：灌缝处理 A7：泛油处治 A8：沉陷处理	C1：接缝修补 C2：裂缝修补 C3：板边、板角修补 C4：错台处治 C5：拱起处治 C6：坑洞处治 C7：沉陷处理
小修保养	A9：病害处理＋稀浆封层 A10：病害处理＋微表处 A11：病害处理＋沥青表处	C8：唧泥处治 C9：板块脱空处治 C10：表面起皮处治
中修	A12：病害处理＋超薄磨耗层 A13：病害处理＋30mm罩面 A14：病害处理＋50mm罩面	C11：病害处理＋稀浆封层 C12：病害处理＋微表处 C13：病害处理＋超薄磨耗层

对策分类	沥青路面养护对策	水泥路面养护对策
大修	A15：病害处理 + 沥青混凝土双层补强 A16：单基层 + 单层沥青混凝土补强 A17：单基层 + 双层沥青混凝土补强 A18：双基层 + 单层沥青混凝土补强 A19：双基层 + 双层沥青混凝土补强 A20：翻浆处治 +A16 A21：翻浆处治 +A17 A22：翻浆处治 +A18 A23：翻浆处治 +A19	C14：更换破碎板 C15：病害处理 + 沥青混凝土加铺层 C16：病害处理 + 水泥混凝土加铺层
改扩建	A24：加宽，提高路线等级 A25：改线，改善线形条件 A26：旧沥青路面再生利用	C17：加宽，提高路线等级 C18：改线，改善线形条件 C19：旧水泥混凝土路面再生利用

五、路面养护规划与年度计划

路面养护规划是在科学决策的基础上制定的，是满足一定约束条件下的最优结果。第一，需要确定决策优化的目标函数，一般是以社会总效益最大为主要的目标函数；第二，是明确各种约束条件，如年投入费用限额、路况水平限值、养护面积限值、规划期限等；第三，选择参与优化决策的目标对象；第四，给出不同工况条件下的优化结果；第五，绘制不同工况的比较曲线；第六，确定最合适的规划结果，明确规划方案。在每个规划方案中，都会给出每一年的养护费用额度、参与养护的某一类路段单元清单及其所需费用。

养护决策规划的结果将在宏观上对制订每年的养护计划起到指导作用。但要制订可供实施的年度养护计划，还必须经过排序和还原。排序是为了确定某一类路段单元的各具体养护单元的养护先后顺序，是为了将优化结果具体化到各个实际的路段单元上，以便按年度实施具体的养护活动。排序可按某一评价指标进行排序（如 PCI、SSI、RQI 等），也可按重要性（如道路等级、交通量、政治影响等）排序，或者按经济性指标（如社会效益、收益等）的大小进行排序。

第二节　桥梁管理系统

一、桥梁管理系统构成

桥梁管理系统（Bridge Management System）是指对既有桥梁进行技术状况检测、评价分析、养护决策和状态预测的综合性管理系统，它涉及桥梁结构工程、桥梁基础工程、病害机理诊断、桥梁状况检测技术和数据管理等多方面技术。一般由数据采集、数据管理、统计查询、评价决策、状态预测和维修计划等几个子系统组成。

（一）数据采集

数据采集包括桥梁基础、承台、桥墩、盖梁、支座、梁、桥面、栏杆等方面的基本数据、设计参数、各部位病害类型、病害几何尺寸与严重程度、病害图片、历年交通量及轴载谱、历年维修信息、管养单位信息等数据。

（二）数据管理

数据管理是指对桥梁数据库实施录入、删除、插入、更新、批量修改、查询修改、数据校验、数据汇总、数据备份、输出、导入导出、图片存档、用户管理、系统参数设置等管理。

（三）统计查询

完成日常管理工作中所需要的各项统计、查询工作，包括桥梁的基本信息、病害信息、养护信息等的报表分类处理、统计结果输出和高级查询输出等。

（四）评价决策

完成对桥梁各部位及各构件的评价、评分、性能排序以及技术状况指数分析等，采用层次分析法、模糊理论评判法、人工智能决策理论等决策模型，确定不同层次的养护维修对策，并完成费用分析，为不同层次的管理者服务。

（五）状态预测

根据桥梁各时期的动态反应数据和动态参数，针对不同桥型，采用不同的力学模型和退化模型，对桥梁状况发展趋势进行预测，对加固方案进行性能与利弊分析，为桥梁养护决策提供技术支持。

（六）维修计划

根据每座桥梁养护决策的结果及其重要性，确定桥梁维修顺序和桥梁检查计划，完成年度养护维修计划和预算报告。

桥梁管理系统按其适用的行政范围可分为国家级、省级、县级三个级别。县级桥梁管理系统是省级系统的基础，而省级系统又是国家级系统的基础。

同路面管理系统一样，桥梁管理系统也分为网络级和项目级两类。网络级管理系统主要针对特定区域的桥梁群体的管理，需要综合考虑结构退化、维修措施、交通量、道路等级、政治因素等对路网服务水平的要求，其主要目的是评估每座桥梁的工作状态，在满足一定的服务水平的情况下，合理分配养护维修资金。项目级管理系统的对象是某个独立的桥梁或桥梁的组成部分，主要考虑桥梁本身的病害与性能退变规律、维修效果、维护时机和相关费用，其主要目的是确定科学合理的养护维修计划。项目级管理系统可作为网级管理系统的组成部分。

二、数据库

桥梁管理系统数据库包括桥梁识别标志、桥梁结构、经济指标、桥梁档案、桥梁病害、桥梁水毁、交通量及轴载谱、重车过桥、桥面交通事故、气候环境、评价准则、桥梁评价、桥梁计算参数、桥梁计算模型、桥梁健康监测、桥梁维修对策、桥梁养护历史及桥梁病害图片库等多个数据表。在数据库设计过程中，一定要注意表与表之间数据的关联性设计，以减少数据的冗余。

三、基本模型

基本模型分为评价模型、预测模型、费用模型、经济分析模型和优化模型等几个方面。

（一）评价模型

桥梁状态评价包括安全性、适用性和耐久性评价三方面。安全性评价主要指对桥梁承载力的评价，是状态评价的主要内容，可采用动静载试验来完成。适用性评价是对结构运营状态的评估，确定其是否适应现实交通量和轴载分布的要求。耐久性评价则侧重于结构损伤及材料物理特性的变化，确定其能否达到设计要求。可完全采用公路桥梁技术状况评定标准、桥涵养护技术规范等规定的评价内容、评价方法和评价标准，也可根据本地区的实际情况建立自己的评估标准。评价结果是给出每座桥梁的状态评级。

（二）预测模型

预测模型依据桥梁结构形式、气候环境条件、交通荷载等内外部条件的不同而不同，因此模型的建立过程是极其复杂的。例如，水泥混凝土模量与强度、钢筋的有效截面积、发生损伤后结构承载力、构件的剩余寿命等的变化规律预测，都是复杂因素（施工质量、荷载、徐变、预应力损失、冻融循环、疲劳损伤等）共同作用的结果，需要长期的观测数据积累才能建立起预测模型。可以通过回归分析建立一个少因素的预测模型，也可以通过可靠度理论、马尔可夫链法、人工智能系统、灰色系统模型以及组合预测法等建立多因素复杂预测模型，主要依赖于所掌握的数据积累情况。

（三）费用模型

费用模型主要是用来计算各种养护维修措施对策的费用组成及资金数量，其主要依据是国家或行业的概预算规程。

（四）经济分析模型

路面管理系统中的经济分析方法也同样适用于桥梁养护维修对策的经济分析。

（五）优化模型

常用的优化方法有动态规划、线性和非线性规划、人工神经网络及遗传算法等。优化的目标函数一般是寿命周期内的费用最小化或结构等级（包括承载力和耐久性）最大化，其约束条件包括结构失效概率临界值、可接受的结构状态等级、承载力水平、结构剩余寿命等。

四、桥梁管理系统的发展

一般认为，桥梁管理系统经历了三个发展阶段。第一阶段，建立一个简单的数据库，建立桥梁的电子档案；第二阶段，在桥梁数据库的基础上，增加了桥梁及其构件的检测及维修信息；第三阶段，增加了桥梁病害维修决策和优化功能，并引进了寿命周期成本分析、预防性养护、可靠度方法与优化技术等新技术，进一步建立以提高桥梁无破损检测、评价技术和管理水平为目的的桥梁资产管理系统。

我国桥梁管理系统起步较晚。虽然在 20 世纪 80 年代至 20 世纪 90 年代之间也开发了一些各具特色的桥梁管理系统，如四川省桥梁数据库管理系统、广东省桥梁管理系统、北京市公路桥梁管理系统、河南省桥梁管理系统等，但影响最大、使用最广的还是中国公路桥梁管理系统 CBMS。它于 20 世纪 90 年代初期，由交通部公路科学研究所首先开发，后经多次升级，已经发展成集数据管理、统计查询、评价决策、投资分析、状态预测、GIS、多媒体应用等于一体的综合性的桥梁管理系统（CBMS3000），适用于各级公路的桥梁养护管理。

第三节　高速公路绿化管理系统

一、系统构成

高速公路绿化管理系统由文档管理、影像管理、数据管理、统计查询、对策、评价、打印输出、编码管理等功能的各个子系统构成。

（一）文档管理

文档管理主要是对各种关于绿化的文字文件进行存档、编辑、查询、备份等。这些文件包括政策文件、设计文件、设计图纸、招标文件、合同文件、验收文件、会议纪要、课题报告、论文资料等。

（二）影像管理

影像管理主要是对公路路线、沿线景点、苗木基地、管护单位、施工单位等录像资料、图片资料进行存档、配文编辑、查询、播放、备份等管理。

（三）数据管理

数据管理包括对线路、景点、苗木基地、管护单位、施工单位等数据进行录入、个别修改、批量修改、数据导入导出等操作功能。由于各部分的数据类型差别较大，因此，要形成统一的管理模式比较困难。

（四）统计查询

统计查询包括对线路、景点、苗木基地、管护单位、施工单位等数据进行按固定条件或按任意条件进行统计查询等。所谓固定条件是指系统的使用单位常用的统计分析模式，而任意条件是在数据库所涵盖的字段内，可以自由组合统计查询条件。统计查询完成后直接显示结果数据。

（五）对策

对策包括本地区植被种类与特性、植物病害与防治、常用药物性能及使用方法等方面，是绿化预案和绿化管理知识的储备库。

（六）评价

评价主要是对主线绿化和景点绿化的植被保存率、覆盖率和郁蔽度进行评价。同时，也可以对环境评价中的自然景观、人文景观、公路影响、综合评价等进行分析，并输出分析结果。

（七）打印输出

打印输出打印原始数据表、各种统计报表与统计图，具有自主确定输出内容的选择功能。

（八）编码管理

对植被种类、路线、景点、苗木基地、施工单位、对策措施等均实行编码管理，以方便数据管理、统计查询等有序进行。

二、数据采集

数据采集包含了路线路段横断面宽度数据、路线绿化数据、景点绿化数据、苗木基地数据、绿化施工单位数据、影像数据采集等。

（一）路线路段横断面宽度数据

采集内容包括路线编码、路段起点桩号、路段终点桩号、路段长度、横断面类型、地势、土质、养护水源、村屯、左隔离栅外侧宽度、左隔离栅内侧宽度、左挡土墙宽度、左碎落台（挖）宽度、左排水沟宽度、左护坡道（填）宽度、左边坡宽度、左路肩宽度、左路面宽度、左中央分隔带宽度、中央排水沟宽度、右中央分隔带宽度、右路面宽度、右路肩宽度、右边坡宽度、右护坡道（填）宽度、右排水沟宽度、右碎落台（挖）宽度、右挡土墙宽度、右隔离栅内侧宽度、右隔离栅外侧宽度等。

（二）路线绿化数据

采集内容包括路线路段基本数据和绿化数据两部分内容。

1. 基本数据

路线编码、路段起点桩号、路段终点桩号、路段长度、横断面类型编码、管护单位编码。

2. 绿化数据

植被编码、计量单位、植被位置编码、植被数量、规格、行距、株距、主要作用编码、管护时间、管护单价、管护措施编码、管护费、建设时间、建设单价、建设费。

（三）景点绿化数据

景点绿化数据指主线路侧景点、互通立交绿地、管理处庭院绿地、服务场区绿地、收费站绿地等。

采集内容包括基本数据和绿化数据两部分。

1. 基本数据

路线编码、景点编码、管护单位编码、景点位置、景点面积。

2. 绿化数据

植被编码、计量单位、植被数量、规格、行距、株距、主要作用编码、管护时间、管护单价、管护措施编码、管护费、建设时间、建设单价、建设费。

（四）苗木基地数据

采集内容包括基本数据和植被数据等两部分内容。

1. 苗木基地基本数据

苗木基地编码、所在地、联系人、联系电话。

2. 苗木基地植被数据

植被编码、计量单位、苗龄、规格、数量、单价。

（五）绿化施工单位数据

采集内容包括基本数据和工程数据两部分内容。

1. 基本数据

单位编码、所在地、法人代表、联系电话。

2. 工程数据

技术力量、施工设备、工程履历、工程位置、工程内容、工程数量、工作量、信誉度、苗源状况。

（六）影像数据采集

采用数码摄像机或数码照相机进行录像或拍照。录像方式采用全程录像或典型路段录像均可。照相则是针对典型的路段或有代表性的绿化措施。为了方便数据与图像的对应显示，一条路的录像文件可以划分为若干段，分别存储。

三、编码系统

编码系统设置具有简单灵活的特点，用户可根据自己使用的方便，按一定的规则确定。

（一）编码标识

为了使用户能够根据自己的实际情况设置编码系统，特别设置了编码标识表。请注意，编码标识是编码系统的基础，以下任何编码的变动，都必须与编码标识保持一致。为了防止引起编码系统的混乱，任何与编码标识不一致的编码变动，系统都会自动禁止。

（二）路线编码

编码格式：采用 6 位编码（编码标识 + 编号），可以根据用户要求自行确定。

例如：JLGS01 ~ JLGS99（JLGS 是吉林高速的拼音缩写）。

（三）管护单位编码

编码格式：采用 6 位编码（编码标识 + 编号），可以根据用户要求自行确定。

例如：GHDW01 ~ GHDW99（GHDW 是管护单位的拼音缩写）。

（四）桩号组成

采用公路里程桩，以 0.000 ~ 9 999.999 的形式表示，整数部分表示千米，小数部分表示米。

（五）典型横断面类型编码

编码格式：采用 6 位编码（编码标识 + 编号），可以根据用户要求自行确定。

例如：DXHD01 ~ DXHD99（DXHD 是典型横断的拼音缩写）。

（六）横断面各部位编码

编码格式：采用 6 位编码（编码标识 + 编号），可以根据用户要求自行确定。

例如：HDBW01 ~ HDBW99（HDBW 是横断部位的拼音缩写）。

（七）植被种类编码

编码格式：采用 6 位编码（编码标识 + 编号），可以根据用户要求自行确定。

例如：

草本类，ZBCB01 ~ ZBCB99（ZBCB 是植被草本的拼音缩写）。

灌木类，ZBGM01 ~ ZBGM99（ZBGM 是植被灌木的拼音缩写）。

乔木针叶类，ZBQZ01 ~ ZBQZ99（ZBQZ 是植被乔针的拼音缩写）。

乔木阔叶类，ZBQK01 ~ ZBQK99（ZBQK 是植被乔阔的拼音缩写）。

藤本类，ZBTB01 ~ ZBTB99（ZBTB 是植被藤本的拼音缩写）。

宿根花卉类，ZBSG01 ~ ZBSG99（ZBSG 是植被宿根的拼音缩写）。

（八）主要作用编码

编码格式：采用 6 位编码（编码标识 + 编号），可以根据用户要求自行确定。

例如：ZYZY01 ~ ZYZY99（ZYZY 是主要作用的拼音缩写）。

（九）管护措施编码

编码格式：采用 6 位编码（编码标识 + 编号），可以根据用户要求自行确定。

例如：GHCS01 ~ GHCS99（GHCS 是管护措施的拼音缩写）。

（十）景点编码

编码格式：采用 8 位编码（编码标识 + 编号），可以根据用户要求自行确定。

例如：JD&&0101 ~ JD&&9999（JD 是景点的拼音缩写，&& 表示部位）。

第四节　公路资产管理系统

一、基本概念

公路资产管理（也可称为交通资产管理）已成为一种战略性投资的决策方式。在国际上，一般将公路资产管理定义为一个商业过程、一个决策框架，覆盖了一个寿命周期，经济和工程因素均考虑在列。管理的资产范围也非常宽泛，并不局限于道路桥梁等基础设施，还包括运营性硬件装备、车辆、不动产、材料、人力资源及数据等，其目的就是实现公路资产的保值和增值。

（一）公路资产的属性

公路资产的经济属性包括自然垄断性、准公共产品属性、规模效益性、范围效益性、级差效益性。

1. 自然垄断性

交通行业是垄断性极强的产业。由于具有稀缺资源和规模经济效益的特点，作为基础设施的公路不得不在政府的统一规划下进行建设，以避免在完全市场经济条件下的重复建设而造成的资源浪费。因此，公路具有自然垄断性。

2. 准公共产品属性

介于纯公共物品和个人物品之间有一种社会产物，这就是准公共物品。准公共物品在消费方面具有非竞争性但是却不具有排他性，同时在收益方面具有排他性但是却不具有非竞争性。公路具有很强的社会福利性，一般是国有的，可以在全社会共同使用，在本质上属于公共物品。由于在消费方面具有不完全竞争性，而且在收益方面具有排他性，所以是典型的准公共产品，具有准公共物品属性。

3. 规模效益性

以高速公路为例，在某些条件下，公路上具有一个明显的规模效益递增。以单条高速公路的通行能力为例，当由 4 车道变为 6 车道时，车道数增大 1.5 倍，但是通行能力增大 2 倍；在从 4 车道改为 8 车道的情况下，车道数增加了 2 倍，但通行能力却提高了 4 倍。这种将产品的数量按比例增加时，使得收益增加的数量远远大于投资增加的数量的特征，正是规模效益性的本质。所以，可以确定公路资产具有规模效益性。

4. 范围效益性

公路在技术上是车辆的载体，而在经济上，公路只要不完整就会失去它原有的功能。只有保持公路一直是完整的，才能完全地发挥公路的功能和作用，也就是公路的范围效益性。公路的这一特性要求公路间必须紧密相连，形成逐步完整的网状结构。

5. 级差效益性

在市场经济条件下，运输一批相同的物品，在等级不同的公路上所需要的运输成本各不相同，于是就形成了收益的不同，这种现象即为"级差效益"。

一般来说，理论界认为各级公路间级差效益主要表现为车辆运营成本的节约效益、货物和驾乘人员的时间效益、里程缩短的行程效益、交通事故减少和环境污染减轻的社会效益等。这些效益都是公路使用者能够直接体会到的，还有一些使用者不容易直接体会到的效益，包括驾乘人员舒适性提高效益、货损率降低效益等。如果将高速公路与普通公路相比，高速公路全封闭、中间设有隔离带、平纵面技术指标高、路面状况好、拥挤程度低，会提高使用者的行驶速度、减少车辆磨损、降低交通事故率、减少空气污染等，都会给使用者带来相应的级差效益。

（二）公路资产组成

公路资产是指公路所有的基础设施，包括路面、路基、桥梁、各类设施及人员、资金等，具体内容如表 8-2 所示。

表 8-2 公路资产组成

序号	公路资产	具体对象
1	路面	刚性路面、柔性路面
2	路基	土路基、石路基、土石路基
3	桥梁	各种类型的桥梁
4	公路构造物	涵洞、挡墙
5	路基设施	路肩、防护设施、排水设施管线
6	绿化设施	分隔绿化带、行道树、地被、苗圃
7	交通安全设施	护栏、进入栅、分隔带、隔音墙、照明、防眩设施、标志标线
8	公路沿线设施	养护房屋、服务设施、收费处
9	其他附属设施	交叉口、监控设施、非机动车道
10	人员	施工人员、设计人员、养护人员等
11	资金	建设资金、养护资金等

二、系统组成

公路资产管理系统是在路面管理系统、桥梁管理系统、隧道管理系统等的基础上发展而来的，进一步融合各类设施、人力资源、建养资金等管理系统后，逐步成为公路管理最具综合性、最具系统化的决策支持系统。

（一）系统组成元素

公路资产管理系统是由相互关联且相互之间有着连接关系的元素组成的，主要包括以下内容。

1. 目标

目标是实现公路资产的保值增值。

2. 政策

政策是指为了实施公路资产管理所需要的方法、管理标准、经济指标以及环境状况等。

3. 资产数据

资产数据包括对公路现有的状态进行评估，对人力、环境的信息进行调查与归档等。

4. 系统优化

系统优化是指通过比较、修改和调整公路资产管理的不同方法，不断完善、优化公路资产管理方法。

5. 资产评估

资产评估即公路资产价值的评估，是指聘用专门的机构或专门的评估人员，按照法定或公允的标准和程序，运用科学的方法，以货币作为计算权益的统一尺度，对公路资产在某一时间点的价值进行估算。

（二）系统功能构成

与路面、桥梁等管理系统一样，公路资产管理系统包括数据采集、信息管理、综合分析、优化决策、计划管理等子系统。

1. 数据采集子系统

数据采集子系统主要实现公路设施的静、动态数据的采集，一般应采用自动化的采集设备，也可根据公路设施的实际特点和管理部门的具体情况选择合适的设备。

2. 信息管理子系统

信息管理子系统主要是对空间数据和属性数据进行录入、查询、统计、分析、处理、维护及更新等，使数据存储、处理、分析和维护更有效和方便。

3. 综合分析子系统

综合分析子系统包括技术评价分析、资金分配与管理两个相辅相成的部分。在网级层面上，要完成对基础设施的性能预测和评价、需求分析、资产评估、年度大中修计划及资金分配、中长期项目规划及资金分配等；在项目级层面上，要依据具体项目时空分布信息，确定长期规划项目的具体实施方案和年度维修项目的具体实施方案。

4. 优化决策子系统

优化决策子系统以综合分析子系统为基础，为决策者提供实施正确决策的各种支持。要求公路资产优化决策子系统必须能够提高资产经营效益，必须有能力带动存量资产的输出，必须能够提供优化公路资产功能的方案，必须能够为企事业单位提供具有科学依据的"公路资产再投资决策"，以尽可能小的风险获得尽可能大的投资效益。

5. 计划管理子系统

计划管理子系统主要是显示和输出年度维护计划报告、长期规划报告、每年维修项目的具体实施计划报告和长期规划项目的具体实施计划报告。

三、公路资产价值评估

资产评估的方法有很多，但在公路交通方面的应用主要有三种方法，即收益现值法、市场比较法、重置成本法。

（一）收益现值法

收益现值法又名收益还原法。某项被评估的资产，通过专业人员来预估其在将来某段时间的收益，将该收益按某一社会折现率折算成现值，并以此作为资产优良程度的评价，计算公式见式（8-11）。

$$V = \frac{\sum_{i=1}^{n} R_t}{(1+r)^t} \qquad (8\text{-}11)$$

式中：R_t——逐年的预计收益；

r——折现率。

由于公路资产对社会经济具有重要的作用，集政策性、区域性及公益性于一体，其效益多以不断促进社会经济发展作为表现形式。采用收益现值法对公路资产进行评估时，需要将其从社会的整体经济效益中剥离开来，具有较大的不稳定性，因此该方法可能存在较大的评估误差。

（二）市场比较法

市场比较法也称为市场价格比较法，是基于市场最近出售的相同或类似的资产的价格，通过比较已出售资产和被评估资产的差异，从而确定被评估资产价值的方法。市场法是一种最简单、有效的方法，因为评估过程中的资料直接来源于市场，同时又对被评估资产的即将发生的市场行为进行估价，所以市场法的应用与市场经济的建立和发展、资产的市场化程度密切相关。在我国，随着社会主义市场经济的建立和完善，为市场法提供了有效的应用空间，市场法日益成为一种重要的资产评估方法。

（三）重置成本法

所谓重置成本，即重新建造一条公路所需要的全部成本。而重置成本法即在现在的时间点上建造一条公路的重置成本，减去实体性贬值、功能性贬值、经济性贬值后所得到的价值来评估公路资产价值的方法。其中，实体性贬值是在使用期内，在内外因素的共同作用下，导致公路资产不断消耗、磨损而引起的贬值；功能性贬值是在公路技术不断发展、新公路建设不断增多的情况下，旧的公路逐步丧失其原有的功能而引起的贬值；经济性贬值是指由于公路以外的因素（政治因素、宏观政策因素）变化而引起的公路资产价值降低。

重置成本法包括复原重置成本和更新重置成本。复原重置成本指采用与原资产相同的材料、设计结构、建造标准和技术条件等，以现时价格水平重新构建与评估对象相同的全新资产所需的全部成本。而更新重置成本指利用新材料、新结构、新标准、新技术条件等，以现时价格水平构建与评估对象具有相同功能的全新资产所需的全部成本。对路龄较短的公路或新建公路进行资产价值评估时可选用复原重置成本进行计算，而对于路龄较长的公路往往应选用更新重置成本进行计算。

（四）公路资产保值途径

国内外研究公路资产管理的目的就是实现公路资产的保值和增值。公路资产的保值，顾名思义是公路资产保持其原有价值，即在某段时间的公路资产所具有的价值等于初期公路资产所具有的价值。为实现公路资产的保值，需要从建设、养护及管理等方面探索公路资产保值的技术途径。

在建设方面，为使公路长期保持在较高的使用品质和服务水平，一是要使用耐久性良好的建筑材料，二是要有积极的技术措施，保证施工质量。

在养护方面，要按照使用性能和服务水平的要求，对公路资产采取及时、正确的维修和保养措施，积极实施预防性养护，延长大修或重建的时间，增加公路资产的使用寿命。

在管理方面，一是对公路资产要依法进行监督管理，防止公路资产流失；二是要处理好资产评价、清产核资等问题，根据"谁投资，谁拥有产权"的原则进行产权界定；三是要建立公路资产管理预算和预警体系，完善公路资产责任制，将预算和管理单位业绩考核挂钩，使公路资产始终得到严格有效的管理。

四、风险评估

（一）基本概念

风险：某一不确定性事件可能带来的消极影响。

概率：是一种对可能性程度的量化，分为极其可能、很可能、可能、很不可能、极其不可能五个等级。

风险分析：明确公路资产管理过程中不受主观控制的因素，评估各种风险发生的概率并排序，分析各种风险的影响范围和影响方式。风险分析分为定性风险分析和定量风险分析，包括三个组成部分，即风险评估、风险管理以及风险信息交流。

定性风险分析：明确已识别的风险在公路资产管理系统中的影响和可能性的过程。

定量风险分析：在对风险进行定性分析的基础上，计算出各种风险对公路资产管理系统的影响程度。

风险评估：在知道某一风险可能会发生的情况下，计算出该风险给公路资产管理带来的影响。

风险管理：风险管理是管理者用以降低公路资产管理系统风险的工作程序，是通过风险识别、风险评估等，实现最大限度地降低风险对系统造成影响的过程。

风险信息交流：评估人员、风险管理者、消费者和其他相关单位就有关风险的信息进行交换意见的过程。

（二）公路资产管理的风险

在对公路资产进行管理时，会遇到各种各样的风险。如何识别这些风险以及意识到这些风险可能给系统带来的影响就格外重要。表 8-3 给出了公路资产管理系统在养护、政策及环境等方面可能存在的风险及其影响。

表 8-3　系统存在的风险来源与影响

风险因素	来源与影响
环境（自然）风险	如雨雪、洪水、泥石流等不可抗的自然因素影响，不仅延缓工程进度，还造成工程的财产损失，导致资产流失
经济风险	公路工程的成本受市场价格上涨影响，导致预算增多；公路工程的经济效益受到金融市场的利率变动、货币贬值等因素的影响，导致资产减少；公路资产的价值会贬值，导致资产数量的降低
政策风险	工资、税收、税率的调整等国家政策给公路工程项目带来一定的经济风险
人为风险	在进行资产评估、养护管理等步骤时，人为的主观或客观因素造成的公路资产损失
其他风险	包括公路占用田地或者管理单位缺少管理经验等造成的风险

因此，风险分析对公路资产管理的作用是决定性的。风险分析实际上是对公路资产管理实施过程的每一个步骤进行风险识别、评估、预防和管控等，其目的是使得风险造成的影响最小。

（三）风险分析的方法

风险分析的方法有很多种，本章简要介绍综合分析法、专家调查法和蒙特卡洛模拟法。

1. 综合分析法

风险综合分析法中最简单、最常见的方法就是通过调查专家们的意见并进行总结归纳，进而得到产生风险的概率或风险成分占的比重，从而评估公路资产管理系统整体的风险程度。

一般需要通过风险调查表进行风险识别，列出公路资产管理系统的主要风险清单，并根据专家们的意见判断出风险的权重，确定风险等级。

2. 专家调查法

专家调查法就是通过专家们的知识、直觉、经验等因素找出未知风险的方法。其优势在于使用时不需要初始数据、不需要烦琐的算法，使用起来简明直观，适用范围广且适用于项目的整个周期；其劣势在于耗时比较长，而且所获得的结果比较依赖于专家的水平、主观能动性和专家数量。因此，采用专家调查法时，应注重专家的个人文化修养和人数，一般人数宜为 10 ~ 20 人。

常用的专家调查法有头脑风暴法和德尔菲法。头脑风暴法是邀请不同领域的权威人物进行无限制的自由联想和讨论，就一个特定的问题发表意见、畅所欲言，共同探讨损益。该方法适用于分析目标单一的、范围窄的项目，适用范围比较有限，其结果也需要辩证地分析，不能盲目地采用。德尔菲法是就某一项目匿名询问众多专家们的意见，再将专家们的意见分析汇总后，反馈给专家们继续征询新的意见，如此往复循环，以得到更加准确的意见。

3. 蒙特卡洛模拟法

蒙特卡洛模拟法就是把风险的影响以概率的形式表现出来。对于公路资产管理，采用随机抽样方法获得一组公路资产要素的随机输入变量的数值模拟，在随机抽样次数达到200 ~ 500 次时，就可以获得评估目标的整体概率分布、累计概率分布、方差、期望值等参数，进而评估公路资产管理所承担的风险。该方法适用于大量样本的风险事件或者有确定概率的风险事件。

第五节　公路路政管理

公路是国民经济和社会发展的重要基础设施，公路路政管理随着公路的产生而产生、发展而发展。路政管理是公路行政管理的集中体现。

一、公路路政管理概述

（一）路政管理的特点

1. 公路路政管理的主体是交通主管部门

公路路政管理的主体是交通主管部门和赋予行政的公路管理机构，其他任何机关、组织都无权进行路政管理。公路路政管理是一种国家行政管理活动，不是一般的社会管理活动。《公路法》规定的行使路政管理职责的主体有两类，即交通主管部门和公路管理机构。交通主管部门的路政管理职责是由法律直接规定的，而公路管理机构并非都具有路政管理职责，其职责的取得取决于县级以上地方人民政府交通主管部门做出的决定。对全国大部分地区而言，公路路政管理的合法执法主体是交通主管部门和公路管理机构。

2. 公路路政管理是一种行政管理活动

公路路政管理是路政管理机构依法对公路路产、公路路权实施的行政管理活动，公路路政管理调整的是路政管理机构对国家财产、公路路产、公路路权的管理，是国家的一种行政管理活动。

3. 公路路政管理要依据国家法律、法规和规章的规定进行

《公路法》规定了路政管理法律制度，对路政管理的内容进行了系统、完整的规定，为我国路政管理走上法制化、规范化的轨道奠定了基础。

（二）路政管理的基本内容

《公路法》规定了公路路政管理法律制度，规定了公路路政管理的基本内容如下：①负责管理和保护公路、公路用地和公路附属设施。②审批并监督检查影响公路的其他设施建设。③依法查处各种违法利用、侵占、污染、毁坏公路的行为。④审批公路的特殊利用、占用和超限运输。⑤对建筑控制区的管理。

以上内容适用于国道、省道、县道和乡道的路政管理。专用公路路政管理，可以参照以上规定办理。

（三）路政管理的性质

公路路政管理是指路政管理机构根据国家的法律法规和规章，对公路进行的行政管理，其目的是保障公路使用质量，提高公路的社会经济效益，是我国行政管理的组成部分。路政管理的对象包括人、社会组织、物质资源（路产）、时空资源（路权）和信息资源。

1. 广泛性

路政管理涉及面广，它不仅与人们的生产生活息息相关，还与公路沿线的农业、工业、商业、运输业等有着密切的联系，因此，它具有广泛性。

2. 法制性

路政管理是国家行政管理的一部分，属于法制的范畴。路政管理直接牵涉到路政管理相对人（个人或组织）的切身利益，有时经济价值很大，这要由国家强制力保证实施，任

何个人和组织违反路政管理法，都要受到法律制裁。

3. 复杂性

路政管理涉及面广，一是它关系到千家万户，涉及许多部门；二是路政管理机构与公安、交通等部门工作职责上有交叉；三是交通、公安、土管、工商、城建等部门的法规和政策不配套，造成各行其是，多头审批，尤其在公路沿线建筑工作中最为明显；四是路政管理机构缺乏必要的权威和手段。因此，路政管理机构和路政管理员在履行路政职责时不得不借助其他部门的权威和手段，在查处路政案件及进行路政大整顿时，往往要取得公安、法院、土管、工商等部门的支持和协助。

二、公路路政管理的任务、方法及实施和手段

路政管理是公路管理的组成部分，它与公路交通管理互有差别。路政管理主要是对公路、公路用地、公路设施及活动在这些范围的既有客体行为的静态管理，而公路交通管理是对人、车、路的动态管理。

路政管理与公路建设、养护地位相等，目标一致。公路建设、养护是路政管理的前提与基础，路政管理是公路建设、养护的必然结果和保障。

（一）路政管理的任务

路政管理的中心任务是保护路产、维护路权、维持秩序、保护权益四方面。

1. 保护路产

保护路产完好、保障公路畅通是路政管理的中心任务，主要表现在个人不得在公路上非法设卡、收费、罚款和拦截车辆。任何单位和个人不得阻挠路政管理人员的正常工作。

在公路用地范围内禁止：①设置电杆、变压器、地下管线及其他类似设施。②设置摊点、维修厂等类似的临时设施。③堆放建筑材料、垃圾等类似堆积物。④挖掘、采矿、取土、引水灌溉、排放污水、种植作物等类似的作业。

在公路大中型桥梁和渡口上下游各200 m，公路隧道上方和洞口外100 m范围内不得：①开采砂石、淘金开矿、修筑堤坝、压缩或拓宽河床、爆破、取土、伐木等作业。②倾倒垃圾、污物，堆放或倒运物资，停泊船只、排筏等活动。③任何妨碍公路桥梁、渡口、隧道安全和畅通的行为。

在公路两侧从事开山、采矿、伐木和施工作业，不得危及公路、公路设施的安全。目前，超限运输这一危害公路的运输行为已得到有效抑制。总之，在公路上试刹车，挖掘公路及毁坏和破坏公路的路基、路面、桥梁、隧道、涵洞、排水设施、防护工程、花草林木等违法行为都必须禁止。

2. 维护路权

维护路权是指保护公路路权不受侵犯，是路政管理的重要任务。主要包括：控制公路两侧建筑区域；审理跨越、穿越公路的各种管线和渠道，审理各种道路与公路交叉，拥有并解决废弃公路的产权归属或使用中相关问题的权利。

①公路用地范围内、建筑红线控制区内设置非交通标志牌，架设、埋设各种管线、电缆等设施。

②跨越穿越公路修建跨线桥梁、渡槽，或架设、埋设各种管线或电缆，和在公路上设置平交道口。

③修建铁路、机场、电站、通信设施、水利和其他建筑工程，需要占用、挖掘公路的。

④因抢险、防汛需要修建堤坝、压缩或拓宽河床危及公路桥梁隧道安全的。

⑤禁止在公路两侧建筑控制区内修建建筑物和地面建筑物。

⑥禁止铁轮车、履带车和其他可能损坏公路路面的机具在公路上行驶，禁止在公路上试验制动性能。

⑦超过公路、公路桥梁、公路隧道或汽车渡船的限载、限高、限宽、限长标准的不得在公路上行驶。

3. 维持秩序

维护公路工作的正常秩序是路政管理的任务之一，主要表现在以下方面。

维持公路渡口、公路养护施工；

工作业的正常秩序，公路外部行政管理的正常秩序；

清理公路沿线的占路为市、摆摊设点、非公路标志牌等影响公路秩序的行为和物品；

排除违反《公路法》在公路上设置的各种障碍和影响公路畅通的行为；

对公路建设、大中修施工现场的管理；

对公路交通标志标线的监督管理。

4. 保护权益

该项任务主要是保护公路管理机构、路政管理机构的合法权益，以及公路养护施工作业人员、公路管理人员从事生产、执行公务时的合法权益。

（二）路政管理方法

路政管理方法，是指能够保证路政管理活动朝着预定的方向发展，达到路政管理目的的各种专门的方式、手段、技术措施的总称。它是路政管理活动的主体作用于路政管理的客体的桥梁。路政管理机构实施路政管理活动时，必须运用一定的方法。路政管理活动的过程也就是各种管理方法的应用过程。

在路政管理活动中，由于管理对象的特点和条件的不同，路政管理方法也具有多方面的内容和形式。路政管理对象的多样性，决定了路政管理方法的多样性。

采用什么样的管理方法，取决于管理对象的性质和发展规律。路政管理活动的内容一旦发生变化，路政管理方法也要随之发生变化。路政管理方法如果不符合其管理对象的性质和发展规律，就达不到预期的管理目的，甚至会出现某些无法预料的情况。

路政管理方法一般有定量管理法、系统管理法和心理行为管理法三种。

1. 定量管理法

就是运用数学方法从量的角度分析、控制和协调管理对象及其运行过程，进行精确而迅速的决策。定量管理是管理的一个基本方面，这是由作为管理对象的客观事物固有的规律性决定的，它是管理发展的一个基本趋势。

2. 系统管理法

这是以系统性原理为指导，把对象作为系统进行定量化、模型化和择优化研究的科学方法，是现代管理的一个重要特征。

3. 心理行为管理法

这是通过调整或改变人们的社会关系和精神状态，满足人们的社会生活和精神生活需要来调动其工作积极性和创造性的管理方法。

（三）路政管理方法的实施

现代路政管理方法的主要特点是效率化和科学化。在路政管理中，如果路政管理人员不争取地方政府的重视和支持，不与有关部门联系，不注重宣传，不借助群众的力量，只是独来独往，方式简单，一旦碰到实际问题，往往就束手无策。反之，路政管理方法正确、科学、规范，就可不走弯路，收到事半功倍的效果。

1. 宣传先行的方法

任何一项法规的施行，总是从宣传开始的，路政管理法也不例外。要把人们无意识的交通行为，变为有意识的依法交通的自觉行动，需要广泛深入的宣传。不少路政违法行为是由于人们对路政管理的无知造成的。要改变这种状况，就必须增加路政管理法的透明度，达到家喻户晓、人人皆知的深度和广度。

路政管理的宣传主要通过宣传文稿、影视广播宣传和会议宣传等形式。

2. 行政干预的方法

行政干预主要是指路政管理机构及其路政管理人员为完成路政管理任务，争取地方政府和领导的重视，通过政府和领导的行政干预，实现路政管理目标。

路政管理是现代行政管理的组成部分。现代行政机关规模庞大，单位众多，没有有效协调，就会各自为政，而政府的协调职能主要是协调政府部门之间、政府部门与企业之间的矛盾，以达到综合平衡，协调发展。由于路政管理工作政策性强，情况复杂，难度大，必须依靠当地政府的重视和支持。路政管理中处理重大疑难问题时，受干扰和制约的因素较多，单凭路政管理机构难以奏效，只有通过地方政府出面，统一思想，协调行动，才能将其解决。

3. 行政沟通的方法

在现代路政管理中，行政沟通有下行沟通、上行沟通和平行沟通，我们所研究的是平行沟通，即路政管理机构及路政管理人员为顺利完成路政管理任务，与平行的有关部门进行沟通。这种沟通以协商和协调为主，带有相互支持、相互促进的性质。

路政管理工作具有广泛的群众性和社会性，牵涉到许多管理部门，我们必须加强横向联系和部门协作，提高路政管理效率。

4. 舆论监督的方法

在路政管理中，运用行政手段、经济手段、法律手段都得不到解决的疑难问题，可通过媒体，如电视、报纸、广播等予以曝光，从而引起各级领导和有关部门的重视和社会各界的强烈反映，引起公众舆论，给违法者以舆论压力，使其自觉纠正违法行为。实践证明，路政管理中的许多疑难问题，通过舆论监督，往往能迎刃而解。

5. 经常性与突击性相结合的方法

路政管理的经常性是指路政管理人员巡查公路的密度。经常性路政管理是一种常规的管理方法，能及时发现问题和处理问题。而路政管理的突击性是指集中一定的时间和力量对特定对象的专项管理，主要以专项整治活动的形式进行。

在路政管理中，必须把经常性和突击性的管理方法结合起来。经常性的巡查管理，便于及时发现违法苗头，及时处理违法行为，使违法行为不再继续。

6. 典型示范，以点带面的方法

路政管理的典型示范，即以具有代表性的先进单位、先进经验和做法作为路政管理系统内其他单位学习的典范，借以推动全面工作。路政管理工作典型示范的形式有：召开路政管理工作现场会；召开路政工作管理工作经验交流会；路政管理对口检查；路政管理模范人员。

（四）路政管理手段

路政管理手段是管理主体对客体实施管理的桥梁，传递着管理对象的作用。在路政管理中，管理手段主要有行政手段、经济手段和法律手段。

1. 行政手段

行政手段是指依靠路政管理机构的权威，运用各种行政的决定、命令、规章制度、工作程序、法律手段，以鲜明的权威和服从为前提，直接左右被管理者的管理方法。

一般情况下，行政手段是实现管理功能的一个重要手段。按照行政手段的要求，各级路政管理机构和领导人的职责和权利范围是有严格规定的，各级路政管理机构之间的关系是明确的。但行政手段也有它的局限性，片面使用这种方法将会不利于路政管理人员正常经济利益的获得，会使被管理者感到压抑，影响路政机构对环境系统的适应性，从而影响路政管理效果。

2. 经济手段

所谓经济手段，是指在客观规律直接起作用的情况下，通过各种经济手段的运用，按照经济原则调节各种不同的经济利益的管理方法。经济手段作为一种强调贯彻物质利益原则的方法，不可避免地有它的局限性，在行政管理中的作用不是无限的。

3. 法律手段

法律手段是指通过各种法律、法规、规章等，调整路政管理中所发生的各种社会关系，保证和促进公路事业发展的管理方法。

路政管理的法律手段有一定的作用，这是因为法律、法规是由国家权力机关和行政机关所制定和颁布的，任何组织和个人都毫无例外地要遵守。但法律手段也有其局限性。法律手段的运用绝不能代替其他手段的运用，在法律手段作用的范围之外，还有大量的各种关系的调整和管理工作要做。因此，任何不适当地扩大法律手段作用范围的做法，都会对路政管理带来有害的后果。

路政管理的行政手段、经济手段和法律手段相辅相成，互相渗透，体现了路政管理科学化与法制化的统一。在路政管理中，不管是行政手段还是经济手段，最后都要通过法律手段，或者说都要以法律的形式表现出来，并对违法者予以必要的制裁。

三、路政案件的管辖与处理

（一）路政案件管辖

路政案件一般由违法行为发生地的县（市）级公路管理机构负责管辖。违法行为结果发生地涉及两个县（市）的，由有关地（市）级公路管理机构管辖，也可由其指定一个县（市）级公路管理机构管辖。违法行为发生地跨地（市）的，由省级公路管理机构管辖，也可由其指定其中一个地（市）级公路管理机构管辖。县（市）、地（市）公路管理机构对属于其管辖的案件，认为需要由上级公路管理机构处理的，可以报请上一级公路管理机构决定。

报请上级公路管理机构处理的路政案件，违法行为发生地的公路管理机构应首先制止违章和侵权行为，并做好登记、拍照、取证、保护现场等工作，上级公路管理机构应及时明确管辖权。

路政管理人员发现或接到举报及当事人主动承认有违反路政法规行为时，经调查属实，路政管理人员即可做出处理决定。如当事人接受处理决定，停止违法行为，并恢复被损坏路产的原状后，则该案应予了结。其承办人应将处理情况记录在案，连同有关单据、资料归档保存。不能及时处理完结的案件，按本规定的路政处理程序办理。

（二）路政处理程序

1. 立案

当路政管理人员发现确有违法行为并已造成实际损失的，应填写立案申请书和有关材料，经路政管理部门的负责人审查决定后，制作立案决定书，交承办人办理。

2. 调查取证

承办人接到立案决定书后，应立即调查取证，查明当事人和由其所造成的损害后果。

调查取证必须做到证据确凿，实事求是。取证范围主要包括以下几个方面：①书证，包括文件、信件、电报、路产证书等。②物证，包括已被损坏的路基、路面、桥涵、被盗伐的行道树及违法使用的工具等。③视听资料，包括能证明案件事实的照片、录像带、录音带、电影胶片、传真资料、电话录音等。④证人证言。⑤当事人的陈述。⑥鉴定结论，指为解决专门技术性问题聘请专业人员就案件事实材料所做出的科学鉴定与分析意见。⑦现场勘验记录。

调查和搜集证据由两名以上路政管理人员共同进行，并向被调查人员出示证件。证据材料上应写明调查时间、地点和调查人、被调查人、记录人姓名，由他们分别签字。如果调查搜集的证据有可能灭失或难以重新取得时，应采取必要措施保全证据。

3. 发出违章通知书

当查明当事人和其所造成的损害后果后，公路管理机构应向当事人发出违章通知书。通知当事人停止侵害，恢复公路原状，并按指定时间到指定公路管理机构接受处理。

4. 做出处罚决定

公路管理机构经调查取证，在事实清楚、证据充分的基础上，正确适用有关法律、法规和规章，对案件做出处理决定，制作路政处罚决定书后按规定送达当事人。

参与研究案件的人员应在案件讨论记录上签字，作为该案文件附件归档保存。

（三）路政处罚

对违反《道路交通安全法实施条例》及其实施细则规定，在公路、公路用地范围内违章利用、侵占、污染和损坏路产的单位和个人，公路主管部门和其授权的公路管理机构有权区别情况予以处罚。

在公路、公路用地范围内禁止构筑设施、种植作物、设置地上地下管线、搭设棚屋摊点、堆放物料、倾倒垃圾等。对违反以上规定的单位或个人，凡尚未造成路产损失的，除责令其限期恢复原状外，并以经济处罚。

对妨碍公路桥梁、渡口、隧道畅通，危及公路、公路设施安全的施工作业，应立即责令停止危害行为，赔偿公路损失，另根据情节处以不超过公路损失赔偿费20%的罚款。

对违反规定利用公路试刹车、行驶履带车和铁轮车、遗漏抛撒污物等，造成公路及其设施损坏和被污染的，责令限期缴纳路产损失赔偿费，并处以不超过路产损失赔偿费20%的罚款。

对超过公路设计净空高度和载重标准的超限车辆，公路管理机构可禁止其通过。特殊情况必须通过的，应事先征得公路管理机构同意，并采取必要的保护措施，所需费用由货主承担。对违章进行超限运输造成路产损坏的，按实际损坏部位和大、中、小修工程造价做出修复工程预算，对承运单位或个人追缴公路损坏赔偿费，并处以不超过路产损失赔偿费。对违章进行超限运输造成路产损坏的，按实际损坏部位和大、中、小修工程造价做出修复工程预算，对承运单位或个人追缴公路损坏赔偿费，并处以不超过路产损失赔偿费100%的罚款。

（四）路政复议

路政案件的复议，实行一级复议制，并遵循及时、便民和书面复议的原则。当事人对路政处罚决定不服的，可在收到路政处罚决定书之日起7日内，以书面方式向对本案有复议职能的公路管理机构提出复议申请。因不可抗力或其他特殊情况耽误申请期限的，当事人可以在障碍消除后5日内申请延长期限。公路管理机构应在收到复议申请书之日起7日内做出受理或不予受理的决定，并通知申请人。

复议申请有下列情形之一的，公路管理机构不予受理并告诉理由：①具体行政行为不涉及复议申请人权益，或者复议请求没有法律、法规、规章依据的。②复议申请超过法定期限，且无正当理由的。③复议申请提出之前，已经向人民法院起诉的。

不属于本复议机关管辖的，应告诉当事人向有管辖权的公路管理机构申请复议。复议申请书不符合要求，或者应提出的证据、材料不足的，公路管理机构应当在3日内将申请书发还复议申请人，限期补正。过期不补正的，视为未申请。

公路管理机构应当在立案之日起5日内，将复议申请书副本发送给做出具体路政处罚行为的公路管理机构（即被申请人，以下同）。被申请人应当在收到复议申请书副本之日起10日内，向有复议职能的公路管理机构提出答辩书（包括有关材料的证据），逾期不答辩的，不影响复议。

第九章　公路维护机械设备与管理

第一节　公路维护机械设备及其管理的基础认知

一、工作任务

高等级公路的交通量大、车辆载重量大和高速行驶的交通特性对高等级公路的维护及管理提出新的要求，即快速、安全、优质、低耗作业，为道路使用者提供舒适而完善的服务功能。而维护施工的高效率、高质量和社会文明的进步，促使高等级公路维护主体逐步向以机械化逐步取代人工作业方面发展。因此，必须做好对高等级公路维护机械的管理工作，这样才能达到通过维护机械化，提高维护质量，加快施工进度，降低维护成本，确保公路畅通，并改善劳动条件，减轻劳动强度，实现文明生产，加快高等级公路交通现代化的进程。

二、相关配套知识

高等级公路维护机械按维护项目可分为路基维护机械、路面维护机械、桥涵维护机械、隧道维护机械、绿化维护机械、日常保洁机械。高等级公路常用的维护机械设备如表9-1所示。

表 9-1　高等级公路常用的维护机械设备

维护项目	常用机械设备
路基维护	挖掘机、装载机、挖掘装载机、推土机、铲运机、水泥混凝土注浆机、自卸载货汽车、平地机、振动碾、振动压路机、打夯机、稳定土路拌（厂拌）机、水车等
路面维护	沥青乳化设备、沥青改性设备、混凝土拌和设备、稀浆封层机、铣刨机、沥青路面修补设备、沥青路面再生设备、风镐、凿岩机、破碎机、打桩机、振捣器、切缝机、搅拌机、空压机、沥青洒布车、沥青灌封机、摊铺机、压路机、划线机、运输车辆、水车等

续表

维护项目	常用机械设备
桥涵维护	桥梁检测车、水泥路面养护机械、桥梁动载试验设备、汽车起重机、塔吊等
隧道维护	隧道清洗车、隧道检测车、液压或电动升降平台、其他电工设备
绿化维护	除草机、修剪机、移树机、挖掘装载机、掘坑机、游锯、化肥农药喷洒机、洒水车、草坪移植机、运输载货汽车等
日常保洁	清扫机械、排污车、护栏清扫车、除雪机械、路面除冰机、标志牌清洗车等

第二节 公路维护机械设备的使用

一、工作任务

养护机械是保养、维修公路病害及损坏的机械，它是日常养护的必要工具，是修复公路病害的重要手段，本节主要讲授各种公路维护机械设备的使用情况。

二、相关配套知识

（一）铲土与运输机械

1. 推土机

它是由基础车、工作装置（推土装置与松土装置）、操纵系统三大部分组成的，主要用于铲土、运土、填土、平整场地、松土等作业。

（1）推土机的分类

①按照基础车和行驶装置分为轮胎式和履带式两种。

②按操纵方式分为机械操纵和液压操纵。

③按推土装置的构造可分为固定（直铲）式与回转（万能或斜铲）式。

④按发动机功率分为大型、中型、小型。

（2）推土机的工作过程

不同装置的推土机的工作过程不同。

①直铲式推土机是周期作业的，其过程是铲土、运土、卸土、回驶（一般倒回）。铲

土过程为：调好铲土角，低速挡行进中缓慢放铲刀，切入土壤适当深度后前进，直到铲刀前堆满土为止。运土过程为：铲刀前堆满土后行进中将铲刀提升到地面，视运距长度确定是否换挡，继续行驶到卸土点为止。卸土过程为：视需要，卸土于一堆，或稍提铲刀继续行驶将土铺于地上。返回过程为：挂倒挡返回铲土起点。

②回转式推土机的工作过程为：当作为直铲使用时，同上；当斜铲作业时，其铲土、运土、卸土连续进行；当侧铲作业时，前置端稍低，其过程同斜铲。

2. 铲运机

铲运机广泛用于公路与铁路、港口、建筑、露天矿等工程中的土方施工作业。铲运机是一种在行进中完成土壤的铲装、运土、卸土等工序的循环作业式机械。

（1）铲土过程

升起斗门，放下铲斗，斗口切入土壤适当深度，机械以低速挡向前行驶，被铲下的土层挤入斗内，直到铲斗内堆满土为止。

（2）运土过程

当铲斗内堆满土后，关闭斗门，提升铲斗使其离开地面适当高度，机械重载运行到卸土地段。

（3）卸土过程

放下铲斗使其离地面一定高度（视要求），打开斗门，边走边卸土，此时将土按要求厚度铺于地上。

（4）回驶过程

卸土完毕后，关闭斗门，提升铲斗，驶回铲土始点，重复上述过程。

3. 平地机

平地机是一种多用途的铲土运输机械，主要用于土方工程中场地整形和平地作业，还可用于从两侧取土填筑不高于1 m的路堤，修整路基的横断面，修刮路堤和路堑的边坡，开挖边沟和路槽等。此外，还可用来在路基上拌和稳定土或其他路面材料、摊铺材料，修整和维护土路，松土、回填、清除杂草和积雪等。在平整土壤方面，由于其刮刀在前后轮之间，故其平整效果不像推土机那样对地面的不平度具有放大作用。它是路基路面施工中不可缺少的作业机械，用途十分广泛。

（1）平地机的分类

①平地机按行走方式可分为拖式和自行式两种：

前者因机动性差和操纵控制性能差，现已被国内外淘汰，只有在某些小型养路单位才会用到。自行式平地机按操纵方式又分为机械操纵式和液压操纵式两种，机械操纵式结构复杂，操纵性能差，也被淘汰。目前，平地机基本采用液压操纵。根据轮轴数目有四轮（双轴）和六轮（三轴）两种，前者用于轻型平地机，后者用于大中型平地机。

②按车架方式有整体式车架和铰接式车架两种：

整体式车架是将箱形双梁后车架与弓形前车架焊为一体，车架整体刚性好；铰接式车架是将两者铰接，用油缸控制其转向角，使机器获得更小的转弯半径和更好的作业适应性。

③平地机还可按刮刀长度和发动机功率分为轻型、中型、重型三种。

（2）平地机的工作过程

平地机从事不同的作业，其工作过程也不同，它可以从事四种基本作业。

①刮土侧移：

这种作业法适用于移土填堤、整修路形时的移土、平整场地、回填沟渠、铺散料或路拌路面材料等。先根据施工对象的要求和土壤性质，调好刮土角（一般是 $60^\circ \sim 70^\circ$）和铲土角（约 45°），机械以二挡或三挡行进中两侧同步下降适当高度。平地机前进中不断地切土并卸土于一侧，此过程是连续进行的。

②刮土直移：

适用于较平的场地、平整的最后阶段或铺散材料。平地机刮刀与行进方向垂直，将铲土角调大些（$60^\circ \sim 70^\circ$），前进中两侧同步下降、少量切土，机械前进中土壤被不断地刮下同时向前运送，到达分段头后一般挂倒挡快速回到起点，重复上述过程。此时，它属于周期作业。在此过程中应尽可能使刮刀左右对称置于机架内，以免使机械承受侧向摆动力矩。

③刮刀刀角铲土侧移：

这种作业适用于挖边沟、填路堤等场合。根据土壤性质调好铲土角（约 30°）和刮土角（一般为 $30^\circ \sim 40^\circ$），机械以一挡速度前进中，铲刀前置端下降切土，侧倾角的大小视土壤性质和工作需要而定。此过程是连续进行的。

④机外倾斜刮土：

这种作业法适用于修刷路堑边坡、路堤边坡以及边沟边坡等。先将刮刀整体倾斜于机外，然后使其上端朝前，机械以一挡前进，放刀切土。此过程是连续进行的。

（二）挖掘装载机械

挖掘装载机械是土方工程中的主要施工机械。根据其作业方式有循环（周期）作业和连续作业两种基本形式，前一种形式的工作装置是单斗，后一种形式的工作装置是多斗。在公路工程中大多采用单斗挖掘机和单斗装载机。

1. 装载机

装载机是一种广泛用于公路、铁路、矿山、建筑、水电、港口等工程的土方施工机械，它主要用来铲、装、卸、运散装物料（土、砂、石、煤、矿等），也可对岩石、硬土进行轻度铲掘作业，短距离转运工作。在较长距离的物料转运工作中，它往往与运输车辆配合，以提高工作效率。由于其具有作业速度快、效率高、操作轻便等优点，所以装载机在国内外得到迅速发展，成为公路建设中土石方施工机械的主要机种之一。

（1）装载机的分类

①按发动机功率分为小型、中型、大型、特大型。

②按传动形式分为机械传动、液力机械传动、液压传动和电传动四种基本形式。

③按行走装置及结构分为轮胎式和履带式。轮胎式又分车架形式和转向方式。

④按装卸载方式分为前卸式、后卸式和侧卸式三种。

⑤按回转性分为非回转式、全回转式和半回转式三种。

（2）装载机的工作过程

单斗装载机的工作过程由铲装、转运调整、卸料和返回四个过程组成一个工作循环。

①铲装过程：

斗口朝前平放于地面，机械前行使斗插入料堆，若遇较硬土壤，机械前行过程中边收斗边升动臂到斗满时斗口朝上为止。

②转运调整过程：

向自卸车卸料，在转运过程中调整卸料高度和位置。

③卸料过程：

向前翻斗卸料于车上。

④返回过程：

返回途中调整铲斗位置至铲装开始处。

2. 单斗挖掘机

挖掘机是用来进行土方开挖的一种施工机械，挖掘机的作业过程是用铲斗的切削刃切土，并把土装入斗内。多斗挖掘机可以不间断地挖、装、卸，其过程连续进行；单斗挖掘机装满土后提升铲斗并回转到卸土点卸土，然后回转转台到铲装点重复上述过程。按作业特点分为周期性作业式和连续性作业式两种，前者为单斗挖掘机，后者为多斗挖掘机。由于公路工程相对土方量小且不集中，故基本上都是采用单斗挖掘机。

（1）单斗挖掘机的类型

按照不同的方式有不同的分法，单斗挖掘机一般有以下几种分类方法。

①按用途的不同分为建筑型挖掘机、采矿型挖掘机、剥离型挖掘机、隧道型挖掘机。

②按动力装置分为电动机驱动式、内燃机驱动式、复合驱动式（柴油机－电力驱动、柴油机－液力驱动、柴油机－气力驱动、电力－液力驱动和电力－气力驱动）等。公路用单斗挖掘机由于其流动性比较大，斗容量不太大，故一般都是采用内燃机驱动形式。

③按传递动力的传动装置方式分为机械传动、半液压传动、全液压传动。

机械传动是指工作装置的动作是通过绞车（卷筒）、钢索和滑轮来实现的。挖掘机的动力装置通过齿轮和链条等传动件带动绞车、行走及回转等机构，并通过离合器、制动器控制其运动状态。通常在大中型挖掘机上采用，其特点是结构复杂、机械质量大，但传动效率高、工作可靠。

半液压传动是指工作装置、回转装置、行走装置中不全是液压传动的。一般工作装置采用双作用液压油缸执行动作，行走与回转采用机械传动或只有行走采用机械传动的单斗挖掘机为半液压传动挖掘机。

如果行走和回转采用液压马达驱动，工作装置通过油缸执行其动作，则称为全液压挖掘机。

因液压传动的传动机结构简单、质量小，挖掘机的工作性能好，在中小型单斗挖掘机上基本都用半液压传动和全液压传动，而且有向全液压传动方向发展的趋势。

④按基础车的形式分为履带式、轮胎式（一般用于市政工程各种管道沟的开挖）、汽车式。

⑤根据工作装置的结构形式分为正铲挖掘机、反铲挖掘机、拉铲挖掘机、抓斗（铲）挖掘机。

⑥按工作装置的操纵方式分为机械－钢索操纵式、机械－液压综合式、机械－气压综合式、全液压式。

（2）单斗挖掘机的工作过程

单斗挖掘机是一种循环作业式机械，每一工作循环包括挖掘、回转调整、卸料、返回调整四个过程。下面介绍机械传动式挖掘机的正铲、反铲、拉铲和抓斗的工作过程。

①正铲挖掘机的工作过程：

先将铲斗下放到工作面的底部，然后在提升铲斗的同时使斗柄向前推压，于是铲斗强制切土，当铲斗上升到一定高度时装满土壤。斗柄回缩离开工作面，然后回转，同时调整卸料位置到卸料上方适当高度，打开斗底进行卸料。卸土完毕后，回转转台，同时调整铲斗到铲土始点，重复上述过程。在铲斗放下过程中，斗底在惯性作用下自动关闭。由于钢索只能传递拉力，当斗柄提升钢索彻底松开后，斗柄及铲斗在自重的作用下只能使斗口朝前，故它只能挖停机面以上的Ⅰ～Ⅴ级土壤或松散物料。

②反铲挖掘机的工作过程：

先将铲斗向前伸出，让动臂带着铲斗落在工作面底部，然后将铲斗向着挖掘机方向拉转，于是它就在动臂与铲斗等重力及牵引索的拉力作用下，在工作面上切下一层土壤直到斗内装满土壤，然后使铲斗离开工作面保持平移提升，同时回转到卸料处进行卸料。卸完后，动臂带着铲斗回转并放下铲斗到工作面底部，重复上述过程。反铲铲斗有斗底可打开式和斗底不可打开式两种。前者可实现准确卸料于运输车上，后者则通过斗柄向外摆出使斗口朝下实现卸料。

③拉铲挖掘机的工作过程：

首先将铲斗用提升钢索提升到位，收拉牵引索（视情况也可不拉），然后同时松开提升索和牵引索，铲斗就顺势抛掷在工作面上，拉动牵引索，铲斗在自重和牵引索的作用下切下一层土壤，直到铲斗装满为止，再提升铲斗，同时适当放松牵引索，使铲斗斗底在保持与水平面成 $8°～10°$ 时上升，避免土料撒出。在提升铲斗的同时将挖掘机回转至卸料处的方向，卸料时制动提升索，放松牵引索，斗内土即被抛出。卸完后转回工作面方向重复上述过程。拉铲挖掘机适宜于停机面以下的挖掘，特别适宜于开挖河道等工程。拉铲由于靠铲斗自重切土，所以只适宜于一般土料和砂砾的挖掘。

④抓斗挖掘机的工作过程：

其工作装置是一种带双瓣或多瓣的抓斗，它用提升索悬挂在动臂上。斗瓣的开闭由闭合索来执行，为了不使斗在空中旋转并尽快停止摆动，通过一根定位索来实现。首先固定提升索，松开闭合索使斗瓣张开。然后同时放松，张开的抓斗在自重的作用下落于工作面上，并切入土中，然后收紧闭合索，抓斗在闭合过程中将土料抓入斗内。当抓斗完全闭合后，以同一速度收紧提升索和闭合索，则抓斗被提起来，同时使挖掘机转到卸料位置使斗高度适当，固定提升索，放松闭合索，斗瓣张开而卸出土料。抓斗挖掘机适宜停机面以上和以下的垂直挖掘，卸料时无论是卸在车辆上还是弃土堆上都很方便。由于抓斗是垂直上下运动的，所以特别适合挖掘桥基桩孔、陡峭的深坑以及水下土方等作业。但抓斗的挖掘能力也受自重的限制，只能挖取一般土料砂砾和松散物料。对于液压操纵的单斗挖掘机，其工作装置一般只有正铲、反铲和抓斗几种，绝大部分为正铲和反铲液压挖掘机。其工作过程与机械传动的挖掘机工作过程基本相似。由于其动作是由传递双向力的油缸来实现的，所以其工作能力比同级机械传动的挖掘机要高。

（三）压实机械

1. 压实机理

对路基和路面的压实方法有静力式、冲击式和振动式三种。

静力式是利用机械自身重力产生的静滚压作用，使被压材料产生永久变形的方法。

冲击式是利用机械的冲击力冲击被压材料而使之压实的方法，主要用于作业量不大及狭小场地的压实作业，特别是对路肩和道路维护工程等的压实作业。

振动式是利用机械自身在压实表面进行高频振动，使被压材料产生位移和相互挤压，从而达到压实的目的。振动式压路机压实效果好，广泛用于黏性小的沙土、沥青混合料和水泥混凝土混合料等的压实。

目前，公路工程中使用最为广泛的压实机械是压路机。压路机的种类较多，按滚轮性质不同，可分为铁（钢）轮压路机和轮胎压路机；按压实方法不同，可分为静力式压路机和振动式压路机；按滚轮形状不同，可分为光面滚轮压路机和凸爪滚轮压路机。目前国内常用的是静碾压光轮压路机、轮胎压路机和振动压路机。

2. 压实机械的使用与选配

根据路桥施工的要求，正确地选择压路机种类、规格及压实参数是保证压实质量和压实效率的前提条件。

（1）根据机械配套情况正确选用压路机

一般来说，机械化施工程度高，则应选用压实功能大、作业效率高的压路机；机械化施工程度低，则应选用相应功能小且经济的压路机，以免浪费压路机的压实功能。在选用压路机时，还应考虑压路机与其他配套施工机械生产效率之间的协调。

（2）根据压实作业项目正确选用压路机

光轮压路机主要用于碾压各种路面及路基垫层，在土方工程中多用来碾压路床面，对黏性土的薄层碾压有效，一般不作厚垫层的碾压之用，不适用于含水率高的黏性土，或粒径均一的砂质土等。光轮压路机的生产效率低于振动压路机。

轮胎压路机机动性好，适应各种材料，压实效果较好，影响深度大。该机轮胎的接地压力可用改变配重和轮胎气压来调节，对不同的土质，铺筑层厚度有较好的适应性。轮胎气压直接和压实效能有关，一般碾压碎石时，接地压力要提高，对黏性土等接地压力要降低。改变轮胎气压在实际操作中尚有困难，一般应预先定好充气压力，在碾压过程中通常保持不变。由于碾压过程中轮胎的弹性变形对表面产生揉压作用，对消除沥青路面的裂纹和表面热裂缝更具优越性。轮胎压路机加配重后，可使机重提高两倍左右，若加载不当，将使压实效果下降，因此，必须经试验确定。在碾压土层时，如果土中有块石或片石，将使机械行驶不稳定，施工时应将一定粒径的石头清除掉。

振动压路机因振动使土的变形阻力减小，用较轻的重量能得到较大的压实效果。该机一般对非黏性土（砂质土）或缺乏黏性的道砟的碾压效果好。重型振动压路机向深部压实的效果好，铺土厚度可厚些（1.5～2 m）。使用振动压路机时，应根据土的性质和机械质量来选定振动频率和离心力的大小。振动压路机容易在混有块石或片石的土里打滑，使用中应注意。振动压路机碾压沥青混合料达到静力式压路机同样的压实效果时，其碾压遍数少，生产率比静力式压路机高40%～50%，而且振动压路机具有良好的水饱和指标，压出的路面比较耐用。总之，振动压路机生产效率高，使用性能好，故被广泛应用于各种材料的路面和各种土质路基的碾压。

夯捣式压路机，因滚筒上的凸块形状不同而名称不一，但凸块能集中荷重，对土块、块石等能起破碎及压实作用。它适用于大土方工程现场的填土初压之用，对黏性土效果不好，对非黏性土（沙土）则不起作用。但是，对灵敏度大的高含水率黏性土，由于凸块将土揉来滚去，反而使土松软化，施工中应特别注意。

一般进行路基压实作业时，多选用压实功能大的重型和超重型静力式压路机、振动压路机等。进行路面压实作业时，为使表面密实平整，多选用中型静力式压路机、振动压路机和轮胎式压路机。若进行人行道、小面积修补桥涵等压实作业，则可选用轻型或小型压路机。

3.路基的压实

为提高工程质量，延长道路使用寿命，路基必须经过充分的压实。对石质路基，以选用重型振动压路机进行振动压实为宜；对土质路基，各种类型压路机均有较好的适应性。这里主要介绍土质路基的压实。

首先，根据路基土质特性和所选用的压路机压实功能，确定适宜的压实厚度（见表9-2）。

表 9-2　几种压路机的适宜压实厚度

压路机类型		适宜的压实厚度 /cm	碾压遍数 / 遍	适应土壤种类
静光轮压路机	8 ~ 10 t	15 ~ 20	8 ~ 12	非黏性土
轮胎压路机	9 ~ 20 t	20 ~ 30	6 ~ 8	亚黏土、非黏性土
拖式轮胎压路机	30 ~ 50 t	30 ~ 50	4 ~ 8	各类土壤
拖式羊脚碾压机	2 ~ 6 t	20 ~ 30	6 ~ 10	黏性土
拖式振动压路机	14 t	100 ~ 120	6 ~ 8	砂砾土、碎石
振动压路机	10 t	50 ~ 100	4 ~ 6	非黏性土

然后，测定土壤的含水量。含水量应控制在最佳含水量的 ±2% 范围之内（见表9-3）。一般情况下，土壤含水量是由工程技术人员通过试验方法测定的。同时，也可以通过简易方法判断土壤的含水量，通常"手握成团，没有水痕，离地1 m，落地散开"就说明该种土壤的含水量接近其最佳含水量。

表 9-3　几种土壤的最佳含水量

土壤种类	沙土	亚沙土	粉土	亚黏土	黏土
最佳含水量 /%	8 ~ 12	9 ~ 15	16 ~ 22	12 ~ 15	19 ~ 23

压路机驾驶员应在压实作业前，检查和调整压路机各部位及作业参数，保证压路机正常的技术状况和作业性能。压路机驾驶员应在压实作业中与工程技术人员配合，随时掌握和了解压实层的含水量及压实度的变化，遵从技术人员的指导。

路基的压实作业可按初压、复压和终压三个步骤进行。

（1）初压

是指对铺筑层进行最初的 1 ~ 2 遍的碾压作业。初压的目的是使铺筑层表层形成较稳定、平整的承载层，有利于压路机以较大的作用力压实路基。一般采用重型履带式拖拉机或羊脚碾初压路基，也可用中型静压式压路机或振动式压路机以静力碾压方式进行初压。

（2）复压

复压是指继初压后的 5 ~ 8 遍碾压作业。复压的目的是使铺筑层达到规定的压实度。

它是压实的主要作业阶段。

复压作业中，应尽可能发挥压路机的最大压实功能，以使铺筑层迅速达到规定的压实度。例如：增加压路机配重、调节轮胎气压，使单位线荷载和平均接地比压达到最佳状况；调整振频和振幅，使振动压实功能最佳。复压作业中，应随时测定压实度，以便做到既达到压实度标准，又不过度碾压。

（3）终压

终压是指继复压之后，对每一铺筑层竣工前所进行的 1 ~ 2 遍碾压作业。终压的目的是使压实层表面密度平整。分层修筑路基时，只在最后一层实施终压作业。终压作业可采用中型静力式压路机或振动压路机以静力碾压方式进行碾压，碾压速度可适当高于复压时的速度。

路基的压实作业，应遵循"先轻后重、先慢后快、先边后中"的原则。先轻后重，是指开始时先使用轻型压路机进行初压，然后再换重型压路机进行复压。先慢后快，是指压路机碾压速度随碾压遍数增加而逐渐加快。先边后中，是指碾压作业中始终坚持从路基两侧开始，逐渐向路基中心移动的碾压原则，以保证路基设计拱形和防止路基两侧塌落。

4. 路面的压实

路面主要有两大类，一是刚性路面，二是柔性路面。刚性路面主要是指由水泥混凝土修筑的路面。柔性路面主要是指由沥青混合料修筑的路面。柔性路面一般由面层、基层、垫层等结构层构成。以下简单介绍路面基层和路面面层的压实作业。

（1）路面基层的压实作业

在铺筑底基层之前，应用静力式压路机对路基按"先边后中、先慢后快"的原则碾压 3 ~ 4 遍。下承层压实作业不易用振动压路机，以免路基表层发生松散。垫层铺筑和压实后，即可铺筑和压实基层。

（2）路面面层的压实作业

沥青表面处治面层是由沥青和石料按层铺法或拌和法，铺筑的厚度不大于 3 cm 的一种薄层沥青路面。施工一般选在气候干燥且较热的季节。层铺法施工的沥青表面处治面层，按设计要求有单层、双层和三层三种，各层的压实方法相同。在清理后的基层或原有路面上喷洒沥青，并铺撒粒径为 5 ~ 10 mm 大的石料后，立即用轻型压路机先沿路缘石或修整过的路肩往返碾压 1 ~ 2 遍，然后按"先边后中、先慢后快"的原则碾压 3 ~ 4 遍，速度逐渐提高。双层和三层沥青表面处治路面，最后一层应多碾压 1 ~ 2 遍。

沥青贯入式面层是在初步压实的碎石层上喷洒沥青后，再分层铺撒嵌缝石料和喷洒沥青，压实后形成的一种路面结构层。沥青贯入式面层厚度一般为 4 ~ 8 mm。施工时，应选在气候干燥炎热的季节。沥青贯入式面层施工时，各作业程序应连续、不脱节，并做到当天铺筑当天压实。通常情况下，碾压作业路段以 200 m 左右为宜。

沥青碎石和沥青混凝土面层是用沥青作为结合料，与一定级配的矿料均匀拌和成混合料，并经摊铺和压实而形成的一种沥青路面结构层。它们的主要区别在于矿料的级配不同。沥青碎石混合料中细矿料和矿粉较少，压实后表面较粗糙；沥青混凝土混合料，矿料级配严格，细矿料和矿粉较多，压实后表面较细密。

沥青碎石和沥青混凝土面层的施工方法主要有热拌热铺、热拌冷铺、冷拌冷铺等。我国目前多采用热拌热铺法施工。碾压时，沥青混合料的温度对压实质量有很大的影响，因此，应按表9-4所列的温度值控制沥青混合料的温度。若沥青混合料温度过低，则难以压实。

表9-4　沥青混合料的碾压控制温度

沥青料种类	碾压温度/℃
石油沥青细粒料	100～110
石油沥青粗粒料	90～100
煤沥青混合料	65～77

沥青混合料路面压实一般先初压，再复压，最后终压。中、下面层碾压顺序一般是轮胎压路机—钢轮振动压路机—轮胎压路机—钢轮静力式压路机，上面层碾压顺序一般是轮胎压路机—钢轮静力式压路机。当碾压厚度小于4 cm时，也可直接用钢轮静力式压路机碾压。

（四）路面工程施工机械

1.稳定土路面机械

稳定土是由土和稳定剂拌和而成。稳定剂主要包括无机料（石灰、水泥、粉煤灰等）和有机料（液态沥青和其他化学剂）两大类。用来把土和稳定剂进行破碎、撒铺、拌和及压实等工作的机械统称为稳定土路面机械，这些机械包括粉料撒布机、洒水车、稳定土拌和设备、摊铺设备和压实机械等。

（1）稳定土厂拌设备

稳定土厂拌设备具有设备比较完善，可根据设计要求拌和各种不同配合比的稳定土材料，且土壤和稳定剂的配合比准确，拌和均匀，成品料质量稳定，便于计算机自动控制和生产效率高等优点，是修筑高等级公路基层和底基层的必备设备，主要适用于集中拌和道路、机场和广场等基层和底基层的稳定土材料。但它需要较多的配套机械设备（如汽车、装载机、摊铺机等），施工成本较高。目前，国内生产的稳定土厂拌设备主要有WBC30、WBC50、WBC100、WBC200四种型号，其中WBC200运用最广泛。

稳定土厂拌设备组成复杂，是一种自动连续作业的大型设备，用于拌和各种类型的稳定土混合料，要求级配和配合比准确、拌和均匀。在使用中，除按照设备使用说明书的要求进行严格操作、维修与保养外，还应特别注意以下问题。

①保证各皮带输送机的正常运行：

皮带输送机是稳定土厂拌设备中使用比较多的机械，其运行是否正常将直接影响设备的正常运转。在工作过程中，必须加强对皮带输送机的监控，当发现皮带跑偏时，应及时予以调整，否则将可能造成撕裂皮带等严重事故。

②加强设备在工作中的全过程质量管理：

稳定土混合料的制备过程包括原材料的堆存、称量配料、搅拌及混合料的运输等工序。各工序的好坏都会影响到混合料的最终质量，必须对拌和的全过程加强质量管理。

（2）稳定土拌和机

稳定土拌和机可以就地拌和或破碎土块，拌和效率高，但土壤和稳定剂的配合比不够准确，污染较严重。目前，常用于稳定土质量要求相对较低的道路、广场、机场等的基层或底基层的稳定土施工中。

稳定土拌和机的类型较多。按动力传动的形式分为机械式、液压式和混合式；按行走方式分为履带式、轮胎式和混合式；按移动形式分为自行式、单拖式和悬挂式；按转子的数量分为单转子式和多转子式；按转子的配置位置分为中置式和后置式；按转子旋转的方向分为正转式和反转式。

现代公路基层施工是采用大规模、连续性的机械化施工。稳定土拌和机是基层路拌法施工的核心机械，为充分发挥其作业能力，应注意以下事项。

①确保配套机械的完好率：

与稳定土拌和机配套的施工机械有挖掘机、推土机、装载机、自卸汽车、粉料撒布机、平地机、洒水车、压路机等机械。在机械化施工作业时，除应确保稳定土拌和机无故障外，还要确保其配套机械的完好率，以保证机械化施工的连续作业。

②选择合理的施工路段：

从理论上讲，施工路段越长，其生产效率越高。但从施工的综合因素考虑，则存在一个最经济的施工路段。根据施工单位的实践经验证明，一般以500～1 000 m为宜。在决定施工路段时，应选择各种施工机械掉头较方便的地方较好，因为机械掉头困难、掉头时间过长等都会影响生产效率。

2. 沥青洒布机

沥青洒布机是在以贯入法、表面处治法修筑路面，稳定土壤以及路拌沥青混合料等工程中，用以运输、洒布液态沥青和煤焦油的一种专用机械。维护用沥青洒布机的储料箱（储存液态沥青）的容量一般不大于400 L；公路施工用沥青洒布机的储料箱的容量一般为3 000～20 000 L。

沥青洒布机按运行方式分为自行式、拖式和半拖式三种。自行式沥青洒布机安装在汽车底盘上，拖式和半拖式用汽车或单轴牵引车牵引。按沥青泵的驱动方式分为汽车发动机驱动和专用发动机驱动两种，后者可在较大范围内调节沥青的洒布量。

为保证沥青洒布机的正常工作，在每次洒布完毕之后都要将洒布管路中的残余沥青抽回储料箱内。若当天不再使用，还要用柴油或煤油清洗储料箱、沥青泵和管路，以防止沥青凝固在各处影响下次使用。在每次使用之前都要检查沥青泵，若发现有沥青凝固现象，需用手提喷灯烤化，直到沥青泵运转灵活为止。

为提高沥青的洒布质量，施工中应注意以下要点：①要求沥青洒布机稳定行驶，其速度可按施工要求而定。②要求汽车驾驶员和洒布操纵者密切配合，动作协调一致，确保洒布均匀。③要保持沥青的洒布温度。因沥青的黏度和其温度成反比，而黏度又决定沥青泵的输出量。若沥青温度不当，会引起沥青泵的输出量变化，洒布不均匀，影响洒布质量。④要选好喷嘴的离地高度。因喷嘴的离地高度不同，其洒布宽度不同。⑤要求汽车轮胎有足够的气压。若轮胎气压不足，储料箱内沥青数量的变化使轮胎变形较大，从而影响到喷嘴的离地高度。⑥要保持稳定的洒布压力。因洒布压力不同，喷出沥青的扇形形状不同，致使洒布不均匀。⑦要注意前后两次喷油的接缝。一般纵向应重叠 10 ~ 15 cm，横向应重叠 20 ~ 30 cm。⑧要注意安全。沥青洒布机在加注或洒布热态沥青时，温度很高，必须注意安全，防止烫伤。使用固定喷灯时，储料箱内的沥青液面应高于火管。在洒布过程中，不应使用喷灯。

3. 沥青混凝土拌和机

（1）设备组成

沥青混凝土拌和机是拌制沥青混凝土的专用设备，主要设备组成有砂石料的烘干与加热设备、砂石料的筛分与称量设备、相应的升运设备、沥青的加热与保温设备、沥青的称量设备、拌和设备、传动系统和操纵系统、配套设施等。

（2）工艺流程

沥青混凝土拌和机的拌和工艺流程为：将砂石料烘干加热至 160 ~ 200℃，筛分后按比例称量；将沥青加热熔化至 120 ~ 160℃保温，按容量或质量称量；将热砂石料（加入适量的石粉）与热沥青均匀拌和成所需的混合料，出料温度宜为 110 ~ 170℃。

这种拌和工艺的优点是配比准确、适应性高、可拌和任何比例的材料，可根据技术要求控制拌和时间，所有工序的操作、计量等均可由特制的设备、仪表和显示器等电气设备实行自动控制，这样既可以节省人力，又可以提高生产效率。

（3）沥青混凝土拌和机的使用要求

拌和机在工作前需进行全面的检查，如检查各部件紧固螺栓是否松动、拌和机内是否有余料、传动皮带是否跑偏、各机组及辅助设备安装是否正确、沥青管路接头是否漏气、电气系统是否完好等。对移动式拌和机，就位后还需放下前后支腿，将平板车抬起，并保持水平位置，使轮胎卸荷。

每一种沥青混凝土拌和机都有其使用技术规程，因此在使用时，必须按其技术说明书上的有关技术规程进行操作。

拌和机在启动时，一般逆着运料流程进行。当烘干筒达到一定的温度后才能启动冷料输送机和配料给料装置。拌和机在正式拌和成品料之前，应先用热砂石料预拌 2 ~ 3 次，以便给拌和机壳体预热。在正式拌和时，应先将热砂石料与石粉在拌和机内干拌 10 ~ 15 s 后，再喷入沥青拌和。在工作过程中，供料应均匀，以防止热料仓各料斗内物料堆积过多，发生串仓现象，而影响砂石料的配合比。

拌和机当天不再工作，停机时，应将烘干筒、料斗、料仓以及拌和机内余料卸空；停机后，应用柴油或煤油清洗沥青系统，以防止堵塞沥青供应管路或卡死沥青泵，影响下次使用。

4. 沥青混凝土摊铺机

沥青混凝土摊铺机是摊铺沥青混凝土路面的专用机械。它可将已拌制好的沥青混合料按一定的技术要求（横断面形状和厚度），迅速而均匀地摊铺在已整好的基层或底基层上，并给予初步捣实和整平。这既大大增加了铺筑路面的速度，节约了成本，又提高了路面的质量。

沥青混凝土摊铺机的分类如下所述。

（1）按行走装置分为轮胎式和履带式两种

轮胎式摊铺机一般为全桥驱动，其前轮为实心光面轮胎，实心的目的是防止因料斗内混合料重量的变化引起前轮变形继而影响到摊铺厚度的变化，后轮为充气或充气液两相轮胎，可提高其爬坡及附着能力。轮胎式摊铺机可获得较大的行驶速度，机动性好，在弯道上摊铺可实现较平滑过渡。

履带式摊铺机的履带为无履刺式。履带式摊铺机可获得较大的牵引力，接地比压低，对路基不平度敏感性较差。但其行驶速度较低，在弯道处摊铺会形成锯齿状。

（2）按动力传动系统分为液压式、机械式和液压机械式三种

液压式摊铺机的行走、供料、分料，熨平板和夯实板的振动，熨平板的延伸等均采用液压传动。目前摊铺机向着全液压的方向发展，并广泛采用机电液一体化技术。

机械式摊铺机的行走、供料、分料采用机械传动，结构复杂，操作不便。由于传动链多，且中心距较大，故多采用链式传动，调速性和速度匹配性较差。

液压机械式摊铺机的结构是机械式和液压式摊铺机的综合。因而，其结构特点和使用性能介于二者之间。

（3）按摊铺宽度分为小型、中型、大型和超大型四种

小型摊铺机摊铺宽度一般小于 3.6 m，主要用于沥青混凝土路面的维护和低等级路面的摊铺。

中型摊铺机摊铺宽度一般为 4 ~ 5 m，主要用于二级以下公路的修筑和维护作业。随着自动调平系统的应用，该机型也可用于一级公路的摊铺。

大型摊铺机摊铺宽度为 5 ~ 10 m，主要用于高等级路面的摊铺，传动形式以液压机械式和全液压式为主。拥有自动找平系统，摊铺质量高。

超大型摊铺机摊铺宽度在 10 m 以上，主要用于高速公路的施工，路面纵向接缝少，整体性好。

目前，公路工程常用的摊铺机的类型有西安筑路机械厂的 LT-6 型、镇江路面机械制造厂的 ZLTLZ 型、意大利玛连尼公司的 P176 及 C300 型等。

5. 水泥混凝土搅拌机

水泥混凝土搅拌机是将一定配合比的水泥、砂子、碎石（骨料）和水等拌制成水泥混凝土的机械。

（1）搅拌机的分类

水泥混凝土搅拌机的用途就是机械化地拌制水泥混凝土，其种类较多，分类方法和特点如下。

①按作业方式分为循环作业式搅拌机和连续作业式搅拌机两种。

循环作业式搅拌机的供料、搅拌、卸料三道工序是按一定的时间间隔周期进行的，即按份拌制。由于拌制的各种物料都经过准确的称量，所以搅拌质量好，目前大多采用此种类型的作业方式。

连续作业式搅拌机的上述三道工序是在一个较长的筒体内连续进行的。虽然其生产率较循环作业式高，但由于各料的配合比、搅拌时间难以控制，所以搅拌质量差，目前使用较少。

②按搅拌方式分为自落式搅拌机、强制式搅拌机两种。

自落式搅拌机就是把混合料放在一个旋转的搅拌鼓内，随着搅拌鼓的旋转，鼓内的叶片把混合料提升到一定的高度，然后靠自重自由撒落下来。这样周而复始地进行，直至拌匀为止。这种搅拌机一般拌制塑性和半塑性混凝土。

强制式搅拌机是搅拌鼓不动，而由鼓内旋转轴上均置的叶片强制搅拌。这种搅拌机拌制质量好、生产效率高，但动力消耗大、叶片磨损快，一般适用于拌制干硬性混凝土。

③按装置方式分为固定式搅拌机和移动式搅拌机两种。

固定式搅拌机是安装在预先准备好的基础上，整机不能移动。它的体积大，生产效率高。多用于搅拌楼或搅拌站。

移动式搅拌机本身有行驶车轮，且体积小、重量轻，故机动性能好。常应用于中小型临时工程。

④按出料方式分为倾翻式搅拌机和非倾翻式搅拌机两种。

倾翻式搅拌机靠搅拌鼓倾翻卸料，而非倾翻式搅拌机靠搅拌鼓反转卸料。

⑤按搅拌鼓的形状不同分为五种，即梨形、鼓筒形、双锥形及圆盘立轴式和困槽卧轴

式五种。前三种是自落式搅拌；后两种为强制式搅拌，国内目前较少使用。

⑥按搅拌容量分三种，即大型（出料容量 1 000 ~ 3 000 L）、中型（出料容量 300 ~ 500 L）和小型（出料容量 50 ~ 250 L）三种。

（2）搅拌机的使用

为保证混合料的拌制质量，必须使碎石、砂子和水泥按要求称量准确；并在搅拌前，按要求调整好水箱指示牌上指针的位置，以控制供水量。要严格掌握好搅拌时间，同时要求进料斗卸料干净，否则会影响下一份混合料的配合比。

在往进料斗内装料时，应注意装料顺序，即碎石在下、水泥在中、砂子在上，保证料斗升起时不致引起水泥飞扬。

工作完后，应向搅拌鼓内倒进一些碎石或砂子，搅拌 10 min 后再放出。否则鼓内的余料凝固后会很难清除。

6. 水泥混凝土摊铺机

水泥混凝土摊铺机是将从搅拌输送车或自卸卡车中卸出的混合料，沿路基按给定的厚度、宽度及路型进行摊铺的机械。目前，水泥混凝土摊铺机主要有两种，一种是轨模式摊铺机，另一种是滑模式摊铺机。摊铺机摊铺器的形式有螺旋式、回转铲式和箱式。

螺旋式摊铺器是利用正反方向旋转的螺旋杆（直径约 50 cm）将混合料摊开（和沥青混凝土摊铺机摊铺器相似）。螺旋杆后面有刮板，可以准确调整摊铺层厚度。这种摊铺器摊铺能力大，目前在滑模式和轨模式摊铺机上均有采用。

回转铲式摊铺器的匀料铲可回转 180°，同时可在前面的导管上左右移动，将卸下的混合料直接摊铺在路基上。匀料铲的高度可无级调整，故能随意调节布料高度。这种摊铺器比其他类型摊铺器的重量轻，容易操作，但摊铺能力较小，目前在轨模式摊铺机上采用较多。

箱式摊铺器是一装满混合料的钢制箱子。机械前进时，箱子横向移动，其下端按松铺高度刮平混合料。由于混合料全部放在箱内，重量大，故摊铺均匀准确，故障较少，但作业效率低，目前仅用在周期作业的轨模式摊铺机上。

（五）桥梁工程施工机械

1. 桩工机械

桩工机械是用于各种桩基础、地基改良加固及地下挡土连续墙、地下防渗连续墙施工和其他特殊地基基础等工程施工的机械设备，其作用是将各式桩埋入土中，以提高基础的承载能力。

现代造桥用的基础桩有两种基本类型，即预制桩和灌注桩。前者用各种打桩机将其埋入土中，后者用钻孔机钻出深孔以灌注混凝土。

根据预制桩和灌注桩的施工可把桩工机械分为预制桩施工机械和灌注桩施工机械两大类。

以下简要介绍预制桩、灌注桩施工机械，桩工机械的适用范围及钻机的选择原则。

（1）预制桩施工机械

预制桩施工机械主要包括打桩机、振动沉拔桩机和液压静力压桩机三大类，还可用于沉井基础施工和管柱基础施工等。

①打桩机：

打桩机由桩锤和桩架组成，靠桩锤冲击桩头，使桩在冲击力的作用下贯入土中，故又称冲击式打桩机。根据桩锤驱动方式不同，可分为蒸汽、柴油和液压三种打桩机。

②振动沉拔桩机：

振动沉拔桩机由振动桩锤和桩架组成。振动桩锤利用机械振动法使桩沉入或拔出。

③静力压桩机：

静力压桩机采用机械或液压方式产生静压力，使桩在持续静压力作用下压入至所需深度。

（2）灌注桩施工机械

灌注桩的施工关键在于成孔，其施工方法和配套的施工机械有以下几种。

①全套管施工法，即贝诺特法，使用设备有全套管钻机。

②旋转钻施工法：采用的设备是旋转钻机。

③回转斗钻孔法：使用回转斗钻机。

④冲击钻孔法：使用冲击钻机。

⑤螺旋钻孔法：使用长螺旋钻孔机和短螺旋钻孔机。

（3）桩工机械的适用范围

预制桩施工机械的适用范围及其特点如表9-5所示。

钻孔灌注桩基础施工工艺过程繁多，在整个施工过程中，关键环节是钻孔。因此钻孔机械的选择尤为重要，其他工艺过程的机械随钻孔机械而进行配套。钻孔机械就是灌注桩基础施工的主导机械。

表9-5 预制桩施工机械的适用范围及特点

打桩机类别	适用范围	特点
柴油打桩机	1. 轻型宜于打木桩、钢板桩 2. 重型宜于打钢筋混凝土桩、钢板桩 3. 不适于在过硬或过软土层中打桩	附有桩架、动力设备，机架轻，移动方便，燃料消耗少，沉桩效率高
振动沉拔桩机	1. 用于沉拔钢板桩、钢管桩、钢筋混凝土桩 2. 只用于砂土、塑性黏土及松软砂黏土 3. 在卵石夹砂及紧密黏土中效果较差	沉桩速度快，施工操作简易安全，能辅助拔桩

续表

打桩机类别	适用范围	特点
静力压拔桩机	1.适用于不能有噪声和振动影响邻近建筑物的软土地区 2.适用于压拔板桩、钢板桩、型钢桩和各种钢筋混凝土方桩 3.适用于软土基础及地下铁道明挖施工	对周围环境噪声及振动影响小，桩配筋简单，短桩可接，便于运输；只适用于松软地基，且运输安装不便

（4）钻机的选择原则

钻机的种类有旋转式钻机、冲击式钻机、冲抓钻机、套管钻机、潜水钻机等，各种钻机有其各自的工作特点和适用范围。因此钻机的选择往往是顺利完成施工的重要环节。钻机的选择根据以下原则进行。

①选择钻机类型时，必须根据所钻孔位的地质（土壤及土层结构）情况结合钻机的适用能力选型（见表9-6）。

表9-6　各种钻孔方法及适用范围

灌注桩类型及成孔方法		适用范围
护壁成孔灌注桩	冲击成孔	用于各种地质情况
	冲抓成孔	用于一般黏土、砂土、砂砾土
	旋转正、反循环钻成孔	用于一般黏土、砂土、砂砾土等土层，在砂砾土或风化岩层中也可应用机械旋转钻孔，但砾石径超过钻杆内径时不宜采用反循环钻孔
	潜水钻成孔	用于黏性土、淤泥、淤泥质土、砂土
干成孔灌注桩	螺旋钻成孔	用于地下水位以上黏性土、砂土及人工填土
	钻孔扩底	用于地下水位以上坚硬塑黏性土，中密以上砂土
	人工成孔	用于地下水位以上黏性土、黄土及人工填土
沉管灌注桩	锤击沉管	用于可塑、软塑、流塑黏性土，黄土、碎石土及风化岩
	振动沉管	
爆扩灌注桩	爆扩	用于地下水位以上黏性土、黄土、碎石土及风化岩

②钻机的型号应根据设计钻孔的直径和深度结合钻机钻孔能力而定。

③一台钻机配备有不同形式的钻头，而钻头的选择应根据地质结构情况选择。

④钻机的选择还应考虑钻架设立的难易程度、钻机的运输条件及钻机安装场地的

水文和地质、钻机钻进反力等情况，力求所选钻机结构简单、工作可靠、使用及运输方便。

⑤钻机的选择要考虑其生产率应符合工程进度的要求，在保证工程质量和工作进度的前提下，生产率不宜过大。因为生产率高的钻机费用高，工程造价高。

⑥一个工程队如要配备两台以上钻机时，应尽可能统一其型号规格，以便于管理。根据施工需要也可配备不同型号的钻机。

2. 水泥混凝土振捣器

用混凝土拌和机拌和好的混凝土浇筑构件时，必须排除其中气泡，进行捣固，使混凝土密实结合，消除混凝土的蜂窝、麻面等现象，以提高其强度，保证混凝土构件的质量。混凝土振捣器就是机械化捣实混凝土的机具。混凝土振捣器常用的分类方法有以下几种。

（1）按传递振动的方法

分为内部振捣器、外部振捣器和表面振捣器三种。

①内部振捣器，又称插入式振捣器。工作时振动头插入混凝土内部，将其振动波直接传给混凝土。这种振捣器多用于振压厚度较大的混凝土层，如桥墩、桥台基础以及基桩等。它的优点是重量轻，移动方便，使用很广泛。

②外部振捣器，又称附着式振捣器。它是一台具有振动作用的电动机，在该机的底面安装有特制的底板，工作时底板附着在模板上，振捣器产生的振动波通过底板与模板间接地传给混凝土。这种振捣器多用于薄壳构件、空心板梁、拱肋、箱形梁等的施工。

根据施工的需要，外部振捣器除附着式外，还有一种振动台，它是用来振捣混凝土预制品的。装在模板内的预制品置放在与振捣器连接的台面上，振捣器产生的振动波通过台面与模板传给混凝土预制品。

③表面振捣器。将它直接放在混凝土表面上，振捣器产生的振动波通过振捣底板传给混凝土。由于振动波是从混凝土表面传入的，故称表面振捣器。工作时由两人握住振捣器的手柄，根据工作需要进行拖移。它适用于厚度不大的混凝土路面和桥面等工程的施工。

（2）按振捣器的动力来源

分为电动式、内燃式和风动式三种，以电动式应用最广。

（3）按振捣器的振动频率

分为低频式、中频式和高频式三种。

（4）按振捣器产生振动的原理

分为偏心式和行星式两种。

第三节　公路维护机械设备的管理

一、工作任务

我国公路建设事业一直处于大发展时期，高速公路里程逐年增加，随着公路养护标准的提高，人们对养护的要求也越来越高。公路建设项目配套机械设备数量、机型、机种的不断增加，对我们的机械设备管理提出了新要求。

二、相关配套知识

（一）高等级公路维护机械人员的基本要求

高等级公路维护机械管理部门是一个综合管理部门，对从事现代设备管理和使用的人员，其基本要求如下：①懂得机械、工程技术和现代化管理的知识，一般具有技术、经济和管理三者结合的复合型知识结构。②具有现代化管理（包括组织、指挥、协调、交际和应变）的基本技能，并具有自学、吸收、消化和创新科学技术知识的能力。③具有组织、协调、管理机械设备和本岗位业务有关人员及设备分配、变动、报废的能力。④能够制订本岗位设备管理的工作程序、统计报表；填写资产凭证、登记台账及设备分类、设备检验标准；编制资产管理计算机程序和操作计算机；会使用一般诊断和检测工具仪器；处理分析各种数据，判断设备故障和设备状态；组织参与设备安装调试验收工作。⑤能调查研究、综合分析设备在使用维护和安装调试中存在的问题，总结事故发生的根源，掌握设备状态的动态情况等，并能提出对策。⑥善于发现设备资产管理和状态管理中的问题，不断创新改革，能应用现代化管理方法。⑦能调查研究、综合分析设备选型、采购、市场等设备前期经营方面的问题，并能提出对策。⑧能够正确处理机械技术管理和经济管理以及机械管、用、养、修、供的关系，建立健全并贯彻落实必要的规章制度，科学组织好机械管理工作。⑨应具备一定的专业基础理论知识，并能在组织机械使用、保养、保管及制订修复工艺、鉴定状况、分析和排除故障、机械的技术改造和技术革新等实际工作中运用。

（二）高等级公路维护机械设备的使用管理

1. 维护机械的特点

①高等级公路维护作业内容繁杂琐碎，维护机械种类、型号相应增多，且以中小型机具为主，产品的通用化、标准化、系列化程度不高，零配件供应不足，严重影响维护机械完好率的提高。

②高等级公路维护作业线长、点多、面广、量大。

③维护机械的工作条件恶劣。

④维护机械应急能力高，利用率低。

2. 机械使用中的技术规定

执行维护机械使用中的技术规定是正确使用好机械的保证。机械使用环节中的规定分为：新投入使用时的技术试验规定，新机与在大、中修后的走合期规定，正常使用中的保养规程和安全操作规程，机械停放规定和机械运输规定，一般使用条件的技术规定、特殊使用条件的技术规定。以下简要介绍技术试验规定、走合期规定、机械停放规定、机械运输规定。

（1）技术试验规定

新机械和经过大修、改造或重新安装的机械，在投入使用前，应按规定进行检查、鉴定和试运转，试验合格后方能投入使用。

（2）走合期规定

维护机械的走合期，应按原厂机械使用说明书中的规定执行，如无特殊规定，可按下列规定执行：以内燃机为动力能源的机械走合期为100工作小时，电动机械走合期为50工作小时，汽车为1 000 km。

（3）机械停放规定

根据公路维护部门路段和任务的不同和需要，为使机械设备不受各种自然灾害与自然力的侵蚀，多设临时性和永久性停机场。停机场的基本要求是便于管理，不受水、火灾侵害，尽量减少日光与风等自然力的侵蚀，便于保修、加油，便于进出，方便回转和紧急疏散。

（4）机械运输规定

维护机械经常在所属部门的路段辖区内频繁调动。调动时按其运输方式分为自行运输、拖带运输、汽车装运和铁路装运、水路航运等。通常机务部门根据运输距离、机械本身的行走装置构造、机械质量、交通路线以及季节、气候等原因综合考虑后选择，一般取决于运输的安全性和经济性。

3.机械设备的保养

机械设备的保养必须贯彻"养修并重、预防为主"的原则，做到"定期保养、强制进行"，保障机械设备经常处于良好的技术状况。制订年度、季度和月份保养计划，有目的、有计划地按保养项目和保养次数进行机械保养。

机械设备的保养可分为例行保养、定期保养和特殊保养三类。机械设备保养的主要作业内容有清洁、紧固、调整、润滑、防腐，称为"十字作业"。这是根据机械技术状况变化的规律，并经过多年的实践得出的，都是必不可少的养护程序。

第十章　公路养护安全控制

劳动者的安全和健康是促进社会生产力发展的基本保证，也是保证社会经济发展的基本条件。公路养护作业与其他作业一样，必须采取各项技术和管理措施，使养护作业人员增强作业安全意识，能够按照有关规定进行养护作业、保证作业安全。公路养护作业的安全不仅要保证作业本身的安全，同时，因为养护作业往往是在不中断交通的情况下进行的，所以还必须保证车辆通行的安全，保证不能因为养护作业而引发交通事故，从而保证公路养护过程中人员、设备以及交通的安全。

公路养护作业单位、公路经营单位和公路管理机构在公路养护作业过程中承担着不同的安全职责，但必须各司其职，协调一致，共同完成公路养护作业安全保障工作。

第一节　公路养护安全作业的基本要求

为保证公路养护作业人员和设备在养护作业过程中的安全生产，以及车辆的安全通行，公路养护作业必须满足下列基本要求。

第一，在养护作业前，应结合施工组织设计，制订安全保障方案，并报有关部门批准。

对于较大规模的公路养护作业，应在施工组织设计的基础上，结合工程的具体情况，如公路等级、工程性质、工程规模、施工方式、交通量大小、是否封闭交通等，单独制订安全保障方案，并报送有关部门审批。

第二，养护作业单位均应按国家规定建立安全管理部门，配备专职或兼职安全管理人员，实施对养护作业人员的安全培训和教育。

第三，养护作业人员必须接受安全技术教育，遵守各项安全技术规程。

第四，公路管理单位或经营单位应加强养护安全作业的管理，公路管理机构应对养护安全作业进行监督和检查。

第五，公路养护作业的安全设施应始终处于良好的工作状态，在未完成养护作业前，任何人不得随意撤出或改变安全设施的位置，扩大或缩小控制区范围，以保证养护作业控制区安全控制的有效性。

第二节 公路养护作业控制区及安全设施

一、公路养护作业控制区

公路养护作业需要一定的空间，养护作业控制区是指公路养护作业所设置的交通管理区域，分为警告区、上游过渡区、下游过渡区、缓冲区、工作区和终止区六个区域。

（一）警告区

警告区是指从作业控制区起点设置的施工标志牌到上游过渡区之间的路段，用以警告车辆驾驶员已经进入养护作业路段，应按交通标志调整行车状态。

在作业控制区的六个分区中，警告区是最重要的一个分区。当遇到警告区的第一块施工标志牌时，则意味着车辆已经进入作业控制区，在以后的路段上要通过设置于警告区内的交通标志提示车辆驾驶员前方将要发生什么，车辆的行驶状态应按照沿路所设置的交通标志牌的指示而随时改变，并且要使车辆驾驶员在到达工作区之前，能够有足够的时间改变车辆的行驶状态。

一般情况下，警告区的长度由下列因素决定：一是车辆在警告区内改变行驶状态所需要的时间。二是作业控制区附近车辆发生拥挤时的最大排队长度。

警告区的最小长度：保证驶入警告区的车辆从驶入时的速度减速至工作区规定的限速所需要的路段最小长度。

警告区的最小长度可由下式估算：

$$S = S_1 + S_2 + S_3 \tag{10-1}$$

式中：S——警告区的最小长度（m）；

S_1——从正常行驶降至最终限速值所需要的距离（m）；

S_2——车辆到达警告区排队尾部时的最小安全距离（m）；

S_3——因车道封闭、车道数减少、行车条件改变等因素引起的车辆排队长度（m）。

警告区布设逐级限速标志，限速区域长度 S_1 可按下式计算：

$$S_1 = \frac{v_{xq} - v_{xh}}{10} \times 100 \tag{10-2}$$

式中：v_{xq}、v_{xh}——限速前、后的车辆行驶速度（km/h）。

S_2 是以速度 v_{xh} 行驶的后续车辆在到达警告区下游不会与前面的改道车辆或排队车辆相撞的最小安全距离，可以按照下式计算：

$$S_2 = \frac{v_{xh}}{3.6}t + \frac{v_{xh}^2}{2g(\varphi \pm i) \times 3.6^2} \tag{10-3}$$

式中：t——驾驶员反应时间，通常取2.5s；

　　　φ——道路纵向摩阻系数，取值范围 0.29 ~ 0.44；

　　　i——道路纵坡，上坡取"+"，下坡取"-"；

　　　g——重力加速度，9.8 m/s²。

不同限制车速下 S_2 的计算结果见表 10-1。

表 10-1　S_2 计算结果

限制车速/（km·h⁻¹）	80	70	60	40	20
安全距离 /m	139	113	90	50	20

S_3 是因为车辆拥堵而产生的排队长度，和交通流量与最终限速值有关。在确定警告区 S_3 长度时，应综合考虑平均排队长度及最大排队长度。在流量较小时，车速较快，排队长度应着重考虑最大排队长度；在流量较大时，车流发生拥挤，车速较慢，可着重考虑平均排队长度。高速公路的排队长度见表 10-2，其他等级公路也可根据同样方法确定。

表 10-2　S_3 取值表

车道形式	交通量 Q/（pcu/d）	警告区最小长度 /m
双向四车道	$Q \leqslant 1\,400$	400
	$1\,400 < Q \leqslant 1\,600$	1 000
	$1\,600 < Q \leqslant 1\,800$	1 200
	$Q > 1\,800$	—
双向六车道	$Q \leqslant 2\,800$	400
	$2\,800 < Q \leqslant 3\,100$	1 000
	$3\,100 < Q \leqslant 3\,500$	1 300
	$Q > 3\,500$	—

警告区的最小长度应符合表 10-3 和表 10-4 的规定，当交通量 Q 超出表中范围时，宜采用分流措施。

表 10-3　高速公路及一级公路警告区最小长度

公路等级	设计速度 /（km·h⁻¹）	交通量 Q/（pcu/d）	警告区最小长度 /m
高速公路	120	$Q \leqslant 1\ 400$	1 600
		$1\ 400 < Q \leqslant 1\ 800$	2 000
	100	$Q \leqslant 1\ 400$	1 500
		$1\ 400 < Q \leqslant 1\ 800$	1 800
	80	$Q \leqslant 1\ 400$	1 200
		$1\ 400 < Q \leqslant 1\ 800$	1 600
一级公路	100、80、60	$Q \leqslant 1\ 400$	1 000
		$1\ 400 < Q \leqslant 1\ 800$	1 500

表 10-4　二、三、四级公路警告区最小长度

设计速度 /（km·h⁻¹）	平曲线半径 /m	下坡坡度 /%	交通量 Q/（pcu/d）	警告区最小长度 /m	
				封闭路肩双向通行	封闭车道交替通行
80、60	≤ 200	0 ~ 3	$Q \leqslant 300$	600	800
			$300 < Q \leqslant 700$		1 000
		> 3	$Q \leqslant 300$	800	1 000
			$300 < Q_c 700$		1 200
	> 200	0 ~ 3	$Q_w 300$	400	600
			$300 < Q \leqslant 700$		800
		> 3	$Q \leqslant 300$	600	800
			$300 < Q \leqslant 700$		1 000
40、30	≤ 100	0 ~ 4	$Q \leqslant 300$	400	500
			$300 < Q \leqslant 700$		700
		> 4	$Q \leqslant 300$	500	600
			$300 < Q \leqslant 700$		800
40、30	> 100	0 ~ 4	$Q \leqslant 300$	300	400
			$300 < Q \leqslant 700$		600
		> 4	$Q \leqslant 300$	400	500
			$300 < Q \leqslant 700$		700
20		—		200	

公路养护作业情况千差万别，在警告区内设置何种交通标志、设置多少，应视具体情况而定。但是，在警告区内至少设置三种标志，即施工标志、限速标志和可变标志牌或线形诱导标志，其他标志应根据具体情况另行增加。

当工作区包含了一条或多条车道时，就需要封闭工作区所包含的车道。为防止车流在改变车道时发生突然变道现象，造成交通事故隐患，必须为车辆改变车道设置一个变道过渡区，以使车流在变道过程中缓和平顺。

（二）上游过渡区

上游过渡区长度设置是否合理，可以在现场检验。若车辆在通过过渡区时经常有紧急制动或在过渡区附近拥挤较为严重，则可能是前方交通标志设置存在问题，或上游过渡区的长度不足。

如果上游过渡区处于隧道之内，由于隧道内的光线较暗，同时隧道侧墙又会使驾驶员产生压抑感，为了提高安全性，隧道内上游过渡区的长度宜增加 0.5 倍。

车道封闭上游过渡区的最小长度可按表 10-5 选取，当在隧道内时，车道封闭上游过渡区的最小长度按表中数值的 1.5 倍选取。路肩封闭上游过渡区的最小长度可按表 10-5 中数值的 1/3 选取。

表 10-5　封闭车道上游过渡区最小长度

最终限速值/ （km·h⁻¹）	封闭车道宽度 /m			
	3.00	3.25	3.50	3.75
80	150	160	170	190
70	120	130	140	160
60	80	90	100	120
50	70	80	90	100
40	30	35	40	50
30	20	25	30	
20	20			

（三）下游过渡区

下游过渡区保证车辆平稳地从工作区旁边的车道横向过渡到正常车道的路段。设置下游过渡区是为了将车流再重新引回正常车道。若下游过渡区设置得当，会有利于交通流的平顺驶离。其长度只需保证车辆有足够的距离来调整行车状态即可，一般情况下的最小长度宜取 30 m。

（四）缓冲区

缓冲区是指过渡区和工作区之间的路段。缓冲区的设置主要是防止万一车辆驾驶员出现判断失误，有可能直接从过渡区闯入工作区，造成人员伤害和设备损坏。因此，设置缓冲区可以提供一个缓冲段，给失误车辆调整状态留有余地，避免发生严重事故。

缓冲区内不允许堆放物品，也不允许养护作业人员在该区域内活动或工作。为了更有效地保护养护作业人员，在过渡区与缓冲区之间可以设置防撞装置，起加强防护作用。

缓冲区可分为纵向缓冲区和横向缓冲区。纵向缓冲区的最小长度宜符合表10-6中的规定。当工作区处于下坡路段时，纵向缓冲区的最小长度应适当延长。

表10-6　纵向缓冲区最小长度

最终限速值／（km·h⁻¹）	不同下坡坡度的纵向缓冲区最小长度/m	
	≤ 3%	> 3%
80	120	150
70	100	120
60	80	100
50	60	80
40	50	
30、20	30	

在保障行车道宽度的前提下，工作区和纵向缓冲区与非封闭车道之间宜布置横向缓冲区，其宽度不宜大于0.5 m。

（五）工作区

工作区是指养护作业的施工操作区。工作区是养护作业的工作场所，也是养护作业人员工作、堆放建筑材料、停放工作设备和车辆的地方。为了保证安全，在工作区与开放交通的车道之间必须设置醒目的隔离装置。工作区的长度应根据养护作业的实际需要确定。工作区的布置应考虑为工程车辆提供安全的进出口（工作区的布置参考下节中的有关要求）。

除借用对向车道通行的高速公路及一级公路养护作业外，工作区最大长度不宜超过4 km。借用对向车道通行的高速公路及一级公路养护作业工作区的长度应根据中央分隔带开口间距和实际养护作业而定，工作区的最大长度不宜超过6 km。当中央分隔带开口间距大于3 km时，工作区的最大长度应为一个中央分隔带开口间距。

（六）终止区

终止区设置于工作区下游调整通行车辆至正常运行状态的路段。在终止区的末端应设置解除限速或解除超车等限制性交通标志，提示驾驶员已经通过了养护作业路段，可以恢复正常行车状态。一般情况下，终止区的最小长度不宜小于 30 m。

二、公路养护安全设施

公路养护安全设施是保证安全的重要因素之一，公路养护安全设施主要包括警告、提醒和引导车辆和行人通过养护作业控制区域，保护养护作业人员和设备安全等的设施，主要分为临时标志、临时标线和其他安全设施三类。

临时标志应包括施工标志、限速标志等。其中，施工标志宜布设在警告区起点，限速标志宜布设在警告区的不同断面处，解除限速标志宜布设在终止区末端。此外，"重车靠右停靠区"标志应用于控制大型载货汽车在特大、大桥和特殊结构桥梁上的通行。

临时标线应包括渠化交通标线和导向交通标线，应用于长期养护作业的渠化交通或导向交通标线，宜为易清除的临时反光标线。渠化交通标线应为橙色虚实线；导向交通标线应为醒目的橙色实线。

其他安全设施可包括车道渠化设施、夜间照明设施、语音提示设施、闪光设施、临时交通控制信号设施、移动式标志车、移动式护栏和车载防撞垫等，具体介绍如下。

（一）交通锥

锥形交通标由橡胶等柔性材料制成，底部应有一定的摩阻性能。形状为圆锥形或棱锥形，其颜色、尺寸和形状应符合《道路交通标志和标线》（GB 5768）中的规定，布设在上游过渡区、缓冲区、工作区和下游过渡区。布设间距不宜大于 10 m，其中上游过渡区和工作区布设间距不宜大于 4 m。用于夜间作业的应有反光功能，并配施工警示灯。

（二）安全带

安全带由布质等柔性材料组成，宽度为 100 ~ 200 mm，带上有红白相间色，用于夜间作业的应有反光功能。宜与其他设施一起组合使用。

（三）施工隔离墩

施工隔离墩一般是由线性低密度聚乙烯等高强合成材料制成的空心半刚性装置，其上有黄、黑色和反光器，使用时其内部必须放置水袋或灌水，以达到消能的作用。如果灌水，一般所设置的水袋或所灌的水应达到其内部容积的 90%。施工隔离墩之间应由连杆相连接，并将整个工作区包围起来。

（四）防撞桶（墙）

防撞桶（墙）是由线性低密度聚乙烯等高强合成材料制成的空心半刚性装置，其上有黄黑相间色，顶部可安装黄色施工警示灯，使用时其内部应放置水袋或灌水，防撞墙两个为一组组合在一起使用。防撞桶和施工隔离墩可用于三级及三级以上公路下坡路段养护作业，宜布设在工作区或上游过渡区与缓冲区之间，并宜组合使用。

（五）水马

水马颜色为橙色或红色，高度不得小于 400 mm，可用于三级及三级以上公路下坡路段养护作业，宜布设在工作区或上游过渡区与缓冲区之间。使用前应灌水，灌水量不应小于其内部容积的 90%。在冰冻季节可采用灌沙的方法，灌沙量同样不应小于其内部容积的 90%。

（六）移动式标志车

移动式标志车是带有动力装置或可移动装置（拖车）的安全防护设施，颜色为醒目的黄色，装有黄色警示灯，其后部有醒目的标志牌，图案和显示形式可按实际需要改变。

移动式标志车的显示方式比普通的交通标志更醒目，可以在不同的养护作业情况下改变显示内容，具有较强的适应性。因此，移动式标志车可以为作业内容和地点经常变化的养护作业提供更为方便的安全防护。

（七）照明设施和语音提示设施

当夜间进行养护作业时，应设置照明设施。照明必须满足作业要求，照明设施应布设在工作区侧面并覆盖整个工作区，且照明方向应背对非封闭车道。

夜间作业的作业控制区布置必须设置施工警示灯，所设置的交通标志必须具有反光功能。养护作业期间和结束以后应派专人看护照明设施。

语音提示设施宜根据需要布设在远离居民生活区的养护作业控制区。

（八）闪光设施

闪光设施包括闪光箭头、警示频闪灯和车辆闪光灯。闪光箭头宜布设在上游过渡区，长为 1 200 mm，宽为 400 mm，颜色为蓝黑底色配上黄色箭头。警示频闪灯宜布设在需加强警示区域，通常为黄蓝相间的颜色。车辆闪光灯应为 360°旋转黄闪灯，可用于养护车辆或移动式标志车。

此外，应当注意养护安全设施的设置与撤除，当进行养护作业时，应顺着交通流方向设置安全设施。当养护作业完成后，应逆着交通流方向撤出所设置安全设施，恢复正常交通。

第三节　公路养护作业控制区布置

公路养护作业控制区布置应考虑养护作业的内容与要求、时间和周期、交通量、经济效益等因素。控制区内交通标志的设置必须合理、前后协调，起到引导车流平稳运行的作用。

一、高速公路及一级公路养护作业控制区布置

（一）基本要求

高速公路及一级公路养护作业控制区的布置应当满足以下要求。

养护作业控制区两侧，应差异化布设安全设施。车道养护作业时，在封闭车道一侧的警告区应布设施工标志和限速标志，在非封闭车道一侧的警告区应布设施工标志，并宜布设警示频闪灯。八车道及以上公路，在非封闭车道一侧尚应增设限速标志。路肩养护作业时，在封闭路肩一侧的警告区应布设施工标志和限速标志，在另一侧仅在警告区起点布设施工标志。

同一行车方向不同断面同时进行养护作业时，相邻两个工作区净距不宜小于 5 km。

封闭车道养护作业控制区与被借用车道上的养护作业控制区净距不宜小于 10 km。

养护作业控制区应设置工程车辆专门的出入口，并宜设在顺行车方向的下游过渡区内。当工程车辆需经上游过渡区或工作区进入时，应布设警告标志并配备交通引导人员。

（二）养护作业控制区的布置

在警告区内设置施工标志、限制速度标志、可变标志牌、线形诱导标志等；在上游过渡区起点至下游过渡区终点之间应放置交通锥；在缓冲区与工作区交界处应布设路栏。控制区内其他安全设施可以视具体情况而定。

养护作业控制区的布置应按以下要求进行。

四车道公路封闭车道、封闭路肩的养护作业。

六车道及以上公路养护作业封闭中间车道时，宜同时封闭相邻一侧车道，并应布置两个上游过渡区，其最小间距不应小于 200 m。在交通量大的路段养护作业时，不能同时封闭相邻车道时，宜采取必要措施加强现场交通管控。六车道、八车道作业控制区布置与四车道情况相似。

借用对向车道通行的养护作业，应结合中央分隔带的开口位置，利用靠近养护作业一

侧的车道通行，双向车道都应布置作业控制区。借用车道双向通行分隔宜采用带有连接的车道渠化设施，并应在前一出口或平面交叉口布设长大车辆绕行标志。

立交处、入口匝道附近及匝道上的养护作业控制区布置，应根据工作区在匝道上的具体位置而定。匝道养护作业警告区长度不宜小于 300 m。当匝道长度小于警告区最小长度时，作业控制区最前端的标志应布设在匝道入口处。

临时养护作业控制区布置可采用单一限速控制，警告区长度宜取长、短期养护作业警告区长度的一半，但应配备引导人员。当布设移动式标志车时，可不布设上游过渡区。

机械移动养护作业宜布设移动式标志车；当作业机械配备闪光箭头或车辆闪光灯时，可不布设移动式标志车。

当占用路面进行人工移动养护作业时，宜封闭一定范围的养护作业区域，并按临时养护作业的有关规定执行。对于路肩清扫等人工移动养护作业，宜布设移动式标志车或交通锥，其距人工移动养护作业起点不宜小于 50 m。人工移动养护作业应避开高峰时段。

在进行中央分隔带或边坡绿化内的植被灌溉养护作业，应在灌溉车辆上配备醒目的闪光箭头或车辆闪光灯，也可在车辆后布设移动式标志车。作业人员不得在中央分隔带内休息，且中央分隔带不宜多人集中作业。

中央分隔带内的植被修剪、垃圾清理等养护工作时，应封闭中央分隔带的内侧车道，并按临时养护作业控制区布置。

二、二级和三级公路养护作业控制区布置

二、三级公路与高速公路和一级公路有所不同，交通的特点是无隔离设施的双向交通，平面交叉，养护作业的情况比较复杂。除应满足上一节中的相关要求外，尚应兼顾养护作业控制区是否交替通行、线形特征等因素。

（一）基本要求

二级和三级公路养护作业控制区的布置应当满足以下要求。

二、三级公路车道养护作业时，本向应布置警告区、上游过渡区、缓冲区、工作区、下游过渡区和终止区，对向应布置警告区和终止区。

警告区应布设施工标志和限速标志，车道封闭养护作业时应布设改道标志；上游过渡区应布设交通锥、闪光箭头、交通引导人员等；上游过渡区和缓冲区交界处应布设附设警示灯的路栏；终止区应布设解除限速标志。

同一方向不同断面同时养护作业时，相邻两个工作区净距不宜小于 3 km。

不满足超车视距的弯道或纵坡路段养护作业控制区，应提前布置警告区。

（二）二级和三级公路养护作业控制区布置

双向交替通行路段养护作业，除布设必要的安全设施外，还宜配备交通引导人员，也

可布设临时交通控制信号设施。

路肩施工保持双向通行路段的养护作业控制区布置时，紧靠路肩的预留车道宽度应满足现行《公路养护安全作业规程》中的要求；当不满足要求时，应按封闭车道养护作业控制区布置。警告区可仅布设一块限速标志，工作区作业车辆上应配备警示频闪灯或反光标志。布设移动式标志车时，可不布置上游过渡区。

全封闭路段养护作业时，应采取分流措施或修筑临时交通便道。修筑临时交通便道时，控制区内应布设附设警示灯的路栏；作业车辆应配备警示灯或反光标志；临时修建的交通便道宜施画临时标线，可设置交通安全设施。

弯道路段养护作业，应根据工作区与弯道的相对位置关系确定养护作业控制区的布置方法。弯道养护作业，工作区在弯道前，下游过渡区宜布置在弯道后的直线段；工作区在弯道后，上游过渡区宜布置在弯道前的直线段。连续弯道路段，警告区宜布置在弯道起点上，且警告区长度不宜超出最小长度 200 m。反向弯道路段，上游过渡区应布置在反向弯道中间的平直路段；当警告区起点在弯道上时，应将其提前至弯道起点。回头弯道路段，回头曲线的作业车道应作为缓冲区。

纵坡路段养护作业时，应在竖曲线定点配备交通引导人员；工作区在封闭车道行车方向的下坡路段时，在工作区或上游过渡区与缓冲区之间应布设防撞桶、水马、隔离墩等安全设施。

临时养护作业控制区可简化为警告区、上游过渡区、工作区和下游过渡区。警告区宜取长、短期养护作业警告区长度的一半。当布设移动式标志车时，可不布置上游过渡区，移动式标志车与工作区净距宜为 10 ～ 20 m。对向车道可仅布置警告区。

机械移动养护作业宜布设移动式标志车，弯道路段养护作业应将移动式标志车移至弯道前。人工移动养护作业，宜封闭一定范围的养护作业区域，并按临时养护作业的有关规定执行。

三、四级公路养护作业控制区布置

（一）基本要求

长期和短期养护作业控制区可仅布置警告区、上游过渡区、工作区和下游过渡区，临时和移动养护作业控制区可仅布设警告区和工作区。警告区内应布设施工标志、限速标志，上游过渡区、工作区和下游过渡区应布设交通锥，上游过渡区内应配备交通引导人员，视距不良路段养护作业时应增设一名交通引导人员。

（二）四级公路养护作业控制区布置

单车道四级公路通行状态养护作业时，应在工作区两端的错车台或平面交叉处各配备一名手持"停"标志的交通引导人员。

四级公路全封闭车道养护作业时，在作业控制区前后的交叉路口应布设道路封闭或改道标志。无法改道时，车辆等候时间不宜超过 2 h。四级公路临时养护作业时，应在工作区及前后两端布设标志及安全设施，可配备交通引导人员。

四、桥涵养护作业控制区布置

（一）基本要求

养护作业控制区的布置除应满足相关要求外，还应兼顾养护作业控制区桥梁养护作业特点、作业位置和作业影响范围等因素。

桥梁养护作业时应加强车辆限速、限宽和限载的通行限制。经批准允许的危险品运输车辆应引导通过。

当预判桥梁养护作业会出现车辆排队时，应利用桥梁检查站、收费站、正常路段或警告区布置大型重载汽车停靠区，并布设"重车靠右停靠区"标志，间隔放行重载车辆，不得集中放行。

立交桥上养护作业应注意，当养护作业影响桥下净空时，应在立交桥下布设施工标志、限高及限宽标志，并不得向桥下抛投任何物品。当养护作业占用下方公路路面时，立交桥下方应布置养护作业控制区。

桥梁养护作业影响桥下通航净空时，应按有关规定布设标志及安全设施。

特大、大桥养护作业除应满足桥梁养护作业控制区的基本要求外，还应符合特大、大桥养护作业的特定技术要求。

（二）桥涵养护作业控制区布置

桥梁养护作业控制区布置应满足相关要求。

中、小桥和涵洞养护作业应封闭整条作业车道作为工作区，纵向缓冲区终点宜止于桥头。

对于特大、大桥养护作业控制区布置，工作区起点距桥头小于 300 m 时，纵向缓冲区起点应提前至桥头。工作区起点距桥头大于或等于 300 m 时，应按相应等级的公路养护作业控制区布置，并在桥头布设施工标志。

对于桥梁半幅封闭养护作业控制区布置，特大、大桥中央分隔带可设开口时，应按表10-6 及相关规定执行；中央分隔带不能设开口时，上游过渡区终点应止于桥头。借对向车道通行的桥梁养护作业时，应全时段配备交通引导人员。

机动车道与非机动车道分隔的桥梁，非机动车道养护作业，非机动车借用机动车道行驶时，可将缓冲区并入工作区。

桥梁伸缩缝常规检查、清理作业可按临时养护作业控制区布置。桥梁伸缩缝更换作业应半幅封闭或全幅封闭受伸缩缝施工影响的桥孔，且在全幅封闭时应做好分流信息提示，并在作业控制区的前后交叉路口布设桥梁封闭或改道标志。

桥梁拉索、悬索及桥下部结构养护作业影响范围内，应将对应桥面封闭为工作区，并布设养护作业控制区。对影响净高或净宽的养护作业，应布设限宽或限高标志。

五、隧道养护作业控制区布置

（一）基本要求

隧道养护作业控制区布置的基本要求如下。

隧道养护作业时，当其影响原建筑限界时，应设置限高及限宽标志。

隧道养护作业控制区中的交通锥布设间距不宜大于 4 m，缓冲区和工作区照明应满足养护作业的照明要求。

隧道养护作业人员应穿戴反光服装和安全帽，养护作业机械应配备反光标志，施工台架周围应布设防眩灯。

隧道养护作业宜在交通量较小时进行。

特长、长隧道养护作业时应全时段配备交通引导人员，轮换时间不应超过 4 h。对于大型载重汽车，应间隔放行。

（二）隧道养护作业控制区布置

隧道养护作业控制区按照下述方式进行布置。

单洞双向隧道养护作业控制区布置应注意，当封闭一条车道双向交替通行时，隧道路口应布设临时交通控制信号设施或配备交通引导人员，上游过渡区应布置在隧道入口前。中、短隧道养护作业应封闭隧道内整条作业车道，下游过渡区宜布置在隧道出口外。

单洞双向通行的隧道全幅封闭养护作业时，应做好分流信息提示，并在作业控制区前后的交叉路口布设隧道封闭或改道标志。

双洞单向通行的中、短隧道养护作业应注意，上游过渡区宜布设在隧道入口前。隧道群养护作业，当警告区标志位于前方隧道内时，应将标志提前至前方隧道入口处。

双洞单向通行的特长、长隧道养护作业控制区布置应注意，当工作区起点距隧道入口大于 1 km 时，应按路段养护作业控制区布置。隧道入口处增设施工标志。隧道内警告区宜采用电子屏提示。

临时和移动养护作业宜布设移动式标志车，并在隧道两端布设施工标志，必要时配备交通引导人员。

六、平面交叉口养护作业控制区布置

平面交叉口养护作业控制区布置应考虑养护作业的内容与要求、时间和周期、交通量、经济效益等因素。控制区内交通标志的设置要合理、前后协调，起到引导车流平稳通行的作用。

（一）基本要求

有渠化的平面交叉养护作业的范围应包括平面交叉规划及渠化范围；无渠化的平面交叉养护作业的范围距交叉入口不应超过停车视距。

当工作区上游存在交叉，且在养护作业控制区内，可将警告区起点移至其出口处。

平面交叉养护作业控制区的上游视距不良时，可在视距不良处增设施工标志。

平面交叉入口或出口封闭车道改为双向通行时，应画出橙色临时标线；当车道宽度无法满足双向通行时，应配备交通引导人员引导车辆交替通行。

平面交叉养护作业车辆应配备闪光箭头或车辆闪光灯，可布设移动式标志车。

（二）平面交叉养护作业控制区布置

十字交叉出入口养护作业，应根据出入口封闭情况布置养护作业控制区。出入口封闭且需借用对向车道交替通行的养护作业，应布设临时交通信号灯。出入口封闭且需借用对向车道双向通行的养护作业，应在借用车道上布设车道渠化设施分隔双向交通。出口单车道封闭且本向车道维持通行的养护作业，对应入口车道宜封闭一定区域布置上游过渡区和缓冲区。十字交叉中心养护作业时，应同时在四个交叉入口布置养护作业控制区。

平面交叉时，被交道为单车道四级公路的十字交叉养护作业，主线养护作业的终止区应布置在通过被交道后的位置，被交道可简化作业控制区布置，应在被交道入口配备交通引导人员。

环形交叉封闭入口车道养护作业时，应在入口处布置养护作业控制区。当中间车道进行养护时，应封闭相邻一侧车道。环形交叉封闭出口车道养护作业时，除应在出口处布设闪光箭头或导向标志和附设警示灯的路栏外，还应在另三个交叉入口处分别布设施工标志。环形交叉中心养护作业时，应在交叉入口布设施工标志。

T形交叉养护作业时，可按十字交叉封闭入口车道养护作业控制区布置。

七、收费广场养护作业控制区布置

在收费广场进行养护作业时，应关闭受作业影响的收费车道，并对作业控制区的交通进行管理。在进行各类养护作业时不得全部封闭单向收费车道。

主线收费广场养护作业控制区可简化。工作区在收费车道入口处，可仅布置警告区、上游过渡区、缓冲区和工作区，警告区应布设施工标志，上游过渡区应布设闪光箭头或导向标志，车辆无须变道时，宜布设施工标志。工作区在收费车道出口处，可仅布置工作区和下游过渡区，并关闭对应收费车道。

匝道收费广场养护作业时，应按作业位置确定作业控制区。匝道收费口前养护作业时，应在匝道入口处布设施工标志，并关闭养护作业的收费车道，上游过渡区和缓冲区长度均可取 10 ~ 20 m。匝道收费口后养护作业时，应关闭对应收费车道，并应布置下游过渡区，其长度可取 5 ~ 10 m。

八、养护维修安全作业

为实现保障公路养护维修作业人员和设备的安全以及车辆的安全运行，规范养护工程的安全管理和作业行为的目的，这里主要介绍保障车辆通行和作业人员及设备安全的基本规定，有关养护作业的具体操作程序和养护机具的具体安全操作应按相应的操作规定进行。

（一）公路养护安全作业

《公路养护安全作业规程》（JTG H30—2015）对公路养护安全作业做出以下规定。

凡在公路上进行养护作业的人员必须穿着带有反光标志的橘红色工作装（套装），管理人员必须穿着带有反光标志的橘红色背心。

公路路面养护作业必须按作业控制区交通控制标准设置相关的渠化装置和标志，并指派专人负责维持交通。

在高速公路和一级公路上养护作业时，应用车辆接送养护作业人员。养护作业人员不得在控制区外活动或将任何物体置于控制区以外。

在山体滑坡、塌方、泥石流等路段养护作业时，应设专人观察险情。

在高路堤路肩、陡边坡等路段养护作业时，应采取防滑坠落措施，并注意防备危岩、浮石滚落。

坑槽修补应当天完成，若不能完成须按规程规定布置养护作业控制区。

（二）桥梁、隧道养护安全作业

桥梁、隧道养护作业有其特殊性，二者均属于公路路线上的关键节点，对交通的畅通起着至关重要的作用，其养护作业安全问题格外重要。因此，《公路养护安全作业规程》（JTG H30—2015）对桥梁、隧道养护安全作业做出以下规定。

公路桥梁、涵洞、隧道养护现场要专门设置养护作业时的交通标志。桥面养护应按作业控制区布置要求设置相关的渠化装置和标志，并设专人负责维持交通。

桥梁养护作业时，应首先查明架设在桥面上下的各种管线，并应注意保护公用设施（煤气、水管、电缆、架空线等），必要时应与有关单位联系，取得配合。

在桥梁栏杆外进行作业须设置悬挂式吊篮等防护设施，作业人员须系安全带。

桥墩、桥台维修时，应在上、下游航道两端设置安全设施，夜间须设置警示灯。必要时应与有关单位取得联系，取得配合。

在养护明洞和半山洞前，应及时清除山体边坡或洞顶危石。

在隧道内进行登高堵漏作业或维修照明设施时，登高设施的周围应设醒目的安全设施。

对隧道衬砌局部坍塌进行养护维修作业时，应采取措施保证养护人员安全。

当实测的隧道内一氧化碳浓度或烟尘浓度高于规定的允许浓度时，作业人员应及时撤离，并开启通风设备进行通风。

隧道内不准存放易燃易爆物品，严禁明火作业或取暖。

隧道洞口周围 100 m 范围内，未经隧道养护机构许可，不得挖砂、采石、取土、倾倒废弃物，不得进行爆破作业及其他危及公路隧道安全的活动。

养护作业宜选择在交通量较小时段进行。在进行养护作业前，应做好以下工作。

①检测隧道内一氧化碳、烟雾等有害气体的浓度及能见度是否会影响施工安全；

②检测隧道结构状况是否会影响作业安全，如有危险，应先处理后作业；

③检查施工隧道信号灯是否准确、明显，施工标志设置是否规范；

④对养护机械、台架应进行全面的安全检查，并应在机械上设置明显的反光标志，在台架周围设置防眩灯，以反映作业现场的轮廓。

在隧道内进行养护作业时，应遵守以下规定：

①养护作业控制区经划定后不得随意变更。

②作业人员不得在工作区外活动或将任何施工机具、材料置于工作区以外。

③养护施工路段内的照明应满足要求。

④电力设施等有特别维护要求的，应按有关部门的安全操作规程执行。

⑤隧道内发生交通事故时，应通知并配合交通安全管理部门到现场处理交通事故。

⑥事故发生后，应尽快清理现场，排除路障，恢复隧道正常行车，并登记相关损失，认真分析事故原因，恢复或改善隧道的防灾能力。

（三）冬季除雪安全作业

冬季除雪是我国北方特有的公路养护工作内容之一。降雪对冬季交通及其安全影响非常大。因此，做好冬季除雪至关重要。除雪作业时应加强交通管制；除雪应以机械为主，在机械除雪不能操作的地方可辅之以人工除雪；除雪作业人员和除雪机械作业时除满足以上要求外，还应做好防滑措施。

（四）雨季安全作业

雨水对于公路而言大多数情况下起不良作用，给养护工作带来不便甚至安全隐患，因此，雨季养护作业有其安全问题，有其特殊性。《公路养护安全作业规程》（JTGH30—2015）对雨季安全作业做出以下规定。

现场道路应加强维护，斜道板和脚手板应有防滑措施。

暴雨台风前后，应检查工地临时设施、脚手架、机电设备、临时线路，发现倾斜、变形、下沉、漏电、漏雨等现象，应及时修理加固。

在雨季养护维修作业时，作业现场应及时排除积水，人行道的上下坡应挖步梯或铺砂，脚手板、斜道板、跳板上应采取防滑措施。加强对排架、脚手架和土方工程的检查，防止倾斜和坍塌。

在雨季施工时，处于洪水可能淹没地带的机械设备、材料等应做好防范措施，施工人员要提前做好安全撤离的准备工作。

长时间在雨季中作业的工程，应根据条件搭设防雨棚。作业中遇有暴风雨应停止施工。

（五）雾天养护安全作业

雾天由于能见度差，养护活动对交通会有较大影响，特别是车辆驾驶员的视距有限，会影响驾驶员及时看清养护作业警示标志，容易存在交通安全隐患。因此雾天不宜进行养护作业。雾天需要进行抢修时，宜会同有关部门，封闭交通进行作业，所有安全设施上均须设置黄色施工警示灯。

（六）山区养护安全作业

山区公路曲线多、高边坡多、路线坡度大，驾驶员视距受限。因此，山区公路在视距条件较差或坡度较大的路段进行养护作业时，应设专人指挥交通，作业控制区应增加有关设施；控制区的施工标志应与急弯路标志、反向弯路标志或连续弯路标志等并列设置；在同一弯道不得同时设置两个或两个以上养护作业控制区。

（七）清扫、绿化养护及道路检测安全作业

清扫作业和绿化养护是公路养护工作中最经常性的工作，由于作业次数多、时间长，作业安全问题必须得到足够的重视。大多数情况下，道路检测是在行车道上移动作业，且不封闭交通，因此更应注意作业安全问题。

严禁在能见度差（如夜晚、大雾天）的条件下进行人工清扫。

凡需占用车道进行绿化作业时，必须按作业控制区布置要求设置有关标志。

遇大风、大雨、下雪、雾天等特殊气候时，必须停止绿化养护作业。

高速公路、一级公路中央分隔带绿化浇水作业时，浇水车辆尾部必须安装发光可变标志牌或按移动养护作业控制区布置。

道路检测车在高速公路、一级公路进行道路性能检测时，凡行进速度低于 50 km/h 时，均应按临时定点或移动养护作业进行控制区布置，或应在检测设备尾部安装发光可变标志牌。

（八）养护维修机具安全操作

养护维修机具除按相关操作规程进行作业操作外，还应注意以下要求。

养护机械应按其技术性能要求正确使用，不得使用缺少安全装置或安全装置已失效的机械作业，不得操作带故障的机械作业。

　　操作人员必须执行有关工作前的检查制度、工作中的观察制度和工作后的检查保养制度。

　　养护机械进入施工现场前，应查明行驶路线上的隧道、跨线桥的通行净空，必要时应验算桥梁的承载力，确保机械设备安全通行。

　　养护机械在作业时，操作人员应熟悉作业环境与施工条件。

　　养护机械在靠近架空输电线路作业时，必须采取安全保护措施，养护机械工作装置运动轨迹范围与架空导线的安全距离必须符合相关规定。

　　养护机械应按时进行保养，严禁养护机械带故障运转或超负荷运转。

　　禁止在养护机械运转中进行保养、修理作业。各种电气设备的检查维修，应停电作业。

参 考 文 献

［1］袁芳.公路养护技术与管理［M］.北京：人民交通出版社，2020.

［2］吴留星.公路桥梁与维修养护［M］.北京：中国纺织出版社，2020.

［3］刘慧.公路桥涵养护技术［M］.长春：吉林教育出版社，2020.

［4］李果，杨坚强.公路养护技术与管理［M］.天津：天津科学技术出版社，2019.

［5］周传林.公路养护技术与管理［M］.3版.北京：机械工业出版社，2019.

［6］郭术铭，汤涛，刘小四.高速公路养护技术与机械化管理研究［M］.北京：文化发展
出版社，2019.

［7］汪双杰，刘戈，纳启财.多年冻土区公路工程施工关键技术［M］.上海：上海科学技
术出版社，2019.

［8］吴明先，单永体，胡林.多年冻土区公路建设环境保护关键技术［M］.上海：上海科
学技术出版社，2019.

［9］张少华.公路桥梁工程与项目管理［M］.北京：北京理工大学出版社，2019.

［10］于保华.北京高速公路巡检养护手册桥梁隧道［M］.南京：东南大学出版社，2019.

［11］杨彦海，杨野.公路路面养护技术［M］.沈阳：东北大学出版社，2018.

［12］高耀华，郭重阳.公路检测与养护技术研究［M］.北京：文化发展出版社，2018.

［13］李捷.青海省公路建设养护技术［M］.成都：四川大学出版社，2018.

［14］宋子房.郑州黄河公路大桥养护关键技术［M］.郑州：黄河水利出版社，2018.

［15］王子鹏，孙倩，赵宝平.高速公路沥青路面养护专项工程测设技术［M］.北京：人
民交通出版社，2018.

［16］汪双杰，王佐，陈建兵.青藏高原工程走廊冻土环境与高速公路布局［M］.上海：
上海科学技术出版社，2018.

［17］赵之仲，王琨，王宇驰.公路工程养护及改扩建施工技术［M］.徐州：中国矿业大
学出版社，2017.

［18］张风亭，武春山.公路工程养护技术［M］.北京：人民交通出版社，2017.

［19］管频，王运.公路养护实用技术培训教材公路桥涵与隧道养护［M］.北京：人民交
通出版社，2017.

［20］王松根，弋晓明.干线公路养护改造综合技术［M］.北京：人民交通出版社，2017.

［21］张松涛.公路工程养护与维修技术问答详解［M］.哈尔滨：黑龙江美术出版社，
2017.

〔22〕孙虎，杜祝遥.国家示范性高等职业教育土建类"十三五"规划教材公路桥梁隧道养护技术〔M〕.武汉：华中科技大学出版社，2017.

〔23〕赵树青，王义国，樊兴华.公路养护与管理〔M〕.武汉：华中科技大学出版社，2016.

〔24〕王双生，张光宁，谢健.公路绿化种植与养护〔M〕.南京：东南大学出版社，2016.

〔25〕孟丛丛，柳海龙，刘华.公路养护技术与管理〔M〕.北京：北京理工大学出版社，2015.

〔26〕王中平.公路沥青路面预防性养护新技术〔M〕.徐州：中国矿业大学出版社，2015.

〔27〕彭富强.公路养护技术与管理〔M〕.北京：人民交通出版社，2015.

〔28〕丛卓红，陈新轩，丁智勇.公路机械化养护技术〔M〕.北京：人民交通出版社，2015.

〔29〕周迎新.沥青路面检测与养护技术研究〔M〕.北京：中国建材工业出版社，2015.

〔30〕张杰.公路工程施工概预算与造价控制〔M〕.徐州：中国矿业大学出版社，2015.